西南法律评论

吴钰鸿　主编

第3卷

总第32卷

法律出版社

LAW PRESS · CHINA

目　录

CONTENTS

【法理学新探】

渊源、价值与技术：良法的法哲学分析

武夫波*

摘　要：党的十九大报告指出要“以良法保障善治”，这是继党的十八届四中全会以来对良法的又一次诠释，充分说明良法在法治建设中的重要作用。目前学界对于良法的研究大多停留在对“良法是什么”“判断良法的标准”等问题的静态分析，缺少将良法置于整个法治体系中进行动态分析的思考。良法是对法的理想追求，形而上层面的思考在创设法律时外化为相应的法律渊源，体现为法律的价值追求，同时影响着法律技术的适用。可以说，良法理论不是单纯静态的理论，它涉及法治运行的各个方面，从而形成了良法从理论到渊源、价值、技术的动态体系。

关键词：良法；法律渊源；法律价值；法律技术

中国共产党第十九次全国代表大会报告中提出要“以良法促进发展、保障善治”，这是继党的十八届四中全会通过《中共中央关于全面推进依法治国若干重大问题的决定》以来对良法、善治关系的又一次深入提炼与升华。党的十八届四中全会指出“法律是治国之重器，良法是善治之前提”，将中国特色社会主义法治和善治有机结合。在全面推进依法治国战略背景下，良法对于法治、善治的作用和意义被提到新的历史

* 法学博士，西南政法大学政治与公共管理学院讲师。

基金项目：本文系重庆市社会科学规划项目“习近平新时代中国特色社会主义思想中的良法、善治关系研究”（项目编号：2017BS47）阶段性成果。

高度，这是中国共产党在执政过程中的探索和创新，也是在吸收、借鉴古今中外优秀文明成果基础上的新创造。因此，从法哲学层面看，良法与法治运行各环节之间的逻辑关系问题成为亟待梳理的重要议题。

已有研究多从"良法是什么"和"良法的判断标准"两方面对良法进行研究，虽然上述两个问题极其重要，是法学研究必须面对和回答的问题，但是这些研究多是对良法的静态考察，而非将良法观念及其理论置于法治运行体系中进行的动态分析。对良法的静态思考存在于每一位思想者的意识之中，很显然，对良法的思考并不能直接作为"制度"而存在、运行，因此，对良法的思考和认知，必然要放到具体的法治运行中，才能从理论和实践相结合的层面探讨良法的逻辑。良法是对"什么样的法是最理想的法"这一问题的根本认识，一切法律体系向其本源追溯都会寻找到这个"根"，所谓良法的动态逻辑就是由这个"根"向现实生活中存在的法治体系各个环节的逐层展开，亦是良法的法哲学由思维向实践的展开。良法的动态逻辑包含渊源、价值与制度三个层面，具体而言即抽象的良法向实在法律渊源的过渡，具有内在善性的良法向法律价值的展开，以及作为理论构想的良法在实际运行中的实现。

一、良法与法律渊源的形成

从法哲学的角度来看，恶法与其说是恶法，毋宁说是创造良法过程中的意外产物。对良法的理解和认识，决定着对实际存在的法律是否优良的判断，从抽象思维层面的良法转化为实际存在的法的过程，就是法律渊源形成的过程。法律渊源的形成是将思维层面的法予以现实化的活动，在这一活动中，对良法的理解发挥着至关重要的作用。

例如，当下我国一般将法律界定为："法是国家制定或认可的，由国家强制力保证实施的行为规范。"这一概念背后蕴含着重要的逻辑前提，那就是当下的我国，我们认为制定合理的规范就是良法。因为我们通过漫长的文明演化，意识到如果将个人意志、命令甚至天意作为良法的表现形式，则会出现各种各样的问题。因此在当下的中国，最根本的、最主要的法律渊源必然就是各种类型的规范，至于法理、善良风俗虽然亦可作为一定程度上的补充，但这都是次要的。普通人也可以通过这一概念清楚地了解到当下中国的法是什么，但是他们却未必了解背后的抽象的良法观念是什么。平常所谓的普法，一般也就普及到概念这一层面就足够。良法的展开和对良法的理解有一个重要的不同点，那就是对良法的理解每个人都可以不尽相同，并且可以有自己的独特的、不同于他人的认识，这都是学术研究的正常现象。但是良法的展开则并非如此，除非是某学者论述良法展开的逻辑及发展史，在这时候这仅仅是学术研究，而我们一般所言的良法的展开，更多的是从实际的法制体系中法律渊源的形成所讲的展开，也就是说，这是建立在普遍的知识背景下的良法的展开。换一种说法，这是主权者所主导下的良法的展开，从对良法的认识到其展开，哲学形而上的成分减少，取而代之的是权力、政治因素的增加。因为一个时代中法律以什么样的形式存在，并非某位学者所能决定，这是历史、政治发展的选择和结果。

人类社会早期并没有法律存在，法律是人类社会发展到一定阶段的产物，这是目前学界的共识。法最初表现为原始习惯，这种习惯包含禁忌、信仰等多方面的内容，在中国，这些原始习惯后来形成了颇具特色的“礼”。礼由最初的单纯的祭祀仪式逐渐向包括仪式、心理、制度在内的一体化的礼制转型，“礼”可以说是中国早期法的最高形式。《左传》中称：“夫礼，天之经也，地之义也，民之行也。”[①]就是将礼视为人的行为“规范”。类似的表述有很多，如：“礼者，天地之序也”[②]“夫礼，先王以承天之道，以治人之情”。[③] 孔子亦持有类似观点，孔子称：“一日克己复礼，天下归仁焉”，[④]“归仁”是孔子认为的最高境界，达到这一境界的最佳方式就是“复礼”。荀子素来以“隆礼重法”著称，荀子论礼说：“故先王案为之制礼义以分之，使有贵贱之等，长幼之差，知愚能不能之分，皆使人载其事，而各得其宜。”[⑤]也就是说，在春秋之前，礼是中国法的重要渊源之一。当然，这并非说明早期中国法只有礼一种，恰恰相

① 《左传·昭公二十五年》。
② 《礼记·乐记》。
③ 《礼记·礼运》。
④ 《论语·颜渊》。
⑤ 《荀子·荣辱》。

反，与礼并列的还有很多不同的法律形式，如刑、律、法等。《礼记》称："是故先王慎所以感之者。故礼以道其志，乐以和其声，政以一其行，刑以防其奸。礼乐刑政，其极一也；所以同民心而出治道也。"[①]这就是后世所谓的礼乐政刑综合为治，四者之中"礼"的地位最高，作用最为明显："道德仁义，非礼不成，教训正俗，非礼不备，分争辨讼，非礼不决。君臣上下父子兄弟，非礼不定。宦学事师，非礼不亲。班朝治军，莅官行法，非礼威严不行。祷祠祭祀，供给鬼神，非礼不诚不庄。"[②]又如，"以旧礼为无所用而去之者，必有乱患。故昏姻之礼废，则夫妇之道苦，而淫辟之罪多矣。乡饮酒之礼废，则长幼之序失，而争斗之狱繁矣。丧祭之礼废，则臣子之恩薄，而倍死忘生者众矣。聘觐之礼废，则君臣之位失，诸侯之行恶，而倍畔侵陵之败起矣"。[③] 四者之中的"刑"根据典籍的记载，产生亦比较早，很早就有关于"大刑用甲兵"的表述。

礼乐政刑在本体意义上看，都是由礼而产生，礼是根本，乐最初即为行祭祀、祈祷之礼时所作的音乐，后来发展为独立的乐文化，政是对礼及其仪式的制度性规定，刑则是对违背礼的处罚。因此，站在这个立场上，我们就能理解孔子所谓的："道之以政，齐之以刑，民免而无耻。道之以德，齐之以礼，有耻且格。"[④]德是礼的内核，在孔子学说里主要体现为仁、义、忠、恕等，其中以仁为本，而政和刑从广义上说，虽然都是法的表现形式，但其重要程度远不及德与礼。如果我们这样理解的话，孔子以仁为本的良法哲学和他的法律观就展现在眼前。当然，我们必须承认，所谓的良法的展开，只是从逻辑上说明各种法律形式如何从抽象的法实在化为法律形式，并不是说所有的法律形式都能从良法中逐一推演出来，良法是对法的理解和思考，只是提供给人一种对法的美好追求。

从战国时期开始，中国法律渊源的发展脉络越来越明晰，基本以律

① 《礼记·乐记》。
② 《礼记·曲礼上》。
③ 《礼记·经解》。
④ 《论语·为政》。

令等国家法为主干展开。那么除国家法之外,传统中国的良法视野中的法律形式还有哪些?我们能否通过良法加以理解和认识?传统中国自汉代以后,逐渐确立了以儒家为主的思想意识形态,但是以儒为主是从学术的角度而言,站在一种普遍的知识背景的立场上来看,传统中国的良法理想更适合称为天本体的理想,天本体其实就是儒家的仁本体,只是在不同的话语背景下的不同表达。天本体的良法哲学必然要有与之相适应的法律形式,这种形式最明显的就是天理。天之理实际上是由人赋予的,因此天理就是人所希望的理,人所希望的理在儒家主导的传统背景中,集中体现为儒家之礼,也就是说天理就是礼,礼的内核是仁。这样其实就把天、人沟通起来,天理就是良法的理想。用董仲舒的话说,在人为喜怒哀乐,在天为冷热寒暑,天理首先表现为“王道之三纲,可求于天”,三纲是最高的天理,违背三纲的行为就是违背最高的法律形式的行为,颇类似于现代的违反宪法的行为,因此唐律列“十恶”条,凡是违背三纲者,尽在十恶之内。由天理过渡到人理有很多种不同的方式,各个时期的理解不同,或从原初祭祀观念出发,或从天人感应出发,或从理一关系出发等,不一而足;很显然的是,从天事可以推到人事,从天道可以推到人道,此理在天为天理,在人为人理,又称为人伦。传统中国最重要的人伦就是仁义礼智信,此五者皆出于人之德性,皆出于人之情性,因此又可被称之为人情。明太祖朱元璋称:“律设大法,礼顺人情”,由此贯通起来看,则上有天理,中有国法,下有人情,天理、国法、人情共同构成传统中国法的渊源,这种渊源的形成,与传统中国官方天本体的法哲学一以贯之。而这一套“合乎情理”的秩序体系的形成,可以说是传统中国良法理想外化为法律渊源的必然结果。

文化始终处于发展、变动之中,所谓发展、变动就是不断继承、吸收、借鉴、扬弃、融合、创造的过程,在历史的进程中,不存在绝对的某一家、某一派、某一个人的纯粹而不受外在影响的思想,思想之间彼此借鉴和吸收不可避免。时至今日,我们已经很难区分传统中国学术中的“道”究竟是起源于道家之道,还是易经之道,总之,众多的历史因素汇成了传统中国的学术脉络,就在这样复杂、多变的脉络中,形成了一条主线,这个主线里面既有道家超越性的成分,亦有儒家以仁为本的成分,同时还有法家的规则之治的成分,它们互相糅合,最终以官方认可的、通俗易懂的形式表现出来,就是古人所讲的天理、国法与人情。细细究来,面对此种含混的、复杂的良法观,倘若我们将每一种组成部分都尽可能回溯它的本原,这个过程就是寻求良法本原的过程;反过来,良法向外展开的过程,就是法律概念形成的过程,亦是法律渊源显现的过程。

近代以来,西方学说引入中华大地,古老而又传统的中华学术开始变化,国人开始研究规范的形式正义、实质正义,力图由此制定出符合当下良法理想的法律。虽然国人对良法的理解不同,但从良法理想到现实法律渊源的逻辑并无二致。

二、良法与法律价值的凸显

抽象意义上的良法在外在形式方面的展开,形成了法的渊源;同样的道理,抽象意义上的良法同样可以在抽象意义上继续展开,从而形成法所追求的价值。法的本质是对法为什么是法的规定性认识,法为什么是法可以等同于法符合何种条件才能是法,而这种所符合的条件本身就内涵法的价值性,良法的价值在此得以凸显。

传统中国哲学与西方哲学最大的差别就在于中国哲学不强调对纯粹理念、理性和逻辑的探讨,取而代之的是将对人心、人生、人世的思考和万物、天地、自然紧密结合在一起。从哲学思维的层面而言,更多是采取体悟式的思考方式,即认为人世是一个小的天地,天地之道与人道相同、相通。因此传统中国哲学的关注点和追求目标从来就不是抽象的、虚幻的"哲学智慧",而是对修身境界、齐家境界、治国境界、平天下境界的追求,故而梁启超认为中国哲学可以被称为人生哲学,以便与西方纯粹追求智慧的哲学作区分。"中国学问不然。与其说是知识的学问,毋宁说是行为的学问。中国先哲虽不看轻知识,但不以求知识为出发点,亦不以求知识为归宿点。直译的'philosophy',其含义实不适合于中国。若勉强借用，只能在上头加上个形容词，称为人生哲学。”①在这样的背景下，传统中国哲学（当然包括法哲学）所关注的重点并非是“为什么”，而是“应该是什么”以及“如何实践”的问题，“儒家哲学，范围广博。概括说起来，其用功所在，可以《论语》‘修己安人’一语括之。其学问最高目的，可以《庄子》‘内圣外王’一语括之”。② 良法的本质理论就是对法“为什么是良法”的深入剖析，在传统中国的背景下，则主要是对良法应当如何实践、应当追求何种价值的探索。传统中国法自身内涵对“良法为什么是良法而非恶法”的规定，而“为什么”的问题往往以“良法需要符合某种形式、条件”的方式展现出来，此处所需要符合的“形式、条件”亦是良法所需要追求实现的形式、条件，其中便蕴含着对法律价值的追求。当良法被以“合乎民众的利益”为判断标准时，此种法哲学观念影响下的法需要以民众利益为最主要的追求价值，这是不言自明的。良法在法律价值维度的展开主要表现在以下两个方面：

首先，良法观念决定法的根本价值追求。无论是作为总体的人类群体在历史发展进程中无意识地形成的对良法的思考，还是思想家有意识的对良法的创造，良法的本质从最根本的层面上决定着法的价值追求。质言之，实现良法所表征的终极理据便是良法的终极追求，是理据在抽象的价值领域的展开。在此前提下，我们就可以理解以下两点：其一，不同的学术流派，对良法的认识不同，其所追求的法的根本价值必然不同；其二，主权者的良法观必然体现在所立之法的价值中，通过对法律条文的剖析亦可以发现主权者的良法观。以中国传统而言，道家以合乎道为良善标准，自然以体道为最高价值，只有在体道的状态下，才能够达到“上德不德，是以有德”，“含德比于赤子”的最高境界。儒家以仁为判断“良法”的终极标准，故而在法律价值层面，儒家以“天下归仁”为终极追求，世间人人皆能为仁义，是儒家所希望的圣王之治。至于法家学说，其道理亦然，以韩非为代表的法家以谋求君主利益

① 梁启超：《儒家哲学》，北京大学出版社 2010 年版，第 4 页。

② 同上。

为其学说之本，凡是合乎君主之利的法才能被认定为良法，所谓耕战、富民都是为扩充君主之利的需要，因此法家一派多以维护君主之利为其最高追求，只是民众财富的增加、修养的提升都是在这一大目标下的附属产物而已，断不可因为法家重“法”，就将法家学说视为与现代法治相同。

在思想家的法哲学体系中，良法观决定法律价值，在现实的政治生活中，主权者所秉有的良法观念亦决定其法律价值的追求。我们以唐律为例加以证明，德礼为唐律最高准则，唐律本身亦有“德礼为政教之本，刑罚为政教之用”的明确表达，因此德礼既是判断良法与否的根本理据，又是法律价值的最高形态。作为最高的立法者，唐太宗李世民称：“为国之道，必须抚之以仁义，示之以威信”，[①]在李世民看来，符合仁义的德礼才是良法是显而易见的事实。“在唐代，占统治地位的法律思想是礼本刑辅、明刑助礼。礼是本，是纲，刑不过是礼的辅助，是实现礼所规定的目标的手段。从这样的法律思想出发，唐律的修撰不可能不以礼为指导原则。”[②]德礼实际上是儒家仁本体在现实法制中的外化，以仁为本的仁义外化为德礼与政刑，仁的本体地位决定了唐律的终极价值追求不可能是以刑罚治民，而只能是以德礼教化为其尚。固然，唐律虽然立法技艺高明，但是较之于当下的立法技术、立法水平仍有颇多不足之处，但这并不能单纯以“刑罚取代民事调节”为批判理由。事实上，在一个具有一定立法水准的法律体系中，良法观和价值之间不会存在完完全全的背离，既然有仁本体的良法观，就不应该得出传统中国法以刑为主的外部特征。然而既有的研究则经常出现互相矛盾的表述，例如讲到传统中国法的理念和精神时，常常称传统中国法是以“德主刑辅”为主导，而讲到传统中国法的体系时，又称其是“以刑为主”，事实上这是两种截然相反的评价，因此有论者指出，“更重要的问题在于，其实稍加追究，就可以发现这些广为学界、社会所认可的‘通说’、‘定论’与客观事实有着明显的不符，通说与通说之间矛盾百出，定义与定义之间

① 《贞观政要·仁义》。
② 刘俊文：《唐代法制研究》，台北，文津出版社1999年版，第80页。

无法兼容。当‘中国法律思想史’教科书将‘德主刑辅’作为中华法系主导思想时，‘中国法制史’的教科书却把中国古代法律发展的主线定位在‘以刑为主’、‘重刑轻民’上；当我们将‘以刑为主’误读为重刑主义时，却又没有人解释为什么汉以来始终是儒家的仁政、德治思想占据立法、司法中的主导地位，而法家的严刑峻法一直受到批判；当我们将中国古代的‘法’即为‘刑’作为一个毋庸置疑的‘常识’时，对严复、沈家本等近代思想家、法学家一再强调的‘刑’为古代法之‘一端’的观点却视而不见”。[①] 这些问题萦绕学界多年，倘若我们能从良法的角度思考，则某些“定论”或许就颇值商榷，这一切都可以用良法和价值之间的相互关系加以证成。如论者所识，传统中国哲学相较于西方，更侧重于应该追求什么样的价值，如何践行这些价值的问题，用古人的话说就是修齐治平的功夫。将儒家的自我修养和社会实践的纲要总结为四个字，即“修齐治平”，而较少地关注为何要修齐治平，这是中国哲学的一大特色。

其次，从良法到法律价值的跨越，是理论层面上的跨越；而从良法到法律实效的跨越则是实践层面上的跨越。良法理论虽然内在地要求法律价值的实现，但是这些价值能否顺利实现，在多大程度上得以实践，则是另外一个牵涉因素颇多的复杂问题。一个法律体系所追求的法的价值是什么是一个问题，而法律体系所能真正实现的法的价值是什么，又是另外一个问题，两者不可混淆。尤其是在技术化程度的不高的法律体系中，这两者之间的矛盾和张力格外明显。良法理论本身所希望追求的价值或许十分美好，但是法律实际所达到的效果有可能不如所愿，这都是实践中经常遇到的问题。因此，我们评价一个法律体系、一种法律哲学时，有必要将法律价值和实效进行细致的区分。例如，对孔子本人法哲学的评价，孔子所追求的仁政可以说十分美好，但是孔子本人的法哲学理论终其一生并未能付诸实践，甚至说，传统中国两千余年的儒家法制传统下，究竟有多少法制构建符合了孔子的初衷，

① 马小红：《中华法系中“礼”“律”关系之辨正——质疑中国法律史研究中的某些“定论”》，载《法学研究》2014 年第 1 期。

这都是值得考量的问题。又如，董仲舒祛除孔孟之学疏阔、高远故不为人主所用之弊，将儒学与阴阳家、道家、法家诸家学说融合，创设天人感应理论。同时为了迎合君主所需，亦为了将儒学提升到“国教”的地位，将孔子所谓的“君使臣以礼，臣使君以忠”对等的“君君、臣臣、父父、子子”关系改造为“君为臣纲”的单向度关系，在这种背景下，儒家学说才被赋予“罢黜百家，独尊儒术”的地位。董氏亦知此种“君为臣纲”的学说无法限制君主权力，因此又引入“灾异谴告”说，力图用“天”的地位限制人世间君主的权力，可以说，董仲舒这套“天人感应、灾异谴告”的理论初衷里包含对君主权力进行限制的成分，但是实践中“天”是否真的限制了君主的独断专行，这就是另外一个需要单独讨论的问题了。

这都说明，价值和实效之间普遍存在张力，这种张力很可能是负面的，意即良法最初所追求的积极价值没有实现，实现程度不够或者说甚至达到了相反的效果；张力本身也可以是正面的，即法律最初所追求的价值本身或许并不具有较强的正义性，但是法制实际运行的结果却促使了正义的发展，这两种情况都是法从观念到价值跨越中可能存在的张力。张力的存在是不可避免的，是理论和实践差异的必然结果，任何法律哲学都无法避免张力的产生，即便是现代法治体系下，良法所追求的价值亦无法全部实现，法律规定所希望达成的效果亦无法尽数完成，正如瞿同祖所说：“仅仅研究条文是不够的，我们也应注意法律的实效问题。条文的规定是一回事，法律的实施又是一回事。某一法律不一定能执行，成为具文。社会现实与法律条文之间，往往存在着一定的差距。”[①]但是从另外一个角度来看，对张力幅度的削减，从而将张力控制在合适的区间范围内，是评价法制发展水平的重要标准之一，在优良的法制体系里，应该尽可能实现良所规定的法律价值，保证法律条文规定的切实可行性，人类法制文明的发展演进，一方面表现为良法观念、法律价值正义水平的提升；另一方面表现为法律制度、法律体系的技术化水平的提升，技术水平的提升就是为了解决良法、价值和现实的张力而

① 瞿同祖：《中国法律与中国社会》，中华书局1981年版，第2页。

存在。

三、良法与法律技术的适用

良法影响了现实生活中所能切实感受到的作为法律渊源的法，[①]良法观念在形而上层面的展开，形成了法律所追求的价值。无论是从良法观念到法律渊源的展开，抑或价值的展开，都更多地停留在"非技术性"的层面。换句话说，这两者都在某种程度上可以直接表明良法本身所希望达到的效果，如良法影响下的法律渊源，完全可以按照其最初的构想实现，而无须借助任何外在条件。老子秉持道本体的法哲学，在其构想中，最高境界的法就是道，"法治"的状态就是体道的状态，因此可以小国寡民，民众鸡犬之声相闻，老死不相往来，道由是成为老子哲学中最高级的法律渊源。作为法律渊源的道，大可以在老子创设道家哲学时就加以明确。倘若老子是立法者，更可以直接通过立法权力给"道"直接赋予至高无上的法律地位，这种对法律渊源的认可来源于其法哲学学说中对良法的构想。不同法哲学家、不同主权者都可以在理论上"任意地"创设法律渊源，如在神权法社会中，神意、神启被当作最高级的法律渊源；在君主集权体制的社会中，君主意志、命令虽然要经过部分行政官僚的"限制"，但是仍然是效力级别最高的法律渊源。上述一切都说明一个问题：法律渊源可以从理论确立之初就加以确定。法律价值与法律渊源在这一点上十分相似，一种法律哲学要追求何种法律价值，是法哲学创立时就要考虑的问题，对良法的理解直接决定法律价值的追求。换句话说，法律价值从最初就受制于对良法的认识，并且得到了良法的促成。以上所论法律渊源和法律价值都是"非技术性"的存在，不需要经过任何技术性的环节即可形成。然而，法律价值能否实现，能否达到最初预想的效果，就不再是"非技术性"的问题，而转化为"技术性"问题，从对良法的理解到法律价值的实现，贯彻这一过程始

① 这里所谓的"切实感受到"并非专指成文法，在现代中国成文法固然是法律渊源最基础、最主要的表现形式，在传统中国社会早期，成文法不存在的时候，民众必然存在"禁忌意识""规则意识"，这都是对法的"切实感受"；待成文法出现之后，虽然成文法是传统中国法的枝干，但是除此之外，古人亦受到非成文法形式的天理、人情的规范，故而此处称良法展开为可以"切实感受到"的法律渊源。

终的是法律技术，唯有良好的法律技术的保障，才能实现良法所追求的法律价值，因此可以说，良法决定法律技术，法律技术反过来影响良法的现实展开。

具体而言，良法决定法律技术的选择和发展方向。法律技术从法律运行的阶段来看，可以分为立法技术、司法技术等，法律运行的任何阶段都需要法律技术的配合才能实现。良法对法律技术的决定性体现在对法的根本规定性的限定。换句话说，法律技术表层上是为了保障法律的有序运行，从根本上看是为了实现作为良法根本的法的终极理据，一般意义上的包括法律解释、法律推理等内容的法律方法都是表层意义上的技术性内容，而技术的根本目的则在于促成良法的展开及实现。良法观的差异决定了不同法律哲学的差异，不同法律哲学所适用的法律技术亦差别迥异。例如，神权法法律体系中，神意、神启是良法的本质，因此对宗教典籍的解读、诠释，对神意的解释成为立法、司法中的重要技术，这是非神权法法律体系中所没有的。又如，在自然法法律传统中，对自然法的理解和认识虽然多有不同，但是"自然"却深深地影响了法律技术的发展，如卢梭提出的社会契约论，就是将契约和自然加以联系，这种理解和认识在非自然法国家中亦不曾存在。具体到传统中国，自汉以后的传统中国法逐渐形成并确立以仁为本体的良法传统，仁为统一圆融之概念，仁内涵仁义两方面，仁义分别代表阴阳、德刑等，其中仁为主，义为辅，由此形成了传统中国礼、刑并用的法律制度，礼刑并用作为宏观的法律技术原则在唐律中可以说体现得淋漓尽致，《唐律疏议》称："德礼为政教之本，刑罚为政教之用，犹昏晓阳秋相须而成者也。"[①]具体到唐律各篇章，则又对礼、刑的不同效力等级、不同条件的适用作了详尽的规定，这都是受仁本体的良法观影响所致。关于唐律律文和礼的复杂关系，有论者称："在唐代，占统治地位的法律思想是礼本刑辅、明刑助礼。礼是本，是纲；刑不过是礼的辅助，是实现礼所规定的目标的手段。从这样的法律思想出发，唐律的修撰不可能不以礼为指

① 《唐律疏议·名例律》。

导原则。”①从司法角度而言，礼也深刻地影响了唐代的法制运行，“古代法律的实施，有两个重要的环节，一是对律文的解释，一是律文的具体执行。唐律有统一的、官方的解释，这就是《律疏》，也即为今传之《唐律疏议》。它是唐高宗永徽三年命长孙无忌等人编纂的，翌年十月正式颁行。史曰‘自是断狱者皆引疏分析之’，可见《律疏》对于唐律的实施具有关键的作用。而《律疏》完全以礼为理论基础，这首先表现在《律疏》常常根据礼义来解释律的一些概念，譬如在解释名例律十恶条‘四曰恶逆’中的‘夫’时，《律疏》说：‘依礼，有三月庙见，有未庙见，或就婚等三种之夫，并同夫法。’”②因此论者称：“上述清楚地说明，《律疏》的全部法律理论体系确实是建立在礼的理论基础之上的。而通过《律疏》的折射，唐律中的礼的色彩自然也就越加浓厚了。……综上所述，第一，唐律的修纂乃以礼为指导原则；第二，唐律的条文大多源出于礼；第三，唐律的实施在相当大的程度上为礼所左右。”③以上都是从唐律律文所表现出的律和礼的复杂关系，至于法制运行中的，以礼断狱的例子更是数量繁多，后世所谓的情、理、法协同，就是对唐宋法制的经典描述。唐律的例子表明，仁为礼之本，因此建基于仁本体良法观之下的唐代法制，无论立法的技术还是执法技术都处处体现受到仁、礼的影响。

法律技术的适用受到良法的影响，反过来，法律技术亦会制约良法在不同层面的展开，在一些法律体系中，法律技术水平较高，因此对法律价值的实现程度比较高；另在一些法律制度下，法律技术自身的局限导致良法所决定的法律价值无法实现，甚至出现了与立法本意相左的状况，法律的运行陷入混乱之中，整个法律制度进入崩溃的境地，这种本意和实效之间的巨大鸿沟我们称其为张力。张力的存在是作为理论的良法学说和作为法律实践的法律技术适用之间所与生俱来的矛盾所致，亦即前文所说理论构想和实践操作之间的矛盾所致。我们都知道

① 刘俊文：《唐代法制研究》，台北，文津出版社1999年版，第80页。

② 同上书，第88页。

③ 同上书，第92~94页。

现实社会中各种制度的运行不完全以人的意志而转移、变化,因此对良法的构想亦不能直接决定法律在现实维度内的发展。法律运行张力的存在虽然无法从根本上避免,但是可以通过提升法律技术尽可能缩小良法构想和法律实效之间的张力,这是提升法律技术最主要的目的和动因。试举一例便可明白,现代法理学常说法律解释有很多种分类方法,如扩张解释、限缩解释等,法律解释的出现就是法律技术水平提升的表现。法律制定之后,社会仍在不断发展、进步,许多立法时所不曾出现的新的状况、事件不断发生,已经制定的法律必然不能完全追随社会变动的步伐,加之立法者立法时本身可能存在一些纰漏,这都需要事后对法律进行一定程度上的修补,而法律解释则是目前看来,成本最小,最不影响整个法律体系稳定的方法。倘若没有法律解释,则法律运行就面临两种情况,其一,废止错误的、不合时宜的法律,以新法取而代之,但是社会变动迅速,新状况层出不穷,这种方法在很多时候未必妥当;其二,短时间内沿用旧法,这势必会将法律运行引入混乱之中。法律解释的出现,则适时地修正了旧法本身的部分问题,实际上将法律运行的张力加以缩减,保证法律制度的稳定运行。

法律张力在微观层面表现为对法律运行的影响,在宏观的制度层面则会影响整个国家建制以及国家命运的走向。综观整个传统中国社会,政权建立之初,主权者往往或废除前朝苛法,或承前朝旧律加以改造,或着力编纂法典,以求立法平准,司法公平;待到朝代末期,司法不公,各机构之间矛盾层出,法律运行受到包括君主、官僚在内的各部分势力的干涉,法制崩溃,国家亦由此崩坏而亡,这是中国历代王朝留给后人的印象。清末律学大家沈家本如是说:“夫盛衰之故,非偶然矣。清明之世,其法多平。陵夷之世,其法多颇。则法学之盛衰,与政之治忽,实息息相通。然当学之盛也,不能必政之皆盛,而当学之衰也,可决其政之必衰。”①

---

① (清)沈家本撰:《历代刑法考 附寄簃文存·寄簃文存卷三》,邓经元、骈宇骞点校,中华书局1985年版,第2143页。

四、结语

良法是法律哲学中关于法治优良与否最根本、最基础的哲学思考，亦是研究法学必须要思考的学问。对良法的理解和认识是法哲学方法论、价值论、运行论的基础和前提，对良法的思考贯彻于法学思维始终，这种思考在形而下层面的展开，形成了外在的法律渊源，即将抽象的对良法的思考转化为具象的外在的立法的过程；对良法的思考在形而上层面的展开，形成了法律价值论，法所追求的价值从根本上皆本于良法观，因此可以说良法观至关重要。但是这并非意味着，良法观就自然而然地决定了世间一切法律的实际发展，在作为理论思考的良法观和展开的法律渊源、法律价值之间，还存在无法避免的法律张力，弥合构想和实效之间的张力，就要依靠法律技术的不断进步，因此从良法构想到法律价值实现的过程，就是法律运行的过程，在这个过程中，法律技术发挥着重要的作用，这正是我们要全面推进依法治国，要讲求以良法保障善治的根源所在。

从党的十八届四中全会关于全面推进依法治国的决定到党的十九大报告，良法在推动善治中的作用被不断强化。明确良法在法治体系中的地位和作用，厘清良法观念及其理论在法律渊源生成、法律价值凸显、法律技术适用方面的逻辑，是当前学术研究中必须要予以明确的问题。从法哲学层面对阐释良法及其逻辑体系，以此深入领会党的十九大报告中对良法的侧重，既是学术发展的方向，又是现实关怀的要求。

Sources, Values and Technology: The Legal Philosophy of Good Law

Wu Fubo

Abstract: The report of the 19th national congress of the Communist Party of China point out that good law is the guarantee of the good governance, which shows the importance of the good law. Now there are many achievements of the research of good law, but these are all concentrate on the static analysis. We should take the theory of good law as a complete system, only in this way can we find the connection between the good law, legal sources, legal values and legal technology.

Keywords: good law; legal sources; legal values; legal technology

法律解释制度的结构悖论

邓家元*

摘　要:最高人民法院的解释权是对法律具体应用的解释权,是法律解释制度的重要内容。同时,对全国人大常委会的解释权存在两种规定:一种是全国人大常委会拥有法律解释权的专属性规定,另一种是全国人大常委会拥有对法律条文本身解释权的规定。法律具体应用解释概念的含义,以及法律具体应用解释与法律解释、法律条文本身解释三个概念间关系,应如何理解,成为理解法律解释制度结构的关键。通过分析,可以发现解释制度结构上存在一系列矛盾。对这些矛盾的分析可以得出结论:并不存在具有独特性质的对法律具体应用的解释或对法律条文本身的解释,只存在同质的法律解释,并由有限的解释主体分享法律解释权。

关键词:法律解释;制度结构;条文本身解释;具体应用解释

法律解释在中国法律体系中有独特的制度含义:不同于一般意义上理解的法律解释,“在中国的制度设计上,法律解释被单列为一种权力”,“其目的是通过解释形成具有普遍效力的解释性规定”。既被单列为一种权力,自然会产生以下问题:解释权应该由谁以及如何来运用?对这个问题的回答“构成了一种具有本土特色的法律解释体制”。[①] 但

* 安徽省滁州市人民检察院科员,法学理论硕士。

① 张志铭:《法律解释学》,中国人民大学出版社2015年版,第6页。

这一法律解释制度设计在结构上存在诸多矛盾之处,解释制度结构的几个关键概念在使用上不能自洽。对该问题进行思考和辨析有助于回归法律解释本义,健全法律解释制度。

一、解释权与解释对象

(一)宪法法律上的解释权架构

长期以来,全国人大常委会和最高人民法院,一直是《宪法》和宪法性法律予以正式规定的两个解释权主体。

全国人大常委会立法解释权的依据是《宪法》第67条。该条规定"解释法律"是全国人大常委会的一项职权。《立法法》也规定:"法律解释权属于全国人民代表大会常务委员会。"[①]该规定与《宪法》规定应该说保持了一致。同时《人民法院组织法》规定最高人民法院具有"对属于审判工作中具体应用法律的问题进行解释"[②]的权力。

《立法法》对全国人大常委会法律解释权的规定,从表述上来看是一个规范性全称断定。从《宪法》和《立法法》专门规定以及权力法定的原则来看,如果没有同位阶其他规定,全国人大常委会"解释法律"的权力("法律解释权")应当是专属性权力。最高人民法院拥有的是另一类解释权:对法律"具体应用"的解释权。[③] 宪法地位上,全国人大常委会高于最高人民法院,解释制度在《宪法》《立法法》《人民法院组织法》上显示出一种纵向结构:

其一,全国人大常委会拥有"法律解释权",对法律进行解释;

其二,最高人民法院拥有司法解释权,对法律"具体应用"进行解释。

(二)1981年《决议》的解释权架构

在全国人大常委会1955年《关于解释法律问题的决议》[④](以下简

---

① 参见《立法法》第45条。

② 参见《人民法院组织法》第18条。

③ 从全国人民代表大会和最高人民法院官网的表述也可以看出不同,全国人民代表大会作出的解释在中国人大网上直接表述为"法律解释",而最高人民法院的解释在中国人大网和最高人民法院官网上表述为"司法解释"。

④ 1955年《决议》规定:"一、凡关于法律、法令条文本身需要进一步明确界限或作补充规定的,由全国人民代表大会常务委员会分别进行解释或用法令加以规定;二、凡关于审判过程中如何具体应用法律、法令的问题,由最高人民法院审判委员会进行解释。"

称1955年《决议》)中,法律解释制度架构初步形成。依照该决议的规定,全国人大常委会保有对法律条文本身进行解释的权力,并将对法律具体应用进行解释的权力分配给最高人民法院。全国人大常委会在1981年出台了《关于加强法律解释工作的决议》[①](以下简称1981年《决议》),根据新的情况,对1955年《决议》作了一些补充。[②] 在横向结构上增加了对法律具体应用有解释权的主体。

1981年《决议》将对法律具体应用的解释权细分并归与三处:

其一,司法解释权,归最高人民法院所有,解释对象为法院审判工作中出现的法律具体应用的问题;其二,检察解释权,归最高人民检察院所有,解释对象为检察院检察工作中出现的法律具体应用的问题;其三,行政解释权,归国务院及主管部门所有,解释对象为不属于审判和检察工作中出现的其他法律具体应用的问题。

相较于1955年《决议》,1981年《决议》还增加了对地方性法规解释权分配的规定,架构上也保持了法律条文本身和具体应用解释的区分。张志铭先生认为,1981年《决议》中,全国人大常委会"扩大了法律解释权主体的范围"。[③] 但这一说法从概念上严格来说并不十分准确。1981年《决议》是在横向结构上扩展了对法律具体应用有解释权的主体,而非法律解释权主体的范围。

(三)解释架构上的同与异

1. 最高人民法院法律具体应用解释权

最高人民法院司法解释权在《人民法院组织法》1954年最初被制定的时候,并不存在。1979年再次通过的《人民法院组织法》,吸纳了1955年《决议》的内容,规定了最高人民法院的司法解释权。[④] 在1981年《决议》中,最高人民法院的司法解释权被再次确认。此后,最高人民法院司法解释权在宪法性法律中一直保持存在。

① 最高人民法院《关于司法解释工作的规定》(法发〔2007〕12号)即以此决议为制定依据之一。

② 参见全国人大常委会《关于加强法律解释工作等三个决定(草案)的说明》。

③ 张志铭:《法律解释学》,中国人民大学出版社2015年版,第157页。

④ 参见《人民法院组织法》(1979年7月1日第五届全国人民代表大会第二次会议通过)第33条。

相比较于最高人民法院司法解释权在宪法性法律和全国人大决议中被反复确认,行政解释的规定只在1981年《决议》中出现,检察解释直到2018年修订《人民检察院组织法》(第23条)时才被正式规定下来。这种区别既源于法律实践的需要,也体现在一直以来的法律实践中。

2. 实践中的法律具体应用解释

三类法律具体应用解释权虽然在1981年《决议》的纸面规定上鼎分三足,但在解释实践中却严重失衡。在解释制度的实践中,检察解释在数量上远远不及司法解释。检察解释在法院的司法裁判文书中也极少被引用。因国务院有行政法规的制定权(《立法法》第65条),国务院各部门有行政规章的制定权(《立法法》第80条),行政解释难觅踪迹,更不必论在司法中被适用。

在司法实践中发挥最大作用的法律具体应用解释是最高人民法院司法解释。司法解释在全国司法审判中发挥着极其重要的作用。所以,1981年《决议》虽然纸面上将法律具体应用解释平分三处,但最具实践重要性只是最高人民法院的司法解释。

3. 法律与法律条文本身解释权

虽然最高人民法院的司法解释权被反复确认,但设置法律具体应用这一解释对象,将法律具体应用解释与法律(条文本身)解释进行区分,最高人民法院的解释权是对法律具体应用的解释权,却是法律解释制度从1955年《决议》以来一直刻意坚持的内在倾向。

综合《宪法》《立法法》和1955年《决议》、1981年《决议》来看,全国人大常委会的解释权规定有所不同。

首先,在概念表达上,在1955年《决议》、1981年《决议》中,全国人大常委会解释权的对象表述是法律条文本身;在《宪法》和《立法法》中,全国人大常委会立法解释权的对象表述是法律。

其次,在立法解释发生情境的规定上,《立法法》列明,立法解释可以在两种情况下发生:第一,法律的规定需要进一步明确具体含义的;

第二,法律制定后出现新的情况,需要明确适用法律依据的。[①]

在1981年《决议》的列明中,立法解释可以在三种情况下发生:第一,法律、法令条文本身需要进一步明确界限;第二,法律、法令条文本身作补充规定的;第三,两院解释有原则性分歧情况下,报请全国人大常委会解释或决定。[②]

(四)《香港特别行政区基本法》解释制度

《香港特别行政区基本法》的解释制度,表述在特别行政区基本法"解释条款"[③]中。根据"解释条款",香港特别行政区基本法与其他法律一样,其解释权完整地属于全国人大常委会。但香港特别行政区法院又基于全国人大常委会的授权,在审理案件时,对特别行政区基本法的不同部分拥有不同程度的解释权。

《香港特别行政区基本法》"解释条款"与《宪法》和《立法法》"法律"解释权属于全国人大常委会的规定保持一致。更准确地说,是保持了基本的字面一致。特别行政区基本法解释制度统一于全国人大常委会立法解释制度,立法解释制度是核心。

但特别行政区基本法解释制度中,全国人大常委会并非依据解释对象分配解释权与特区法院。与之相比较,最高人民法院的司法解释权的解释对象是法律具体应用。特别行政区基本法"解释条款"中,关于基本法的解释权属于全国人大常委会的规范性断定也是全称的,即基本法解释权专属于全国人大常委会。特别行政区法院的解释权并不因另有独特性质的解释对象而存在,而是源于全国人大常委会授权而直接对基本法拥有解释权。

二、法律具体应用解释理解问题

(一)法律具体应用解释或有或无

最高人民法院的解释权在实践上具有多方面的重要性。在数量

---

① 参见《立法法》第45条。

② 参见《关于加强法律解释工作的决议》(1981年6月10日第五届全国人民代表大会常务委员会第十九次会议通过)第2条。

③ 参见《香港特别行政区基本法》第158条。

上，最高人民法院历年来做出的司法解释总体数量庞大，新的司法解释不断被制定出来。在司法适用上，最高人民法院的司法解释在整个司法系统审判中发挥着重要作用，司法解释被引用为裁判依据的频度甚至超过法律本身，直接依据司法解释做出判决所在多有。

法律具体应用解释在最高人民法院的手中发挥出巨大作用。在理论重要性上，最高人民法院对法律具体应用的解释权，对法律解释制度结构具有原初重要性。从1955年《决议》解释制度基本结构形成以来，法律具体应用被设立为解释对象，最高人民法院对其拥有进行解释的权力即被确立，并与全国人大常委会的解释权相区别。

（二）意义涣散的“审判工作中”

1.“审判过程中”意义狭窄。1979年《人民法院组织法》最初以立法形式规定最高人民法院司法解释权时，最高人民法院的司法解释权是对在“审判过程中”如何具体应用法律有解释权。[①] 这一表述与1955年《决议》的表述一致，并一直保持到《人民法院组织法》2018年修订。

抛开司法解释实践，单纯一般性地从字面理解这个短语，很容易将其理解成最高人民法院在其自身案件审判的过程中，认为有必要时，可以作出法律具体应用解释。这样理解虽然有语义学支撑，但如此理解的最高人民法院法律具体应用解释权抛开了三级地方法院司法审理时的解释需求。不论最高人民法院的司法解释实践，还是各级法院的司法审判工作需求，显然都与该理解相去甚远。毕竟最高人民法院直接审理的案件只占整个司法系统审理案件的很小一部分。

2.“批复”形式司法解释。这似乎迫使我们要放宽对“在审判过程中”的理解，以理解最高人民法院的法律具体应用解释权。最高人民法

---

① 1954年《人民法院组织法》没有规定最高人民法院解释权的规定。1979年《人民法院组织法》第33条规定：“最高人民法院对于在审判过程中如何具体应用法律、法令的问题，进行解释。”后《人民法院组织法》在1983年、1986年、2006年、2018年经历了四次修正（订）。1983年、1986年、2006年三次修正都没有改变对1979年第33条表述，只有2006年将该条改为第32条。2018年修订《人民法院组织法》在第18条对最高人民法院解释权规定做出改变：“最高人民法院可以对属于审判工作中具体应用法律的问题进行解释。”

院四种类型的司法解释[①]中，只有“批复”形式司法解释，是在下级法院的“审判过程中”，却由最高人民法院作出解释。如果我们把“批复”类司法解释也纳入对“在审判过程中”解释的理解范围，那就是把对最高人民法院在“审判过程中”的解释权，扩展理解到最高人民法院自身审判过程之外的各级法院的审判过程中。这是一种审判而不解释、解释而不审判的局面。

一种比较有代表性的观点认为，(刑法)司法解释的内容只能是“对于现实生活中发生的具体案件，是否应当以及如何适用刑法的相关规定。例如，对于盗窃网络上的游戏装备的行为，能否适用《刑法》第264条认定为盗窃罪？对于骗购经济适用房的行为，能否适用《刑法》第266条认定为诈骗罪？”[②]按照这一观点，最高人民法院的一些批复性解释最能符合司法解释具体应用解释特征。例如，国有土地开荒后用于农耕，并且未交由农民集体使用。这种情况下的土地是否属于“农村土地”，并适用《农村土地承包法》第2条的规定？[③]

尽管如此理解，依然只能涵盖一小部分司法解释，无法涵盖数量巨大的其他三种类型司法解释。这三种类型的司法解释与具体案件的审判都没有直接关系，都是抽象的、普遍的、可反复适用的。所以，即使将“审判过程中”作了一次扩大理解，这三类司法解释还是与该理解明显相悖。

3. 修订后的“审判工作中”。1981年《决议》对最高人民法院解释场合规定为“审判工作中”，相比1955年《决议》的“审判过程中”，这个表述显得宽泛了不少。并且，似乎意识到了“审判过程中”意义较为狭窄，2018年修订后的《人民法院组织法》，也采用了“审判工作中”的表述。此前虽经数次修正，《人民法院组织法》一直保持的“审判过程中”表述，在2018年修订中被改变。如果此前的“审判过程中”表述，也应

① 最高人民法院《关于司法解释工作的决定》(法发〔2007〕12号)第6条第1款和第4款。该决定第6条规定了司法解释的四种形式：“解释”“规定”“批复”“决定”。

② 张明楷：《简评近年来的刑事司法解释》，载《清华法学》2014年第1期。

③ 参见最高人民法院《关于国有土地开荒后用于农耕的土地使用权转让合同纠纷案件如何适用法律问题的批复》。

该作“审判工作中”理解，这就扩展了“审判过程中”的意义。虽然如此理解，是否足以涵盖此前所有最高人民法院司法解释实践形式呢？

如果回答是肯定的，那么我们可以从反面思考一个问题：假设最高人民法院如果能够作出不属于“法院审判工作中”的解释，那么这种解释是什么样的？换句话说，什么样的由最高人民法院作出的解释不属于“法院审判工作中”解释？如果我们没有办法作出回答，因为审判工作概念本身即基本涵盖了法院的工作，这就意味着“审判工作中”，最高人民法院的解释权所覆盖范围是无所限制的。

对“审判工作中”的理解落入一种循环：凡是由最高人民法院作出司法解释就属于在审判工作中，而在审判工作中，最高人民法院有解释权。如此，《人民法院组织法》与 1981 年《决议》关于最高人民法院“审判工作中”对法律具体应用的解释规定成为意义空洞的，不再有实质性的自然意义。与此相伴产生的一个效果是，从这方面对最高人民法院解释越权的质疑也将会失去准绳，无法依据该规定判断最高人民法院是否有解释权。结果成为，以至于最高人民法院的司法解释工作本身就是“审判工作”的一部分。无论是“审判过程中”，还是“审判工作中”，都无助于我们理解作为最高人民法院解释权对象的法律具体应用的意义。

三、法律具体应用解释与法律解释

（一）两种解释形式之间关系问题

最高人民法院的司法解释权——对法律具体应用的解释权，全国人大常委会的立法解释权——对法律的解释权，从 1955 年《决议》开始，贯穿始终法律解释制度变迁始终。可以说是法律解释制度结构的核心支柱。检视法律具体应用解释与法律解释的关系问题，既是理解作为解释对象的法律具体应用意义所必需，进而也是认识法律解释制度结构的关键。

法律具体应用解释与法律解释的可能关系如下：

要么一，法律具体应用解释包含于《宪法》和《立法法》规定的法律解释之中，在性质上，法律具体应用解释也是法律解释。要么二，法律具体应用解释不包含于法律解释之中,法律具体应用解释在性质上不同于法律解释。如果一,说明法律解释权并非是全国人大常委会的专属性权力,最高人民法院也享有法律解释权。如果二,那么法律具体应用解释是性质上有其不同于法律解释的特殊性的一类解释。无论是一,还是二,既然法律具体应用解释被特别标出,实际上都面临着须要指出其性质上有何种独特性的任务,同时在概念逻辑上的指出和解释实践上的指出。在情况二下,既然法律具体应用解释处于法律解释之外。那么,需要解释为何如香港特别行政区法院只有法律解释权而并无法律具体应用解释权,但其司法活动并没有受到影响。毕竟无论是在解释制度设计上,还是在司法实践上,法律具体应用解释权对最高人民法院而言都十分重要。既然没有法律具体应用解释权对法院的司法活动也可以并无影响,为何对法律具体应用进行解释的权力会成为最高人民法院必需?在情况一下,对情况二下香港特别行政区法院为何没有法律具体应用解释权的疑问,可以暂时得到合理解释,并且不会因香港特别行政区法院没有法律具体应用解释权,而否定法律具体应用解释的概念和制度价值。

(二)如果法律解释包含法律具体应用解释

法律解释包含法律具体应用解释这一关系设定有其优点。但是这个解释消除了一个疑问,同时在解释制度的结构和概念上引起其他疑问。

既然法律具体应用解释是法律解释的子类,那么逻辑上,对法律具体应用的解释也是对法律的解释。但《宪法》和《立法法》上所表达的是一种全称规范性断定,即法律解释权应当是唯一属于全国人大常委会的。若法律具体应用解释包含于法律解释,会与宪法法律上,法律解释权属于全国人大常委会,这一全称规范性断定相悖。如果法律具体应用解释是法律解释的子类,且两者显然并非互为子类。那么,除法律具体应用解释子类外,尚须在解释制度结构、概念和实践上指示出:作为理解法律具体应用解释所必要,法律具体应用解释之外,法律解释作为一个类,该类的其他部分(余类)为何。

法律具体应用解释在性质上有何独特性的问题还是没有完全消失。与这一问题相关联存在的是另一问题,为何最高人民法院不是如香港法院那样被授权全整的法律解释权,而是仅仅被授权作为法律解释权一部分的对法律具体应用进行解释的权力。这两个问题同样部分有赖于对法律解释类除法律具体应用解释之外的余类的回答。

四、法律条文本身解释的制度位置

(一)全国人大常委会解释权概念差别

如果法律具体应用解释包含于法律解释,会与法律解释权属于全国人大常委会,这一全称规范性断定相悖。我们须要暂缓一步作此断言,因为全国人大常委会的法律解释权面目并非如此简单、清晰。

根据 1955 年《决议》和 1981 年《决议》,全国人大常委会是对法律条文本身具有解释权。这与《宪法》和《立法法》中对全国人大法律解释权的规定,在概念表述上存在差异。粗率地看,或许只是细微的不一致。但基于全国人大常委会解释权的宪法重要性,若要对其准确描述,这不一致恐怕不能简单忽略。基于表述上差别的实际存在,需要回答法律条文本身解释和法律解释的关系问题。

要么一,法律条文本身解释实质上是对法律解释的意义申明。《宪法》和《立法法》中作为解释对象的法律所要表达的意思也就是法律条文本身。粗略地可以理解为,在概念的意义上,法律解释和法律条文本身解释是等同的。要么二,法律条文本身解释不同于法律解释。基于法律解释制度的整体性,作为解释对象的法律条文本身与法律具体应用,是为二者,对立共存。法律解释类下,包含法律条文本身解释和法律具体应用解释,作为两个子类。这一假设还具有一优势,可以回答法律解释作为一个类,除法律具体应用解释子类之外,余类为何的问题。

(二)法律具体应用与法律条文本身的对立

将作为解释对象的法律条文本身与法律具体应用视为对立共存,并非没有制度结构上的依据。1955 年《决议》和 1981 年《决议》都是将两种解释对象,法律条文本身和法律具体应用,并列对举。全国人大常委会的立法解释权是对法律条文本身的解释权。甚至在 1955 年《决议》中，最高人民法院的对法律具体应用的解释权唯一，与全国人大常委会对法律条文本身的立法解释权并立而存。

如果将立法解释权理解成对法律条文本身的解释权，将全国人大常委会解释权对象限定为法律条文本身，在语义上，实际对全国人大常委会解释权进行了限缩。但如此一来有利之处在于，经过重新梳理，最高人民法院的解释权可以与关于全国人大常委会解释权宪法上的全称规范性断定并行不悖。当然，这种并行不悖的基础是能够从性质上区分开法律条文本身解释和法律具体应用解释，由全国人大常委会与最高人民法院各自享有解释权。

（三）"两高"分歧下的解释与实践

1981年《决议》规定，全国人大常委会拥有对法律条文本身解释权，最高人民法院拥有在审判中对法律具体应用的解释权。法律条文本身和法律具体应用作为解释对象相对出现。就字面看，1981年《决议》依据性质不同的解释对象分配解释权似乎没有问题。但在解释实践上出现了问题。

最高人民法院与最高人民检察院（以下简称"两高"）解释在有原则性分歧的情况下，根据1981年《决议》规定，可以报请全国人大会常委会做出解释或决定。[①] 既然同样的解释问题，可以由"两高"作出对法律具体应用的解释，也可以由全国人大常委会作出对法律条文本身的解释。那么实质上，1981年《决议》的解释制度设计本身就隐含着自我解构性。

"现实中，确实出现过两家最高司法机关对同一法律条文适用存在原则分歧，于是要求全国人大常委会进行解释的现象。"[②]2001年10月17日，最高人民法院对如何认定挪用公款归个人使用问题，作出一个司法解释。[③] 该解释因最高人民检察院持有疑义，而由其报请全国人大常

① 参见《关于加强法律解释工作的决议》（1981年6月10日第五届全国人民代表大会常务委员会第十九次会议通过）第2条。

② 张明楷：《立法解释的疑问——以刑法立法解释为中心》，载《清华法学》2007年第1期。

③ 参见最高人民法院《关于如何认定挪用公款归个人使用有关问题的解释》。

委作出立法解释。[①] 2002年4月28日，全国人大常委会对“黑社会性质的组织”应当具备的特征进行了解释。[②] 同样也是因为最高人民检察院因与最高人民法院持有不同意见，将问题提交全国人大常委会，进行立法解释。[③]

针对同一个问题，由全国人大常委会作出立法解释，和由最高人民法院作出司法解释之间，解释结果并不能看出有何截然不同的表现。从形式上看，全国人大常委会的《刑法第三百八十四条第一款的解释》与最高人民法院《关于如何认定挪用公款归个人使用有关问题的解释》，同样是用描述属于挪用公款归个人使用描述之下的若干种情形来对其进行解释；全国人大常委会作出的《刑法第二百九十四条第一款的解释》与最高人民法院作出的《关于审理黑社会性质组织犯罪的案件具体应用法律若干问题的解释》，同样是通过指出应当具备的特征来解释“黑社会性质的组织”。

对同一解释问题，既可以由对法律具体应用有解释权的最高人民法院解释，也可以由对法律条文本身有解释权的全国人大常委会解释。并且实践中，两个不同主体对同一问题的解释结果在表现形式上并无分别。所以，解释实践也并不支持1981年《决议》对法律条文本身和法律具体应用概念上的区分和对立。1981年《决议》对法律条文本身和法律具体应用两种不同解释对象的区分，相应地对解释权的分配，并不能在性质上予以辨别。

五、法律条文本身解释与法律解释

（一）如果法律解释包含法律条文本身解释

在法律条文本身解释不同于法律解释的情况下，作为解释对象的法律条文本身与法律具体应用在解释制度上对立共存。此时，法律条

---

① 参见全国人大常委会《关于〈中华人民共和国刑法〉第三百八十四条第一款的解释》。

② 参见全国人大常委会《关于〈中华人民共和国刑法〉第二百九十四条第一款的解释》。

③ 全国人大常委会法制工作委员会副主任胡康生2002年4月24日在第九届全国人民代表大会常务委员会第二十七次会议上对《全国人民代表大会常务委员会关于〈中华人民共和国刑法〉第三百八十四条第一款的解释（草案）》的说明、对《全国人民代表大会常务委员会关于〈中华人民共和国刑法〉第二百九十四条第一款的解释（草案）》的说明。

文本身解释和法律具体应用解释同为法律解释的子类。这样,既可以回答法律解释作为一个类,除法律具体应用解释之外,其余部分为何的问题。也可以解释"两高"解释分歧下的解释制度设计和实践上的疑惑:法律解释类包含法律条文本身解释类,也包含法律具体应用解释类,在解释实践中,"两高"出现分歧时,由具有法律解释权的全国人大常委会来进行解释,符合逻辑。

但此时,1981 年《决议》全国人大常委会法律条文本身解释权,相比于《宪法》和《立法法》上全国人大常委会法律解释权实际被限缩。全国人大常委会在《宪法》和《立法法》上的解释权比 1981 年《决议》涵盖更广。因此 1981 年《决议》对"两高"解释分歧时报请全国人大常委会解释规定的法理依据只能是《宪法》和《立法法》,而不能是 1981 年《决议》自身的在前规定。因为 1981 年《决定》自身关于全国人大常委会的解释权规定,相比较而言是涵盖较小。全国人大常委会在"两高"解释分歧时进行解释的法理依据发生了跳转:从 1981 年《决议》跳转到了《宪法》规定,这并不易被接受。

(二)法律条文本身解释概念冗余

"两高"解释在出现原则性分歧情况下的规定与实践,不仅与最高人民法院就同一问题作出解释,从形式上看不出解释对象有何性质上的不同,也与其他时候作出的立法解释形式上并无不同。全国人大常委会在"两高"之间发生解释分歧时只是作为决断者出现,这一回答也并不是一个令人满意的回答。止步于陈述全国人大常委会在特殊解释情况下具有决断功能,只能是搪塞了法律解释制度中的结构性矛盾问题。法律条文本身解释概念的意义问题,以及如何从性质上区分法律条文本身解释和法律具体应用问题不会消失。

如果 1981 年《决议》"两高"分歧下的解释规定意在表明,无论对法律条文本身解释权的意义是什么,全国人大常委会都既可以解释该对象领域,也可以对分配给最高人民法院的解释对象领域作解释。这也可看成是法律条文本身解释和法律具体应用解释同为法律解释子类情况下的应有之义。据此法律条文本身解释权由全国人大常委会行使,

1981 年《决议》此规定成为冗余：既然法律解释权意义之内，对法律相关的所有领域都有权解释，何必再使用法律条文本身解释概念，规定全国人大常委会对法律条文本身进行解释？这种情况下，只要重复法律解释权属于全国人大常委会的全称规范。进而，法律条文本身概念本身也成为冗余。

六、结语

法律具体应用解释是一个具有制度独特性的概念。法律解释制度设计中给出的限定运用条件“审判过程中”或“审判工作中”，并无助于对法律具体应用解释权意义的理解。从 1955 年《决议》最初规定最高人民法院司法解释权开始，最高人民法院的解释权是对法律具体应用解释权，这一规范性判断一直为立法所坚持。与此同时，通过《立法法》第 45 条的全称规范性断定可以看到，在立法者的意图里，法律解释权是专属于全国人大常委会。

法律具体应用解释概念被创造性使用，是试图在解释制度设计上解决法律解释权专属于全国人大常委会和法院司法审判中解释需要之间的矛盾。但这种概念式的解决只能说是修辞性的。如果法律具体应用解释也是法律解释，那在概念的规定性本质上，最高人民法院也还是拥有对法律的解释权，法律解释权专属于全国人大常委会就会变得不可能。为与法律具体应用解释在概念上相区别，法律条文本身解释这一概念被创造出来。《宪法》《立法法》上全国人大常委会的法律解释权，于是可被解释为对法律条文本身的解释权，概念上与法律具体应用解释权并行不悖。当然，法律条文本身解释与法律具体应用解释在性质上相区别也属不可能。① 无论是法律具体应用解释概念的使用，还是法律条文本身解释概念的使用，都只能是修辞性的。实质存在的只有法律解释，由不同有权主体作出。既然解释制度设计结构上，最高人民法院拥有某种解释权，法律解释权就不可能专属于全国人大常委会。

---

① 《立法解释对象的贫困》一文中也论证了不存在性质上可截然区分的法律条文本身解释和法律具体应用解释，存在的只是同一种性质的法律解释由不同主体行使而已。参见邓家元：《立法解释对象的贫困》，载李凤章主编：《产权法治研究》（第 4 卷第 1 辑），上海大学出版社 2018 年版。

并不存在各自具有独特性质的对法律具体应用的解释和对法律条文本身的解释，只存在同质的法律解释，并由有限的解释主体分享法律解释权。这或许并非是可从前文分析中推导出来的必然结论，但却是能够给予前文分析中所展现出的解释制度结构矛盾以最好解释的结论。

Structural Paradox of Legal Interpretation System

Deng Jiayuan

Abstract: The legal interpretation system has always insisted that the Supreme Court's right of interpretation is the right to interpret the specific application of the law. There are two provisions on the right of interpretation of the NPC standing committee. One is that it has the exclusive right to interpret the law, and the other is that it has the right to interpret legal provision itself. There are three critical concepts in the structure of legal interpretation system: legal interpretation; interpretation of legal provision itself and concrete interpretation of legal application. The meaning of concrete interpretation of legal application is not clear; and the relations between these three concepts are indefinite. Through analysis, it can be found that there are a series of contradictions in the structure of interpretation system. Therefore, it can be concluded that there is no unique interpretation of the specific application of law or the interpretation of the legal provision itself, but only homogeneous legal interpretation, with limited interpretation subjects sharing the right of legal interpretation.

Keywords: legal interpretation; interpretation system; interpretation of legal provision itself; interpretation of legal concrete application.

民间规范与地方立法的互动平衡

李　洋*

摘　要:民间规范与地方立法同为地方治理的重要规则,是实现地方善治的必要性力量。民间规范的复杂面相对于地方立法有双重作用,因此,必须重视民间规范的存在及其独立价值,审慎判断民间规范特性,以体系纳入、观念融合等形式寻找互动平衡点,实现二者的良性互动。

关键词:民间规范;地方立法;互动机制;治理效益

作为疆域广阔的单一制国家,我国各地的经济政治水平大相径庭。由此,仅依据统一的国家层面的法律,无法完成国家治理这一系统性工程;面对不同区域各异的社会经济情况和历史文化发展,须借助地方立法完成国家治理的现代化。党的十八届四中全会提出,"明确地方立法权限和范围,依法赋予设区的市地方立法权",通过地方立法机制发挥地方治理积极性,破解国家治理矛盾。如何促进地方立法机制的有效运行,重点在于发现地方立法区别于国家立法的特征,并予以妥善安置。地方立法与国家层面的立法显著差别主要有两个方面。其一,地方立法回应更为具体的社会诉求。地方立法在功能上主要分为执行性立法、自治性立法以及实验性立法,①执行性立法旨在贯彻上位法的规

* 西南政法大学行政法学院2017级硕士研究生。

① 参见谢晖:《论我国地方立法对民间规范的认可》,载《湖湘论坛》2018年第1期。

定,自治性立法重在解决特定区域内特殊性问题,实验性立法是在无上位法依据下的个别立法尝试。因此,地方立法活动不以宏观抽象的法律关系建构见长,而更为侧重区域内现实社会问题的法律规制。其二,地方立法面对更复杂的秩序力量。地方立法所规制的具体事项与社会“自生自发秩序”[①]的调整事项存在重叠,这意味着地方立法须面对传统文化与特殊利益群体的干扰,同时需要在实践中与传统秩序进行制度竞争。因此,保障地方立法的有效运行不仅“应当建立健全地方法治评估机制,推进法治评估常态化和制度化”,[②]“逐步将压力型治理结构转变为规则型治理结构”,[③]从规范法学之维对地方法治予以约束,更不可忽视作为自发秩序的民间规范的重要作用,赋予地方立法以社会活力。

党的十八届四中全会明确提出,“发挥市民公约、乡规民约、行业规章、团体章程等社会规范在社会治理中的积极作用”。这表明在以法治为核心的社会治理工程中,市民公约等民间规范的正面作用依然重要。学界对于民间规范的集中研究始于20世纪90年代苏力所建构的“法治本土资源论”,代表学者有龙大轩、贾焕银、谢晖等,[④]相关研究主要集中在民间规范对于国家立法和司法审判的作用,对于民间规范与地方立法的关系研究则相对较少。虽然有学者注意到了民间规范与地方立法的互动可能性,但只强调地方立法对民间规范的认可与转化,[⑤]而忽视了民间规范本身所具有的社会治理作用。民间规范作为影响法治实施效果的重要因素,在地方法治的建设进程中,应予以重视。因此,当下的学术研究有必要尝试建构地方立法与民间规范的互动机制,明晰

① 参见[英]F. A. 哈耶克:《致命的自负》,冯克利、胡晋华译,中国社会科学出版社2000年版,第38页。

② 付子堂、张善根:《地方法治建设及其评估机制探析》,载《中国社会科学》2014年第11期。

③ 周尚君:《地方法治竞争范式及其制度约束》,载《中国法学》2017年第3期。

④ 参见龙大轩:《和合:传统文化中的国家法与民间法》,载《西南民族大学学报》2007年第6期;贾焕银:《民间规范的性质及其司法适用逻辑分析》,载《山东大学学报》2009年第4期;谢晖等:《论民间法结构于正式秩序的方式》,载《政法论坛》2016年第1期。

⑤ 参见王春业:《论民间规范与地方立法的良性互动》,载《暨南学报》2017年第9期;钱锦宇:《善治视域下民间规范的价值定位和正当性基础——以地方立法权扩容为基点的分析》,载《湖湘论坛》2018年第1期。

地方立法者对于民间规范的应有态度,促进民间规范在社会治理中发挥良好效果。

一、民间规范的基本面相

相较于"地方立法"而言,"民间规范"的内涵与外延都十分模糊,学界对民间规范的概念界定并不一致。例如,谢晖教授强调不应仅仅从文化角度理解民间规范,更主张从现实立场上理解民间规范(民间法),将其定义为"包括习惯规则、家族规则、行会规则、乡规民约、宗教规则、社团纪律以及(规范化的)官方非正式经验等在内"①的规则范畴;王学辉教授则将民间规范等同于习惯法,"民间法就应该指国家统一制定法之外的习惯法"。② 也有部分学者虽未使用"民间规范""民间法"等概念,但其所指向的仍是相似的含义。③ 对于民间规范的概念界定的不同,表明民间规范具有复杂性、混合性等特点,同时也折射出学者对于民间规范的不同态度。民间规范外延的界限,决定了民间规范与地方立法各自的适用范围,进而决定了二者的互动空间。因此,尽管无法给出被学界普遍接受的统一定义,也应尽力把握民间规范的显著特征,以期确立较为牢固的研究前提。

(一)不同视角下的民间规范定性

相较于国家层面的立法,地方立法在调整范围、调整对象等方面与民间规范的气质更为相似,联系更为紧密。从不同的立场出发,对于民间规范的定性不同。在法律多元论者看来,国家强制性以及理性建构并非定义"法"的必要因素,"法"以其社会有效性而存在。有强制力的法律若无人遵守或违法者不得规制,其就不能被称为真实存在的"法";而无国家强制力的民间规范若对社会行为产生实际作用,就应被视为"法"。因此,多元主义者"强调的是法律对社会生活发生的实际作用和

① 谢晖:《民间规范与人权保障》,载《求是学刊》2004 年第 6 期。

② 王学辉:《双向建构:国家法与民间法的对话与思考》,载《现代法学》1999 年第 1 期。

③ 参见郭忠:《礼如何优化中国法治》,载《东方法学》2018 年第 2 期;刘巍:《地方立法与风俗习惯》,载《甘肃政法学院学报》2008 年第 3 期。

影响”,[①]承认民间规范的真实存在及其合理性,认为当下中国受多元规范的制约调整,已形成一种“多元互动”的秩序格局。[②] 但需要指出的是,多元主义者容易忽视了中国法治建设的现实状况,陷入“自说自话”的想象性建构。法治现代化建设已是大势所趋,国家正式规范在此过程中,必然会牢牢占据行为规范的主导地位;即使存在其他形式的行为规范,二者也必然处于不平等的地位,继而很难将其称为多元秩序。而在法律一元论者看来,民间规范并非有价值的独立规范体系,其只是为了弥补法律规范“某些不确定的面相(法律解释的必要)”而存在的“经验事实”;也就是说,一元论者之所以关注非正式规范,只是致力于将它们教义化和类型化,并将其作为法律规范的依附者,而非独立的规范体系。[③] 规范法学回避了“建构性秩序”与“自发秩序”的竞争态势,否认了作为“自发秩序”的民间规范真实且广泛的秩序作用,某种程度上只是一种“法律帝国主义”。

地方立法作为法治建设现阶段的“重头戏”与气质相近的民间规范必定产生互动,而这一互动是否和谐则取决于对待二者的态度。因此,无论采取何种立场,必须面对且调和一个基本的社会事实,即国家主导的法律规范与获得广泛认同的民间规范之间存在张力。

(二)现代性视角下的本质差异

以现代性的视角观察,民间规范是在长期社会生活中自发形成的,属于前现代的制度形态;地方立法作为国家理性建构的正式规范,属于现代的制度形态,二者存在本质性不同。“法律首先产生于习俗和人民的信仰,其次乃假手于法学——职是如故,法律完全是由深潜于内、默默无言而孜孜矻矻的伟力,而非法律制定者的专断意志所孕就的。”[④]现代国家法治理论借鉴生物学进化理论将民间规范比作较低层次的制度

① 郑永流:《法的有效性与有效的法——分析框架的建构和经验实证的描述》,载《法制与社会发展》2002 年第 2 期。

② 参见徐曼、廖航:《关于少数民族习惯法与国家法之冲突与互动的思考》,载《河南大学学报》(社会科学版)2004 年第 4 期。

③ 参见雷磊:《法教义学的基本立场》,载《中外法学》2015 年第 1 期。

④ [德]弗里德里希·卡尔·冯·萨维尼:《论立法与法学的当代使命》,许章润译,中国法制出版社 2001 年版,第 11 页。

形态,其向前进化发展才能成为理性的现代制度。[①] 尽管民间规范与法律同宗同源,但在进化选择的过程中,二者逐渐分离对立,开始具有矛盾冲突。民间规范保有部分初民社会的价值追求,强调实质正义的实现;现代法律则主张通过确定性程序实现对社会活动普遍有效的调整。价值立场的不同意味着地方立法在制定实施的过程中,必然会遭遇民间规范的反作用力。若不能平和价值目标上的对立,二者会在不断的冲突中消解各自的正面效应。地方立法无法借助民间规范获得社会的普遍认同,进而导致地方法治成本的攀升,同时加剧法治秩序与传统社会的对抗;民间规范则难以获得国家法的认可,其合法性与适用空间逐渐被压缩。更为特殊的是,中国由传统向现代的转型时间较短,传统的民间规范和现代的法律规范,在制度变迁的过程中冲突更为激烈。中国传统社会的民间规范往往以社会伦理为准则,以道德观念为评价标准,强调严格的等级秩序;但现代性的法律主张平等的社会关系,围绕对等的权利义务展开,而非只单方面强调义务的履行或权利的享有。总之,地方立法理念与乡土观念的冲突可能影响地方性法规的实施效果。例如,地方立法者基于环境保护和生活安全的考虑,规定城市特定区域禁止燃放烟花爆竹。但由于"过节燃放烟花爆竹"民俗观念的根深蒂固,法规实际效果并不理想。类似观念性的矛盾与冲突,是地方立法活动重要的本土语境。在立法活动中,立法者应予以充分重视,并设法协调。

民间规范具有多重复杂的面相,不仅包含习惯、风俗等前现代规则,也包括民间法等后现代规则。民间规范的后现代性是指其反对统一性的规则,强调规则的多元性,本质上是一种"反对任何下定义的努力"。[②] 民间规范本身可能成为消解国家法治的一股力量,所以民间规范与地方立法的观念性冲突只是事实上的认定,而非价值位阶的判断,

---

① 参见李可:《习惯法:理论与方法论》,法律出版社 2017 年版,第 114 页、第 140 页。

② Andreas Huyssen, "Mapping the Postmodern", in *Feminism/Postmodernism*, pp. 234 – 236, Nicholson ed. ,1990. 转引自信春鹰:《后现代法学:为法治探索未来》,载《中国社会科学》2000 年第 5 期。

并不存在优先适用何者的定论。在地方立法的过程中需要重视与民间规范的冲突,但对其合理性也应加以思索;在洞察到其复杂性的同时,妥善处理地方立法与民间规范的关系,以较为平和的方式降低冲突的激烈程度,促使两种不同的规范在正常的轨道上运行互动。

二、民间规范对地方立法的双重作用

民间规范具有模糊性、复杂性、非理性等特点,其作为自发秩序和非正式制度事实,既具有提高治理效率的潜在能力,也可能对地方立法造成负面影响。如何通过地方立法对民间规范合理利用、正确引导,消解民间规范的先天缺陷,同时克制地方立法的扩张性,保障民间规范的"独立空间"不受侵犯,实现二者间的良性互动,是认清民间规范对地方立法双重作用的最终目的。

(一)民间规范对地方立法的正向作用

地方立法面对特定区域的独特自然、文化环境,需要"地方性知识"[①]予以支持。民间规范作为民间风俗与自治逻辑的表现形式,对于地方立法的事实论证、特色体现、理念提升有重要的正面作用。

1. 作为立法事实的认定材料

与司法审判中的案件事实类似,立法事实不等于社会客观事实。立法事实的确定需要以立法目的为标准,对社会客观事实予以判断、分类、提炼、论证。因此,对立法事实的明确并不能依据纯粹的理性建构,必须进行实证调研,积累丰富的立法材料。民间规范是最为典型的立法材料,而地方立法尤为强调地方特殊性,若对其进行恰当的利用,可以促成立法事实的认定以及立法质量的提高。

地方立法的科学性以尊重客观事实为前提,地方立法者必须对当地的历史文化、经济状况有深刻理解,否则可能制定出脱离实际的劣法,进而造就一个法律更多但秩序更少的世界。[②] 以 1931 年 12 月苏维

---

① [美]克利福德·吉尔兹:《地方性知识:事实与法律的比较透视》,邓正来译,载梁治平主编:《法律的文化解释》,生活·读书·新知三联书店 1994 年版,第 126 页。

② 参见[美]罗伯特·C. 埃里克森:《无需法律的秩序——邻人如何解决纠纷》,苏力译,中国政法大学出版社 2003 年版,第 354 页。

埃共和国临时政府(以下简称苏区政府)颁布的《中华苏维埃共和国婚姻条例》为例,该条例规定夫妻任何一方要求离婚,婚姻关系即告结束。苏区政府的立法原意是以法律形式确立婚姻自由,破除封建婚姻思想。然而,这一规定忽略了一项重要的立法事实——民间彩礼制度。在当时社会动荡、生产力低下的背景下,对于大部分农民而言,结婚彩礼几乎是半辈子的收入积蓄。倘若离婚自由,便意味着农民可能遭受"人财两空"的尴尬处境。苏区政府针对法律实施的现实问题很快作了调整,将调解作为离婚的前置程序,加强婚姻的稳定性。[①] 总而言之,对民间规范的忽视容易造成立法事实的不周延、立法论证的不充分,进而导致部分地方性法规缺少科学性与可操作性,沦为"一纸空文"。

2. 纳入民间规范体现地方特色

2015 年《立法法》修订以来,全国各设区的市颁布实施的地方性法规超过 1600 部,[②]数量不可谓不大,但其中体现出地方特色的地方性法规十分有限。个别地方人大"抄袭"其他城市的地方性法规,丝毫不考虑当地的经济状况以及风土人情,"完全不经过任何改动或者仅作少量的非实质性文字改动,非必要和合理地将其他法律文件中的内容和形式直接搬入地方立法当中"[③]。"没有地方立法特色,地方立法就是去其存在的价值。"[④]因此,地方立法文本的抄袭现象极大削弱了地方立法的价值。

之所以出现地方立法特色缺失的现象,"根本上是由于立法资源不足所导致的,即地方特色治理的经验积累没能为地方立法提供足够的立法素材"。[⑤] 因此,规制地方立法抄袭现象,除了完善立法程序、提高立法技术等硬性措施之外,还应对民间规范予以甄别、提炼,挖掘隐藏其中的地方性经验作为立法资源。在地方立法中直接或间接地引入民

① 参见[美]黄宗智:《实践与理论:中国社会、经济与法律的历史与现实研究》,法律出版社 2015 年版,第 293 页。

② 数据源于北大法宝,截至 2018 年 11 月。

③ 孙波:《试论地方立法"抄袭"》,载《法商研究》2007 年第 5 期。

④ 周旺生:《立法学》,法律出版社 2004 年版,第 220 页。

⑤ 赵静波:《地方立法特色的缺失及其规制——以地方立法"抄袭"为视角》,载《地方立法研究》2017 年第 6 期。

间规范，会使地方性法规气质上与社会内部规则接近，切实解决本地社会问题，回应民众诉求；进而弥补立法技术层面上的局限性，优化地方性法规的实施效果，体现出地方立法的地方特色。

3. 促进立法理念的发展

地方立法者面对复杂的社会情况和政治环境，易受到科层制思维的影响，追求立法数量作为政绩表现。但地方性法规的不断扩张必然产生与民间规范的矛盾冲突，进而影响地方性法规的实施效果。这一结果倒逼地方立法者重新思考地方立法与民间规范的关系，促使地方立法者采用简约主义（simplicity）的治理理念。① 简约主义的地方立法理念是破解地方复杂性的必然要求，具有广泛的适用性。采用简约主义的立法理念，意味着对地方立法数量、立法范围有所克制，将对秩序的建构权力“下放”给非正式规范；对于立法的必要性进行深入论证，促使各地立法的精细化、规范化。此外，民间规范经过长期的历史积淀，以其普遍性及有效性提醒地方立法者应树立克制精简的立法理念，保持区域内的秩序平衡，尽可能化解国家力量与社会力量的冲突，提升地方立法的科学性与民主性。

（二）民间规范可能存在的制度“负外部性”

“外部性”是制度经济学的重要概念，指“经济主体之活动，对与该活动无直接关系的他人或社会所产生的影响”；②“负外部性”则是指经济主体对其他社会成员所造成的负面影响。借助于这一经济学概念，较为清晰地表达出民间规范在发挥正向秩序作用的同时，可能对地方法治产生的负面影响。

1. 民间规范对法治权威的消解

理性规范建构秩序是现代法治的本质特征，但理性建构与现实秩序之间的张力使现代法治存在消解自身的危险。民间法（民间规范）是后现代的产物，其强调规范权威的多元化格局，认为确定性的规则存在

① 参见任剑涛：《国家治理的简约主义》，载《开放时代》2010 年第 7 期。

② 刘笑平、雷定安：《论外部性理论的内涵及意义》，载《西北师大学报》（社会科学版）2002 年第 3 期。

理性不及的现象。价值多元意味着价值标准的不存在，任何价值观都夹杂了主观情感的“私货”。法治本身作为价值图景也不例外，国家朝向现代法治发展的动力被阻隔了，因为在多元论者看来，法治目的本身不能成为价值而只是工具。法治在多元规范的干扰下，无可避免地陷入了工具论的虚无主义。

民间规范的发展以其秩序有效性为前提，若法治规则无法定分止争、建构较为稳定的社会秩序，就不可苛责社会选择其他规范作为社会秩序的建构武器。这在某种意义上成为地方法治的现代性挑战，也应激起地方立法者的危机意识。地方立法文本的优劣可能会间接影响民间规范的发展趋向。从这个角度来看，民间规范的存在与发展可能具有消解法治权威的“负外部性”。当然，民间规范的“负外部性”并非不可控。民间规范与地方法治成二元相互影响格局，若地方法治完成现代化秩序建构，后现代多元规范的生存空间自然会被压缩。

2. 民间规范与地方立法的竞争态势

社会本身是一个秩序空间，需要不同规范予以支撑维护，并遵循“秩序有限性”规律。这一规律体现在两个方面：其一，特定区域内社会可接受的规则体系是有限的。以中国传统家族组织为例，在家族这一“特定空间”中，儒家道德以及家族法充斥其中，家族成员首要信奉家法规定，其次才是法律规则。当家族成员违反家族法规定时，家族长老会充当司法官员依据家族法规定对其进行惩罚。因此，家族组织中封建法律的适用空间极其有限，只在发生某些严重威胁国家统治的重罪时才可登场。换句话说，家族的秩序空间已被家族法占据，而无法更多地接受正式法律。事实上，从制度演变发展历史也可窥见这一规律。新的制度无法与旧有制度共生于同一时空下，即使存在二者共存，相互之间也会产生激烈冲突，直至旧的制度枯萎、新的制度占据主导。其二，规则体系遵循边际效益原理，即地方立法在与民间规范互动的过程中，“边际效益先因巨大的成本支出而从一个较低的水平上升，达到最高点以后再持续下降,呈倒'U'型"。[①] 换句话说,存在地方立法与民间规范效益最大化的最优点。因此,在"地方"这一秩序空间中由于所能容纳的规则体系有限,地方立法与民间规范必然处于竞争态势。国家理性所建构的地方性法规越为密集,则作为自发秩序的民间规范生存空间越小;同样地,民间规范的有效性若在现代性的背景下不降反升,则地方立法的合理性会受到质疑。当然,二者之间的竞争并非必然是"零和博弈"。通过科学的地方立法规划、发挥民间规范的独立价值,则可能破解竞争格局进而实现二者的"帕累托最优"。

此外,民间规范与地方立法的竞争还体现在民间规范分享地方立法的社会认同以及消解法律信任。我国社会的法律信任文化还未普遍建立,民众对法律的信任很大程度上是一种工具信任,以法律的实用性为前提。[②] 但仅仅依靠法律的实用性所建构出的法律信任是极其脆弱的,当社会出现更为实用的规则工具时,民众就会毫不犹豫地抛弃法律而选择其他规则。中国社会上访行为的活跃便是明证。上文已论及,中国各地方民间规范仍然普遍存在且发挥广泛作用。因此,民间规范必然分享社会民众对法律的认同。若民间规范在短期内给地方带来更大利益,其可能会对法律信任的建构带来危害。

3. 民间规范加剧地方治理难度

民间规范存在模糊性、封闭性等固有缺陷,存在与现代社会生活安排不相调适之处。但由于民间规范强大的生命力及其规则号召力,无法于自身内在解决与现代社会的调试问题。地方立法与民间规范的关系密切,借助其打破规则惯性是较为可行的选择。因此,民间规范的负面效应可能成为地方治理的规则桎梏,加剧地方治理的难度。

地方立法权是在"发挥中央与地方两个积极性""推行中央与地方财政事权和责任划分改革"的背景下提出的,是解决地方面对复杂治理环境的重要措施。因此,如何面对不断出现的治理问题和合理分配立法资源关乎地方治理整体效果。民间规范在地方治理格局中既可能充

① 黄少安:《关于制度变迁的三个假说及其验证》,载《中国社会科学》2000 年第 4 期。

② 参见张善根:《文化断裂中的法治信仰逻辑与构建》,载《探索与争鸣》2016 年第 10 期。

当提供中国文化语境的法治本土资源,[①]也可能成为现代化治理中必须卸下的"历史包袱"。最为典型的例子,是民间规范中的土葬以及彩礼制度。随着城市化进程的推进,传统土葬制度成为地方治理的一大难题。地方立法作为国家力量介入这一民间规范的过程中,既须发挥秩序整合的作用,又须平衡民间情感诉求,不得不投入更多的立法资源平衡二者之间的张力。在立法资源有限的情况下,民间规范与现代社会的不协调成为地方治理的巨大挑战。

三、地方立法与民间规范的合理互动形式

民间规范与国家法的互动方式主要围绕立法、执法和司法三个环节展开,学者多有论述。王林敏博士从司法的角度论证民间规范进入国家法的关键在于确立民间规范的合法性检验标准,认为应当由司法机关来判定民间规范的善恶并引入司法实践;[②]谢晖教授尽管不同意将国家立法认可作为民间法结构于正式秩序的唯一途径,但也承认民间法对国家的从属性即国家的认可是民间法获得效力的基本依据。[③] 上述两位学者敏锐地观察到了现代国家法权体系下国家正式规范在社会规范体系中的主导地位,从这个角度而言,民间规范与地方立法的互动确实由地方立法主导且需要国家力量的加持。但这并不意味民间规范丧失了自身的独立价值,而且民间规范的相对独立运行也是二者互动的形式之一。民间规范的作用发生不以国家认可吸收为必要条件。由此,对地方立法认可和吸收民间规范的必要性予以论证是分析二者互动形式的"前置程序"。

(一)民间规范与地方立法互动的"前置程序"

1. 判定有无纳入民间规范的必要性

根据《立法法》第72条规定,"省、自治区、直辖市的人民代表大会及其常务委员会根据本行政区域的具体情况和实际需要,在不同宪法、

① 参见苏力:《法治及其本土资源》,中国政法大学出版社1996年版,第6页。

② 参见王林敏:《论习惯的合法性检验标准》,载《山东大学学报》(哲学社会科学版)2009年第5期。

③ 参见谢晖:《论民间法结构于正式秩序的方式》,载《政法论坛》2016年第1期;谢晖:《论我国地方立法对民间规范的认可》,载《湖湘论坛》2018年第1期。

法律、行政法相抵触的前提下，可以制定地方性法规。设区的市的人民代表大会及其常务委员会根据本市的具体情况和实际需要，在不同宪法、法律、行政法规和本省、自治区的地方性法规相抵触的前提下，可以对城乡建设与管理、环境保护、历史文化保护等方面的事项制定地方性法规”。可以看出，地方立法权的授予意义主要在于解决本区域内的特别问题，其需要民间规范作为立法语境以及情景说明。但地方立法所规制的事项中也存在诸如环境保护等全国性的普遍问题，民间规范对于这类问题的解决所起的作用有限，故民间规范并非地方立法的必要性前提。

此外，对有无纳入民间规范必要性的判断隐含了一个重要立场，即民间规范与地方立法的意义范围并不完全一致，有其自身的适用空间和独立价值。地方立法与民间规范的互动生成是自然而然的过程，国家权力的过度推动则过犹不及。

2.“剪裁”全面客观的民间规范

国家建构理性的有限性与日常生活的全面性之间存在张力。法治实践面对的是现实世界，任何立法论证过程中的“信息不对称”都会转化为地方立法实践中的矛盾冲突。因此，若地方立法者确信有纳入民间规范的必要性，则必须全面客观地对民间规范的历史演变、具体内容、社会意义等各方面进行调研论证，形成有社会纵深感的调研材料。同时，由于民间规范的多重面相，立法者对同一民间规范可能形成不同的看法见解。因此，有关民间规范的论证应在“更为广阔的社会场域当中进行，通过吸纳更为广泛的社会公众和有关专家的参与”，[①]实现对民间规范全面客观的“剪裁”，将理性不及可能带来的立法误差控制在可接受的范围之内。

3. 地方立法后民间规范变化情况评估

区域的经济文化情况日新月异，立法活动总是滞后于社会发展。民间规范作为当地传统规则体系，在现代性的冲击下，规则的可靠性会

① 王怡：《论立法过程中的事实论证》，载《政治与法律》2018 年第 7 期。

随之降低。因此，吸收认可民间规范的地方立法在前者发生变数的情况下，自然也存在与社会脱节的危险。由是，对于立法后民间规范变化情况评估显得尤为必要。

我国立法评估按阶段分为事前评估和事后评估。立法前评估主要针对草案的合法性与必要性展开，关系草案是否具备审议条件，以及审议是否能够通过；[①]立法后评估则是指在法律、法规施行一段时间后，对其实际社会效果进行考察，分析法律实践中出现的问题，并予以修正的立法活动。但遗憾的是，现阶段我国没有形成统一的全国性立法评估指标体系，只有部分地方人大出台了地方性立法评估体系，且均未为民间规范与地方立法的互动预留空间。以《南京市人大常委会立法后评估办法》为例，其在第14条规定了评估指标主要由六部分组成，分别是“合法性、合理性、协调性、技术性、可操作性、实效性”，缺少与民间规范对应的评价指标。即使在地方法治水平较高的广州市，也仅在“合理性指标”的解释中，提及“是否符合客观实际、具有地方特色”。在无法通过评估指标体系进行立法后评价的情况下，针对民间规范变化情况进行专项评估成为较为合理的选择。专项评估的查明重点在于立法前后民间规范变化情况、民间规范与地方立法是否协调、地方立法的实际效果。民间规范变化情况查明属于对立法事实的判断，意在确定地方立法前后社会条件是否转变；民间规范与地方立法协调性分析是通过对二者关系的再梳理，明确二者的动态变化关系；对于地方立法实施效果的研究则是对二者良性互动关系的最终证成。

立法后民间规范评估制度的目的在于提醒立法者保持对民间规范的相对敏感，促进地方立法科学性的提高。通过立法前判断、立法中论证、立法后评估的立法逻辑闭环，民间规范与地方立法进行互动的制度性障碍被扫清，二者得以采取更为合理的形式进行互动。

（二）民间规范与地方立法的主要互动形式

民间规范与地方立法的互动影响地方立法的实施效果以及民间规

① 参见席涛：《立法评估：评估什么和如何评估（上）——以中国立法评估为例》，载《政法论坛》2012年第5期。

范的生存空间。二者的互动形式主要分为三类:其一,地方立法对民间规范的直接纳入;其二,地方立法与民间规范的观念融合;其三,民间规范的独立运行。

1. 直接的体系纳入

民间规范作为一项制度性事实,深刻影响了辐射范围内的居民生活。作为国家正式规范的地方性法规若要实现高效率法治治理的目标,仍须借助民间规范的制度力量。当然,由于民间规范与地方立法存在本质性差异,并非所有制度观念都可吸收借鉴。将地方立法纳入民间规范,必须结合当地实际,以现代性视角审视民间规范的制度与观念,甄别提纯符合法治内在规定性的民间规范;对模糊原始的前现代规则予以改造,纳入符合现代法治气质的民间规范,进而消解民间规范负面影响、发挥民间规范的积极作用。基于此,地方立法者要实现二者理想的互动图景,必须抛弃"法律万能主义"的立场,明晰法律的有限性以及民间规范的复杂性。郑州市人大的立法工作者在这一方面作出了有益尝试,将民间规范纳入了地方性法规当中。《郑州市文明行为促进条例》第8条规定,"公民应当自觉遵守市民文明公约、社区居民公约、村规民约、学生守则以及行业规范等,遵循公序良俗,积极参与文明行为促进工作"。第14条第4款规定,"树立新风,破除陋习,文明办理婚丧喜庆事宜"。第18条规定,"家庭成员之间应当互相扶持,敬老爱幼。未成年人的监护人应当教育、引导未成年人遵守文明行为规范。邻里之间团结和睦,相互尊重文化习俗,不干扰他人正常生活,爱护和合理使用公共空间、设施设备,鼓励主动参与楼院、社区的绿化、美化活动。关爱空巢老人、留守儿童、残疾人和外来务工人员未成年子女"。通过类似规定,郑州市立法工作者在增强民间规范正当性的同时,提升了地方性法规的实施效果,实现了二者理想的互动状态。

2. 间接的理念融合

民间规范的复杂面相意味着并非所有规则都与现代法治精神契合,可以被直接纳入地方立法的体系当中。地方立法与民间规范的互动不仅仅是体系上的直接纳入,更是理念与价值上的融合。

无论民间规范指向的是传统乡土社会的家族自治，抑或现代社会的社区自治，它都蕴含了对国家整体主义的“反动”以及个人主义的高扬。因此，当民间规范与地方立法理念相融合，势必提醒立法者更加注重个人的基本权利以及传统的文化认同。地方立法者不仅要将具体规范纳入视野，也要透视民间规范背后的价值关怀。地方立法者在具体的条文设置上，应放弃以地方立法统领民间规范的想法，自觉扩展社会自治空间。民间规范所内含的自由主义对国家主义的削弱，一定程度上赋予了普通公民对抗强势主体的能力，同时也促使地方立法保持其谦抑性。

3. 保持民间规范的独立空间

“在现代社会形态中，国家与公民社会得以共同发展，并且这一发展是一个相关联的转型过程。矛盾的是，这一过程得以发生的条件却是国家对日常生活诸多方面的行为施加影响的能力。”①在上述两种互动形式中，也存在这一矛盾。地方立法对民间规范的规则纳入与理念融合，虽部分保留了民间规范的“个性”，本质上仍是国家力量对民间规范的“单向规训”；最终可能导致民间规范消解于“万能”的国家法律之中，二者的互动也就无从谈起了。互动以双方各自保有自己的存在空间为前提，因此保持民间规范的独立空间是二者互动的特别形式。

“一个群体中被一致认为有效的规范，决非全部是‘法律规范’。当法律强制性将习俗转化为法律义务时，它常常在事实上未增加任何有效性；而当它与习俗相对立时，其影响实际行为的努力往往会以失败告终。”②保持民间规范的独立空间，是在认识到地方立法效力有限的前提下，将不宜由地方立法规制的空间予以下放的合理做法。通过民间规范的独立运行，其成为勾连国家与社会的重要机制，并在一定程度上降低国家对个人的干预能力；舒缓法治建构引起的个体排斥，提升地方法

① ［英］安东尼·吉登斯：《现代性与自我认同：晚期现代中的自我与社会》，夏璐译，中国人民大学出版社2016年版，第142页。

② ［德］马克斯·韦伯：《经济、诸社会领域及权力》，李强译，生活·读书·新知三联书店1998年版，第4页、第15页。

治的社会认同感，优化地方治理的秩序结构。从这个意义上而言，保持民间规范的独立存在虽未与地方立法发生文本乃至理念上的互动，但在社会治理这一价值目标上殊途同归，进而发生最为深刻的互动交融。

四、民间规范与地方立法的互动平衡点

从制度演进论的理论进路分析，民间规范属于“内部规则”，而国家法律属于“外部规则”。[①] 在很长一段时间内，“内部规则”是传统社会的“秩序担纲者”，但随着作为制度基础的社会事实发生改变，“内部规则”逐渐让步于“外部规则”。在转型变革的当下中国，如何平衡两类规则决定了社会秩序是否稳定。作为两类规则的各自分支，地方治理效果优劣则取决于能否找到地方立法与民间规范的互动平衡点。

(一)民间规范的治理效益变迁

民间规范之所以稳定存在且发挥调整行为的作用，原因在于特定时空下的人们通过遵守民间规范，可以获得良好的社会评价以及经济收益，进而获得理想的交易反馈。相反，违反民间规范者则会被特定生活群体内的大部分成员打上负面评价的标签，并从自己的关系网络中剔除出去；加之传统乡土社会结构中人口流动性小、人际关系相对稳定，违反民间规范者很难扩展社会网络来获取新的交易对象。因此，在乡土社会中遵守民间规范者的个人收益远大于违反民间规范者。这意味着民间规范带有较强的示范效应，能够获得普遍多数的支持与遵守，进而获得理想的治理效益。

不过，随着社会结构的逐渐开放以及人口流动性的加强，民间规范的辐射范围开始缩小，个人社会关系网络多样化程度提高。人际互动模式由熟人之间的“多次博弈”转变为陌生人之间的“一次博弈”，违反民间规范者不再惧怕失去原有的社会关系，甚至某些条件下违反民间规范者所获得的一次性收益更高。因此，民间规范的治理效益逐渐下降，规则内部缺陷越发明显，有必要引入建构性的“外在规则”予以补充。[②]

① 参见周业安：《中国制度变迁的演进论解释》，载《经济研究》2000 年第 5 期。

② 参见李胜兰、黎天元：《民间规范、地方立法与社会治理效率》，载《社会科学战线》2018 年第 1 期。

（二）地方立法对民间规范治理效益优化

治理效益变迁解释了民间规范的作用何以逐渐式微，在这一过程中，国家法律首先充当了民间规范补位者的角色，弥补了民间规范失灵所造成的秩序缺失。然而，国家法律的统一性无法应对地方环境差异性所导致的规则环境的不同，地方立法者必须发挥自身积极性，制定出适宜各自规则场合的地方立法，以优化治理结构、提升治理效益。

地方立法实现对民间规范治理作用的补充，须形成不同于民间规范的生成逻辑与实施思路。其一，跳出原有的调整范围。民间规范之所以失灵，是因为其无法应对解决新环境、新情况的产生。地方立法在面对规则适用的新场合时，必须克服强大的传统规则惯性，囊括更多的调整事项，以适应现代性社会的新挑战。其二，明确条文规则指向。以现代规则的明确性替代民间规范的模糊性，给予遵守法律者明确正向的收益反馈；以成本更低、收益更高来提高地方立法的适用频率，形成地方立法的示范效应。其三，严格执行地方性法规。民间规范的模糊性所带来的另一缺陷是容易陷入规则私有化陷阱，[①]降低规则的权威性和有效性。所谓规则私有化陷阱，是指为获取规则既定反馈而与掌握规则资源的人进行私下交易，并支付额外成本的行为。最典型的例子即是行政权力寻租与司法裁量权滥用。保证地方性法规的严格执行，避免地方立法陷入规则私有化陷阱，增强地方立法的权威性与有效性，以提高地方性法规的适用频率，进而降低民间规范的负面秩序效应，优化秩序空间。

（三）寻找地方立法与民间规范的“帕累托最优”

地方立法适用成本的下降会提高正式规范的适用频率，降低民间规范的不可替代性，推动地方治理的现代化。但同时会造成法治成本的上升，如何平衡社会治理效益与司法成本是寻找地方立法与民间规范“帕累托最优”的关键。

正义从来不是无价的，地方立法优化地方治理能力的同时也提高

---

① 参见俞江：《规则的一般原理》，商务印书馆2017年版，第315页。

了地方法治的投入门槛。避免地方法治陷入“军备竞赛”,关键在于认识到地方立法的强势发展无法完全消解民间规范的独特价值,民间规范仍会长期存在于社会规则备选项中。因此,寻求地方立法与民间规范平衡点的关键在于地方立法的克制,即不以地方立法数量为政绩目标,综合考量地方法治效果;减少重复立法、抄袭立法等浪费法治资源的行为,以民间规范的独特作用抵消地方法治的高成本代价;增强民间规范与地方立法的互补性,达到二者的平衡状态,形成有地方特色的地方法治格局。

五、结语

地方立法与民间规范的互动必将长期存在,如何看待以及处理二者的关系,是影响地方法治实际社会效果的重要因素。随着法治现代化进程的推进,国家法一元论的观点甚嚣尘上,以至于部分学者在探讨民间规范和地方立法的关系时,其主要思考的是“民间规范怎样被地方立法所吸收,什么样的内容能被吸收,什么样的内容不能被吸收”,[①]而忽略了民间规范的主体地位,将其当作地方立法的附属品,未曾考虑民间规范是否需要被吸收,是否有其独立存在的价值。这种“法律帝国主义”式的立场,尝试建构“一体化”的法治结构,以理性的统一性去引导社会的发展,但中国各地方之间存在不同程度的差异,法治结构的统一性并不能涵盖社会文化的多样性,且民间规范必将长期存在且发挥作用。因此,将民间规范定位为工具性的规范并不可取。

当然,已有不少学者注意到了国家正式规范对社会空间的侵蚀倾向,主张“在地方习俗与国家法律的整合中,应确立合理的价值,辩证看待地方习俗之优劣;抛弃以法律同化习俗的思维,形成二元平行的良性互动模式”。[②] 二元论的进步之处在于对“国家法中心主义”的反思,并尝试消解国家法的强势地位,构建两种规范平等的二元结构。然而,这一设想忽略了法治的现实状况。法治现代化建设已是大势所趋,国家

① 刘作翔:《每一种规范都有自己存在的价值和作用》,载《人民法院报》2017 年 6 月 2 日,第 5 版。

② 尚润泽、肖斌:《试论地方习俗与国家法律的冲突与整合》,载《常州大学学报》2018 年第 2 期。

正式规范在此过程中,必然会牢牢占据行为规范的主导地位,民间规范则逐渐式微,二者必然形成不平等的地位。此外,就民间规范本身而言,也有其封闭性、模糊性等缺陷。这些缺陷使得部分民间规范确实与现代社会的要求相左。因此,所谓民间规范与地方立法平行乃至平等的二元论,也只不过是无视现实的理想图景。

在尊重法治现实的前提下,一种可能性的立场是“开放的国家法中心主义”,既尊重地方立法的主导地位,同时给予民间规范一定的生存空间,承认其主体性,形成地方立法与民间规范的主次互动格局。由是,既可保证地方立法的开放性,在一定程度上解决其内部问题;又赋予了民间规范独立的地位,方便其发挥价值作用,同时在国家与社会、正式规范与非正式规范之间寻求一个可欲的平衡点,妥善处理地方立法与民间规范的关系,最大程度上推动地方法治的现代化。

The Interactive Balance between Folk Norms and Local Legislation

Li Yang

Abstract: Both folk norms and local legislation are important rules for local governance and are necessary forces to realize local good governance. The complex aspects of folk norms play a dual role relative to local legislation. Therefore, it is necessary to attach importance to the existence and independent values of folk norms, judge the characteristics of folk norms prudently, and find a balance point of interaction in the form of system integration and concept integration to achieve the benign interaction between the two.

Keywords: folk norms; local legislation; interactive mechanism; governance benefits

论法律、法规、规章授权组织的界定标准

何明鑫*

摘　要：司法实务中往往对一个社会组织是否为法律、法规、规章授权的组织众说纷纭，各地的审判标准不统一。学界对法律、法规、规章授权组织的界定标准也模糊不清，未取得一致的认识。在推进和开展国家治理现代化的大背景下，社会组织在社会治理中的作用日益显著，随之而来的是行政相对人权利受到社会组织侵害时，如何得到有效救济的问题。明确法律、法规、规章授权组织的界定标准，对保护行政相对人的合法权益和推进国家治理现代化意义重大。

关键词：社会组织；法律法规规章授权组织；界定标准

一、问题的由来

长期以来，对于用什么标准明确界定某个社会组织是否为法律法规规章授权的组织，一直是困扰法院和学界的重大问题之一。司法实务中，法院裁定某一社会组织不是行政诉讼的合格被告主要基于如下几个理由：一是社会组织是自律性团体，因此不是法律授权行使行政管理职能的组织。二是法律、法规、规章所规定内容不是授权依据。因此，该社会组织不能作为合格的行政诉讼被告。三是没有说理，直接以"不属于行政诉讼法的受案范围"为由裁定不予受理。以这种难有说服力的理由或者无理由来界定法律、法规、规章授权的组织恰恰反映了司

* 暨南大学知识产权学院2018级硕士研究生。

法机关的困惑与行政相对人的利益难以得到有效保障的现实问题。

如2014年王某诉栢荣县人民医院行政诉讼一案中，一审法院以医院作出《出生医学证明》的行为是附带于其所提供的医疗服务为由，裁定不予受理；而二审法院认定，医疗机构出具《出生医学证明》的行为是可诉的行政行为，依法属于人民法院行政诉讼受案范围。无独有偶，2015年张某诉浙江省温州市律师协会行政纠纷一案中，一审法院裁定律师协会不能作为合格的行政诉讼被告，理由是律师协会作为社会团体法人，仅是律师的自律性组织，而并非是法律授权行使行政管理职能的组织，因此律师协会不能作为行政诉讼的被告。而二审法院温州市中级人民院在终审裁定中，认定了律师协会可以作为行政诉讼的合格被告。

出现裁判结果不一，裁判说理无力的司法案例不止上述两例。① 有争议的社会组织行政主体资格问题也不限于医疗机构和律师协会，还包括其他公共事业单位，如公立学校；其他行业协会，如足球协会、篮球协会、注册会计师协会；基层群众性自治组织，如村民委员会（以下简称村委会）、居民委员会（以下简称居委会）；人民团体，如共青团、妇女联合会（以下简称妇联）、归国华侨联合会（以下简称侨联）等。②

学界对我国传统行政主体理论产生的实务问题，在反思与批判的过程中形成了“修补说”和“变革说”两种比较典型的观点。前者主张将作为社会公共行政主体的非政府组织纳入行政主体范围之内。③ 后者主张彻底引进法、德、日的行政主体理论，以行政主体推进地方分权和行政分权，以期引起实质性的变革。④

但“修补说”扩大了行政主体理论所应包含的范围，将本不需要纳入行政诉讼的社会组织纳入了行政诉讼。在司法实践中要求慎重裁判的大背景下，无疑额外增加了司法机关不必要的裁判负担。“变革说”

---

① 参见王心禾：《律协能当行政诉讼被告吗》，载《检察日报》2016年3月30日，第5版。

② 参见曹若愚：《略论行业协会的行政诉讼当事人地位——基于社会公权力视角》，载《重庆科技学院学报》（社会科学版）2016年第6期。

③ 参见石佑启：《论公共行政之发展与行政主体多元化》，载《法学评论》2003年第4期。

④ 参见薛刚凌：《多元化背景下行政主体之建构》，载《浙江学刊》2007年第2期。

则忽视了我国的行政体制与国外的行政体制实质上的不同。将法国式行政主体模式套入我国的行政体制的做法,不仅无现实基础,且无法解决司法实务中的实际问题。[①]

笔者认为,在符合我国实际国情的前提下,要解决我国司法实务中的问题,采"解释说"更为合理可行。"解释说"是指,在我国语境下,"法律法规规章授权组织"的概念有着其内在的一致性与逻辑性。对于该概念的理解应基于我国的现行法律和司法实务,通过司法实践中总结的经验,寻找界定授权组织的法律依据与裁判依据。对司法实务中所依据的法条进行语义学的解释,进一步研究法律依据和裁判依据所共有的特征和标准;在此基础上,进行理论的概括和总结,将总结的界定标准再次回归到法条和司法审判中进行印证;在理论与实际相结合的情况下,站在理论的高度总结出具有可操作性、可适用于指导司法审判的界定标准。因此,解决司法实务问题,建立统一的界定标准显得尤为必要。

通过界定标准以明晰哪些社会组织是实质上已经被授权,并一直行使着行政职权,却在司法实务中一度被认为不能成为行政主体;或者本不属于法律、法规、规章授权组织的范畴,却被作为行政诉讼被告来起诉。本文以行为要件和组织要件为依据判断一个社会组织是否属于法律、法规、规章授权的组织,以及某一条文是否为授权法条,这对厘清社会组织行政诉讼被告资格的判断有所裨益。

二、学界对社会组织作为行政主体的界定

学界探讨社会组织作为行政主体的界定,有比较典型的几种观点,即"公务法人说""社会公权力组织说""非政府组织说"等。

"公务法人说"的概念来源于《法国行政法》。法国行政主体理论认为公务法人是一种以管理公共事业为宗旨,以履行公务为目标,具有管制机构和法律人格,能够享有权利,履行义务的法人组织,其地域性不突出。[②] 该说认为应该引进"公务法人"的制度,认为公务法人概念可以

① 参见余凌云:《行政主体理论之变革》,载《法学杂志》2010 年第 8 期。

② 参见王名扬:《法国行政法》,中国政法大学出版社 1989 年版,第 127 页。

涵盖法律、法规、规章授权组织的范围。① 另外，该说认为既然我国的行政主体理论是“舶来品”，就应该研究透彻法国的行政主体理论，完全移植过来，取其髓而不能只取其壳。②

“社会公权力组织说”认为，法律、法规、规章对社会组织没有明确授权的，社会组织可以依据组织章程，对内外行使一定的公权力，因此取得行政主体的资格。③ 根据《法国行政法》将行政主体分为国家、地方团体和公务法人三种类型的理论，相对应地将我国的行政主体划分为国家行政机关、法律法规规章授权的组织和社会公权力组织这三类。④

“非政府组织说”认为，社会组织应该是独立的法人，而不是受行政机关制约的法人。“非政府组织”类型的行政主体不能有官僚主义的习气和行政色彩，应该有自治的能力，能够真正实现自我约束和管理。⑤ 另外，该说认为，律师协会、足球协会等行业组织不应该属于“法律法规规章授权组织”，而应该属于“非政府组织”，因为这些行业协会行使公权力是依据自治章程，而不是法律、法规、规章的授权。法律、法规、规章对律师协会、足球协会等行业协会并没有明确的授权。⑥

笔者认为，上述观点与我国实际情况差别较大。学界的研究一般是探讨我国语境下，法律、法规、规章授权组织应然状态的问题，即作为法律、法规、规章授权的组织应该是什么样的，而不是从实然状态的情况下进行界定法律、法规、规章授权组织的范围。

首先，鉴于我国的实际国情，行政主体理论虽然起源于法、日，但行政主体理论在我国30年的发展创新中已形成具有我国特色的行政主体理论。而法国的行政主体理论是基于分权原则界定行政主体范围

---

① 参见马怀德：《公务法人及行政诉讼——兼论特别权力关系的救济途径》，全国行政法年会会议论文，珠海，1999年5月，第9页。

② 参见解瑞卿：《论其他社会公权力组织的行政主体地位——对姜明安〈行政法与行政诉讼法〉（第五版）第六章第三节的解释》，载《北华大学学报》（社会科学版）2014年第4期。

③ 参见姜明安主编：《行政法与行政诉讼法》（第5版），北京大学出版社、高等教育出版社2011年版，第119页。

④ 参见张晓丽：《从法国行政主体理论完善我国行政主体理论》，载《科技视界》2015年第7期。

⑤ 参见张继恒：《非政府组织的行政主体地位研究》，法律出版社2017年版，第63页。

⑥ 参见石佑启：《论公共行政之发展与行政主体多元化》，载《法学评论》2003年第4期。

的，并不完全符合我国的现实需要。

其次，“公务法人”制度虽然有一定的借鉴意义，但无法很好解决界定我国当下法律、法规、规章授权组织的范围问题。笔者认为公务法人的概念虽然可以涵盖法律、法规、规章授权组织的概念，但两者是涵摄的关系，并不是一一对应的关系。法国语境下的公务法人可能不属于中国语境下的法律、法规、规章授权的组织。比如侨联、工会、妇联等人民团体属于公务法人的范畴，但不属于法律、法规、规章授权组织的范围。

再者，“社会公权力组织说”和“非政府组织说”，均与“法律法规规章授权组织”存在概念上的重合。同时，这两种观点只强调了社会组织应该有的自治权，对“法律法规规章授权组织”所具有的双重性却没有提及，忽视了法律、法规、规章授权组织权力来源的双重性，即国家权力和社会自治权力的双重性。[①] 两种观点并不能很好地界定出中国语境下法律、法规、规章授权组织的范围。换言之，“社会公权力组织”、“非政府组织”的概念涵摄“法律、法规、规章授权的组织”的概念。因此“社会公权力组织”“非政府组织”的概念也没有很好地解决法律、法规、规章授权组织的范围问题，对于解决司法实务问题也没有做到于法有据。

综上所述，界定法律、法规、规章授权组织的范围不是引进其他概念进行类比，而是专注于概念本身进行明确界定，运用我国现行的法律、法规、规章的相关规定及司法实践，概括和总结出其界定标准。

三、构建行为要件与组织要件的“二要件”界定标准

法律是一种行为规范，对法律概念的阐释应先从行为出发。行政诉讼法基于行政行为而建立起来，没有行政行为就没有行政诉讼法。[②] 为了能让行政相对人的合法权益在受到行政机关行政行为的不法侵害后，行政相对人能有一个救济渠道保护自己的权利，才有了我国的《行政诉讼法》。所以，有必要以行政机关的行政行为为起点向外延伸寻找

① 参见马夕钰：《浅议行业自治组织的行政诉讼被告资格——以中国足球协会为例》，载《法制与经济》（下旬）2010 年第 6 期。

② 参见应松年主编：《行政法与行政诉讼法》，高等教育出版社 2018 年版，第 82 页。

法律、法规、规章授权组织应有的范围。从行政机关的行为特征开始探究,进而研究行政主体区别于其他非行政主体的社会组织的行为要件和组织要件,这有助于认清法律、法规、规章授权组织本来应该有的面目。

(一)“二要件”界定标准概述

1. 行为要件

(1)单向性。又称为权力性。[①] 当社会组织作出的行为无须征求行政相对人的意见,即对行政相对人的权利、义务产生重大影响,且对行政相对人具有拘束力时,该行为是行政主体行使行政职权的行为,具有权力性。而权力性的特征表现为即使行政主体与行政相对人有协商的成分,行政主体与行政相对人的行政法律关系也不可能是平等的。

(2)垄断性。当社会组织作出的行为是基于一般社会组织不能行使的公共权力,即国家权力时,非行政主体无权行使该国家权力。对于法律、法规、规章授权的组织而言,垄断性不仅包括行使国家权力的主体的垄断和特定化,还包括行使权力所针对的对象的垄断和特定化。

(3)程序性。当社会组织作出的行为受国家相关法律、法规、规章制定的程序调整时,分三方面理解:一是权力来源具有程序性。社会组织被授予的权力是国家的制度性授权,即需要通过国家相关法律、法规、规章的规定授予相应的权力。二是行使权力具有程序性。行使公权力的程序性事项受国家相关法律规范的约束和调整。[②] 社会组织自治章程规定的行使公权力的程序不能违反国家相关法律、法规、规章的规定。三是当社会组织作出的行为受国家统一协调和管理时,有两个方面:一方面,社会组织行使公权力的范围、内容等实体性事项由国家相关的法律、法规、规章规定,体现国家意志性;另一方面,社会组织自治章程所规定的行使公权力的实体性内容不能违反国家相关法律、法规、规章的规定。

① 参见应松年主编:《行政法与行政诉讼法》,高等教育出版社2018年版,第84页。

② 参见张继恒:《非政府组织的行政主体地位研究》,法律出版社2017年版,第62页。

2. 组织要件

(1)法人。该组织必须是依法设立的法人。[①] 如果是非法组织,是没有资格成为法律、法规、规章授权的组织。如果该组织不是法人,同样不具备相应的行政主体资格,比如法人的分支机构是不具有行政主体资格的。

(2)公益性。该组织的设立初衷是以实现公共利益为目的。如果该组织的设立是以营利为目的,或者是以个人利益为目的,则同样不具备行政主体的资格。[②] 另外,社会组织所服务的公益具有广泛性和社会性,影响的范围不仅包括特定的人,还包括不特定的人。[③]

(3)自治性。[④] 该组织能自我约束、自我服务、自我管理,本身不是作为行政机关的附庸品而存在,也不受其他团体组织的支配和控制。但自治性并不要求该组织绝对自治,而应该是相对自治,即在组织管理活动中实际上会受到行政机关等其他机关团体的影响。[⑤]

(二)行为要件阐释

首先,社会组织作出的行为应该具有单向性。法律、法规、规章授权的组织与行政相对人的法律关系不是平等的法律关系,而是一种管理与被管理、无须协商、不须征求行政相对人意见的单向性法律关系,即行政法律关系。行政主体只要符合一定条件,即可单方面地作出对行政相对人有拘束力,对行政相对人的权利与义务产生重大影响的行为,[⑥]如考核、惩罚、管理等。因为国家权力带有强制、命令的色彩和力量。法条的表述一般有"可以""有权""管理"等法律语词。

其次,该行为是基于垄断性权力作出的。其一,法律、法规、规章往往授权某个社会组织有权利作出某些行为。对于这个社会组织而言是

① 参见应松年主编:《行政法与行政诉讼法》,高等教育出版社 2018 年版,第 60 页。

② 参见张继恒:《非政府组织的行政主体地位研究》,法律出版社 2017 年版,第 63 页。

③ 参见马夕钰:《浅议行业自治组织的行政诉讼被告资格——以中国足球协会为例》,载《法制与经济》(下旬)2010 年第 6 期。

④ 参见张继恒:《非政府组织的行政主体地位研究》,法律出版社 2017 年版,第 62 页。

⑤ 参见周华兰:《法国公立公益机构的行政法特征及其启示》,载《湖南社会科学》2011 年第 2 期。

⑥ 参见王欢:《公立高等学校性质的行政法透视》,载《政法论丛》2010 年第 3 期。

权利，与这些行为有直接利害关系的行政相对人而言，就是一种权力。[①] 另外，法律、法规、规章授予社会组织的是一种权利，而不是义务，且该权利为具体的权利。社会组织基于该权利作出对行政相对人的权利义务产生影响的行为时，行政相对人可以对行为的法律后果进行预测。其二，这种权力是具有垄断性的，即行使该项权力的主体是特定的，该项权力针对的行政相对人也是特定的。如学校不会授予学位证书给医院的婴儿，医院也不会给高等院校的学生出具《出生医学证明》。[②] 有学者对此处法律、法规、规章所授权力的性质做过许多有益的探究，有一种观点认为这种权力是带有双重属性的，即具有国家性质的权力和社会管理性质的权力。[③] 笔者认为，此处所讲法律、法规、规章的授权应特指国家性质的权力。国家性质的权力具有排他性、专属性，没有法律、法规、规章的授权，其他主体是不能代替行使的。因此，就隐含了权力被滥用的风险和危害。如果缺乏相应的权力监督和权利救济渠道，权力必然会侵害行政相对人的权益。

最后，程序性包括三层含义：其一，所授社会组织的权力为制度性授权，通过法律、法规、规章将社会组织本身所没有的权力授予它，从而使其所授权力相当于社会组织本身所固有之权力。[④] 其二，社会组织行使权力所作出的行为需要受到国家法定程序的调整和制约。这样的程序既不是社会组织本身章程规定的，也不是社会组织成员协商一致产生的。因为所授权力为制度性授权，行使该项权力必然会有相关制度进行规范。因此，基于法定程序的规定，作为行政主体的社会组织只需满足法定程序所规定的条件，即可作出相应的行政行为。其三，社会组织作出的行为应该具有国家意志性，受国家的统一协调、管理和规范。比如学校的招生工作、授予学位工作，医院出具出生证明和死亡证明，

① 参见许璐璐、杜刚：《高校学生管理中的法律关系》，载《华东经济管理》2009 年第 1 期。

② 参见周华兰：《法国公立公益机构的行政法特征及其启示》，载《湖南社会科学》2011 年第 2 期。

③ 参见马夕钰：《浅议行业自治组织的行政诉讼被告资格——以中国足球协会为例》，载《法制与经济》（下旬）2010 年第 6 期。

④ 同上。

律协组织管理实习律师的实习活动和对实习人员的考核等，这些行为都是代表国家进行的，受国家相关法律、法规、规章的制约、规范和调整。① 法律、法规、规章授予这些社会组织的权利，对相对人而言是权力，是不受相对人个人意志所左右。这些组织只要按照国家规定的相关标准，判断作出行政行为是否已符合一定的标准，按照国家规定即可作出相应的行为。

其中，单向性和垄断性是判断一个行为是否为行政行为的核心要件，也是区分法律、法规、规章授权的组织与贯彻落实党和政府的路线方针政策的人民团体的关键标准。任何一个行为如果缺乏单向性和垄断性，都不能成为行政行为。具备单向性和垄断性的基本要件，还需综合考虑其他要件，才能把法律、法规、规章所授的国家权力与社会自治本身具有的社会公共权力区分开来。②

(三)组织要件阐释

第一，作为法律、法规、规章授权的组织应该具备相应的组织要件，以区别非法律、法规、规章授权的组织。首先，该社会组织必须是法人。③ 如果不是法人，社会组织就没有成为法律、法规、规章授权组织的资格。

第二，该社会组织的设立初衷必须是以实现公共利益为目的，基于为公共利益或者行业利益服务，而不是为个人利益服务。这样的社会组织就与追求利润的公司法人相区别开来。

公共利益一般可以分为三个层次，即国家公共利益、社会群体公共利益和个别群体公共利益。社会组织服务的是社会群体公共利益，不是国家公共利益。法律、法规、规章授权的组织没有资格涉及国家主权层面的核心利益。国家公共利益只能由国家来维护。社会组织也不是服务个别群体公共利益。个别群体公共利益范围小，不需要法律、法

① 参见许璐璐、杜刚:《高校学生管理中的法律关系》，载《华东经济管理》2009 年第 1 期。

② 参见马夕钰:《浅议行业自治组织的行政诉讼被告资格——以中国足球协会为例》，载《法制与经济》(下旬)2010 年第 6 期。

③ 参见周华兰:《法国公立公益机构的行政法特征及其启示》，载《湖南社会科学》2011 年第 2 期。

规、规章授权的社会组织予以管理。之所以法律、法规、规章会作出授权，就是因为社会组织所服务的公共利益具有社会性，牵动着社会整体，其发挥的作用相当于行政机关。另外，法律、法规、规章授予的国家权力所涉及的利益具有全国范围的广泛性，而不拘泥于一地、一时。

第三，该社会组织应具有自治性。此处所说的自治是指相对自治，而不是绝对自治，即社会组织在自我管理上有一定的自治权，但在财务上不一定有自治权。[①] 比如，居民委员会并不具有独立的收入来源，也不完全是自我约束和管理。根据《城市居民委员会组织法》（以下简称《居委会组织法》）第 17 条的规定，居民委员会的工作经费和来源是由不设区的市、市辖区的人民政府或者上级人民政府规定并拨付，其办公用房由当地人民政府解决。没有财务上的自治权，真正的自治权是无法实现的。[②] 虽然该社会组织不一定具有实质上的自治性，即不是完全的自我约束和自我管理，但该社会组织一定具有自治性。如果该社会组织是行政机关的附庸品或其他社会组织的附庸品，或者仅仅是其他社会组织的某个部门，那么该社会组织实际上是行政机关行使职权的委托对象，而不会是法律、法规、规章的授权对象，更不会具备成为法律、法规、规章授权对象的资格。比如，法人的派出机构，因为要受法人的支配和控制，所以不具有行政主体资格。

四、运用语义学解释分析法条所具有的“二要件”界定标准

我国行政机关和其他社会组织统称为公共行政组织，公共行政组织又可分为国家行政组织和社会行政组织。法律、法规、规章授权的组织属于社会行政组织的范畴，而社会行政组织法赋予社会行政组织相应的法律地位和职能，如《村民委员会组织法》《居委会组织法》等。社会组织能否具有独立的行政主体地位？行政法律责任的追究和行政案件的审查等问题也受行政组织法的影响。[③] 所以，寻找社会组织的授权

---

① 参见许璐璐、杜刚：《高校学生管理中的法律关系》，载《华东经济管理》2009 年第 1 期。

② 参见周华兰：《法国公立公益机构的行政法特征及其启示》，载《湖南社会科学》2011 年第 2 期。

③ 参见应松年主编：《行政法与行政诉讼法》，高等教育出版社 2018 年版，第 47 页。

依据，不仅要着眼于相应的行为法，也尽可能着眼于相应的社会组织法。

有学者认为“法律法规规章授权组织”这个概念很模糊，无法明确地在法条中找到授权依据，认为“法律法规规章授权组织”这一概念是权宜之计。[①] 甚至有学者猜想此概念产生是缘由政治上的正当性，而不是法律上的正当性。[②] 因此，有学者主张应该用“公务法人”的概念代替“法律法规规章授权组织”的概念。[③] 笔者认为，这种观点是站不住脚的。究其原因，持此种观点的论证往往脱离了对法条的研究，或者简单地对某些法律规则一笔带过，对授权法条的法律语词特征没有进一步地研究和进行理论的概括，却得出“授权法条语义模糊，难以确定，应该用其他的概念加以取代”这一观点，此种论证在逻辑上是有问题的。界定法律、法规、规章授权组织的范围，应当在我国的现行法律制度框架下进行。实际上，正是因为对“法律法规规章授权组织”概念把握得不准确，才造成否认该概念本身所具有的价值。脱离现行法而抽象地研究该概念，必然会导致认识上的模糊。

从我国现行的法律、法规、规章的规定来看，区分授权法条和非授权法条的界限是明确的和具体的。我国行政法体系中，行政行为法与行政组织法相辅相成，因为行政行为是行政职权的产物，行政职权是行政行为存在的根基。所以行为法与组织法是一个事物的两个方面，二者不能割裂。[④] 同样，界定法律、法规、规章授权组织的标准中，行为要件与组织要件二者不可分离，缺一不可。因此，需要回归法条，综合分析法条中所具有的行为要件和组织要件，进而判断一个社会组织是否属于法律、法规、规章授权的组织。

在司法实务中，法律必须经由解释方可适用。[⑤] 判断一个法律条文

① 参见马怀德：《公务法人问题研究》，载《中国法学》2000 年第 4 期。

② 参见袁明圣：《解读高等学校的“法律法规授权的组织”资格》，载《行政法学研究》2006 年第 2 期。

③ 参见包万平：《高校公务法人地位是取消教师编制的核心》，载《北京社会科学》2017 年第 9 期。

④ 参见关保英：《地方政府组织法的修改应从转变法治观念入手》，载《法学》2017 年第 7 期。

⑤ 参见王泽鉴：《民法总则》，北京大学出版社 2009 年版，第 56 页。

是否属于法律、法规、规章授权的组织的依据也是如此。法律规则具有“法律语句”(法条)的语言形式,法条与其他任何语句一样,是语词与语词的组合。[①] 作为一种语言形式,则相应会有主语、谓语和宾语,对应相应的主体、行为和客体。在行政法中,可理解为行政主体、行政行为和行政相对人。对法条及语词进行解释时,应当考虑语言学中语言的使用规则,包括词语成分分析、语法句法规则等语义学的内容。[②] 除了数字这种极端例子外,每一个用语均有解释的余地。[③] 法律解释始于文义,也终于文义。[④] 法律上的文义为该用语或词在一般的语言习惯被理解的意义。[⑤] 如文义无疑义,则从法条字面意思理解即可。换言之,对法条进行语义学解释。[⑥]

首先,法律、法规、规章的授权形式属于制度性授权,即通过制度将不属于社会组织本身所具有的权力授予了该社会组织。经过授权,将社会组织不是本身所固有的权力转换为相当于社会组织本身固有的权力。从“授”字而言,则需要探究法律、法规、规章本身的权力来源,即国家体制是否设计了该权力。在国家体制中如果是本身具有所授权力的制度设计,那么可判断该授权是得当的。如果源权在国家体制中没有设计,即缺乏源权,则不属于法律、法规、规章授权的组织。[⑦] 综上,授权法条的前提条件体现程序性。

其次,判断该法条是属于对社会组织授权的条文,从法条主语、谓语和宾语的字面意思理解,法条的语词含义应体现界定标准的组织要件和行为要件。

主语部分,充当主语的社会组织应符合相应的组织要件,即为实现公共利益而依法设立的非行政机关法人。在主语部分只有一个主体,

---

① 参见[德]卡尔·拉伦茨:《法学方法论》,陈爱娥译,商务印书馆2003年版,第133页。

② 参见舒国滢、陶旭:《论法律解释中的文义》,载《湖南师范大学社会科学学报》2018年第3期。

③ 参见黄茂荣:《法学方法与现代民法》,法律出版社2007年版,第340页。

④ 参见王泽鉴:《民法总则》,北京大学出版社2009年版,第57页。

⑤ 参见黄茂荣:《法学方法与现代民法》,法律出版社2007年版,第335页。

⑥ 参见舒国滢、陶旭:《论法律解释中的文义》,载《湖南师范大学社会科学学报》2018年第3期。

⑦ 参见朱学磊:《“法律、法规授权的组织”之身份困境及其破解——以行政诉讼为展开视角》,载《江汉学术》2015年第6期。

没有第二个主体,即主语部分的法人独立行使的是法律、法规、规章授予的国家权力,而不是基于其他行政机关的授予。[①] 主语部分对应服务的公共利益。社会群体公共利益特指该公共利益具有全国性和社会性,而不限于某个地方所特有。该社会群体公共利益在服务利益方面具有特定性,在范围方面具有全国性。在特定性方面即为特定相对人的利益服务。在利益范围方面具有全国性和社会性。在相应的社会组织法规定中可以明确,主语部分的主体享有一定的自治权。法条主语部分体现界定标准中组织要件中法人、公益性和自治性三个标准。

谓语部分,有“可以”“有权”等法律语词,体现法律、法规、规章授予给社会组织的是权利,也即国家权力,而非义务,亦非职责。所以,如果出现“义务”“职责”等法律语词,证明该法律规则为非授权性条文。另外,法律、法规、规章授予的权力是一项具体权力,而不是空泛的,体现单向性和垄断性。作为国家权力就有相应的强制和命令的力量。体现这项特征相应的法律语词是“管理”“考核”“惩罚”“受理”“奖励”等。这些法律语词体现主体与相对人之间的法律关系是不平等的。综上,法条谓语部分体现单向性、垄断性。

宾语部分,针对的是特定的相对人,体现行为的承受者或者与承受者直接相关的特定范围的相对人。处于宾语部分的相对人是特定的,范围有特定的指向,其与主语部分的关系不是平等的,宾语部分的相对人可能会受到来自于主语部分主体滥用权力的危险而不能平等地抗衡和抵御。综上所述,法条宾语部分体现单向性和垄断性。

综合主语、谓语和宾语的分析。以下列法条为例:

《教育法》第 29 条规定:

学校及其他教育机构行使下列权利:

1. 按照章程自主管理;

2. 组织实施教育教学活动;

3. 招收学生或者其他受教育者;

① 参见朱学磊:《“法律、法规授权的组织”之身份困境及其破解——以行政诉讼为展开视角》,载《江汉学术》2015 年第 6 期。

4. 对受教育者进行学籍管理,实施奖励或者处分;

5. 对受教育者颁发相应的学业证书;

6. 聘任教师及其他职工,实施奖励或者处分;

7. 管理、使用本单位的设施和经费;

8. 拒绝任何组织和个人对教育教学活动的非法干涉。

根据以上分析,该法条主语是为实现公共利益而设立的非行政机关法人。[①] 其次,从第 1 款到第 8 款的谓语分别为按照、组织、招收、管理、奖励、处分、颁发、聘任、奖励、处分、管理、使用和拒绝。再次,分析本法条宾语,依次为章程、教育教学活动、学生、其他受教育者、受教育者、教师、其他职工、设施、经费、组织和个人。

从法律语言分析中可以得出,只有第 3 ~6 款是符合条件的授权规范。因此,《教育法》第 29 条第 3 ~6 款是学校作为法律、法规、规章授权的组织的权力来源。

再举律师协会为例,律师协会考核实习律师的权力明显具有垄断性和专属性,且其权力会对行政相对人的权利和义务产生重大影响。律师协会也不是以其权力营利。故律师协会作为合格的行政诉讼被告是没有疑义的。另外,律师协会与实习律师之间也不是平等的法律关系,是一种管理与被管理的关系。律师协会完全不需通过实习律师的同意,即可作出对实习律师权利和义务产生重大影响的行为,这样的行为就是行政行为。不服这样的行政行为,提起行政诉讼,以律师协会为被告,是没有问题的。《律师法》第 46 条第 5 ~7 款的规定,“组织管理申请律师执业人员的实习活动,对实习人员进行考核;对律师、律师事务所实施奖励和惩戒;受理对律师的投诉或者举报,调解律师执业活动中发生的纠纷,受理律师的申诉”,可以作为律协成为法律、法规、规章授权组织的授权依据。

最后以村委会为例,村委会管理农村集体财产,管理村民的公共事务,虽然是自治性的体现,但并不排除村委会的管理权力是具有公益

① 参见包万平:《高校公务法人地位是取消教师编制的核心》,载《北京社会科学》2017 年第 9 期。

性、单向性和垄断性的。村委会在行使权力的时候往往不需要村民本人同意即可执行。这样存在强制执行力为最后保障,作出行为的方式不以协商为必要条件的行为就是行政行为。村委会作出行政行为,村民不服所作出的行政行为,提起行政诉讼的,村委会是合格的行政诉讼被告。

居委会的例子与之类似。相关的社会组织法授权依据验证如下:

《居委会组织法》第3条第2款规定,办理本居住地区居民的公共事务和公益事业。

《村委会组织法》第2条规定,村民委员会办理本村的公共事务和公益事业,调解民间纠纷,协助维护社会治安,向人民政府反映村民的意见、要求和提出建议。

五、"二要件"界定标准在我国司法实务中的实际运用

最高人民法院《关于适用〈中华人民共和国行政诉讼法〉的解释》(以下简称《行诉解释》)对上述社会组织的行政诉讼被告资格做了明确确认。其第24条第1款、第3款规定:当事人对村民委员会或者居民委员会依据法律、法规、规章的授权履行行政管理职责的行为不服提起诉讼的,以村民委员会或者居民委员会为被告。当事人对高等学校等事业单位以及律师协会、注册会计师协会等行业协会依据法律、法规、规章的授权实施的行政行为不服提起诉讼的,以该事业单位、行业协会为被告。

另外,针对开篇关于医院开具出生证明的行为性质认定的混乱,福建省宁德市中级人民法院二审在裁定书中作出了卓有成效的实践探索。二审法院明确认定,柘荣县医院出具《出生医学证明》的行为属于人民法院行政审判受案范围。

其依据的主要理由分析而言,也基于本文所构建的"二要件"界定标准,具体如下:

(1)单向性、垄断性。《福建省实施〈中华人民共和国母婴保健法〉办法》第14条规定"医疗保健机构应当对所接生的新生儿出具《出生医学证明》;家庭接生员应当对所接生的新生儿出具县级人民政府卫生行

政部门印制的《接生证明》。新生儿的监护人持《接生证明》,到指定乡(镇)卫生院换取《出生医学证明》。《出生医学证明》是新生儿申报户口的依据。《出生医学证明》的发放管理办法由省人民政府卫生行政部门会同公安机关制定。"因此,出具《出生医学证明》的行为是医疗机构按照法律授权单方实施的行为。

(2)程序性。其一,医疗机构必须按照法定程序出具《出生医学证明》;同时,《出生医学证明》具有相应的法律效力,对相关人的权利产生影响和拘束。

卫生部(已与人口和计划生育委员会合并为国家卫生和计划生育委员会)办公厅《关于对在医疗保健机构外分娩的婴儿发放出生医学证明问题的函》规定:"一、由县级以上卫生行政部门制定的《出生医学证明》管理机构出具此类《出生医学证明》。二、管理机构在出具《出生医学证明》时,应要求婴儿父母或监护人出具下列证明材料:1. 由婴儿父母或监护人出具的'亲子关系声明'(声明内容和样式见附件)。2. 该婴儿与其父母(监护人)亲子关系的旁证。旁证为家庭接生员出具的接生情况证明(同时附家庭接生员考核合格证书复印件),或婴儿父母或监护人任何一方户籍所在地居民(村民)委员会或单位出具的证明,或亲子鉴定证明。这些证明材料应由出具《出生医学证明》的机构保存。"即医疗机构依法出具《出生医学证明》的行为无须以婴儿在该医疗机构出生为前提条件,只要具备法定条件,相关医疗机构应出具《出生医学证明》。

其二,《母婴保健法》第23条规定:"医疗保健机构和从事家庭接生的人员按照国务院卫生行政部门的规定,出具统一制发的新生儿出生医学证明;有产妇和婴儿死亡以及新生儿出生缺陷情况的,应当向卫生行政部门报告。"因此,医疗机构出具《出生医学证明》是法律法规规章授权所实施的行为。

综上所述,二审法院认为,医疗机构出具《出生医学证明》的行为属可诉的行政行为。

对医疗机构出具出生证明和死亡证明的行为作进一步分析。

首先,医院出具出生证明、死亡证明的行为对行政相对人有着重大影响,且该行为并不是医院的营利行为,更多体现一种公益性和垄断性。其他行业和组织并不具备这样的权力开具医学证明。这样,医院就可能存在滥用权力的危险,万一医院的行政行为侵犯了行政相对人的利益,行政相对人应有行政诉讼的救济渠道。

其次,医院出具出生证明、死亡证明行为同其他行政机关作出的行政行为往往具有密切相关性,且有重大影响,相当于其他行政行为的前置行为,这与科学证明具有根本上的不同。科学证明最多是参考,而不会具有决定性的作用。科学证明也可以由其他专业人士作出,而不会只能由同一类型的社会组织作出。

所以,从根本上说,医院出具出生证明、死亡证明的行为是行政行为,如果行政相对人对医院所作出的行政行为不服,提起行政诉讼,医院可以作为合格的行政诉讼被告。

六、结论

"二要件"界定标准运用于工会、侨联、妇联和共青团等人民团体,可以得到以下结论:

第一,从界定标准行为要件角度分析,工会、侨联、妇联和共青团等人民团体作出的行为没有满足行为要件的要求。虽然这些人民团体需要贯彻落实党和政府的路线方针政策,但不是基于单向性、垄断性、程序性的行为,特别是没有单向性和垄断性的特征,与行政行为有质的区别,所以侨联、妇联和共青团等人民团体不是法律、法规、规章授权的组织。

第二,从授权法条的角度分析,工会不具有行政诉讼合格被告的资格。《工会法》第 6 条规定,维护职工合法权益是工会的基本职责。从对界定标准的分析中可以得出,该条不具备垄断性的特征。作为授权的法条,应该强调的是社会组织的权利,而非义务。因此,司法实践中,行政诉讼中以本条作为起诉工会的依据是不成立的。

第三,侨联不属于法律、法规、规章授权的组织。根据《归侨侨眷权益保护法》第 8 条规定,中华全国归国华侨联合会和地方归国华侨联合会代表归侨、侨眷的利益，依法维护归侨、侨眷的合法权益。在本条规定中只是规定了侨联的任务和宗旨，即规定了侨联的义务，并没有在法律层面授予侨联任何权利。同理，妇联、共青团等人民团体也不属于法律、法规、规章授权的组织。

因此，从行为要件出发先考察社会组织所作出的行为是否满足要求，再分析该社会组织是否满足组织要件的要求，当组织要件也满足时，再寻找法律、法规、规章中相应的授权依据。通过"二要件"界定标准厘清社会组织的行政诉讼被告资格判断，对保护行政相对人的合法权益和推进国家治理现代化意义重大。

On the Defining Standard of Organization Authorizedby Law, Regulation or Rules

He Mingxin

Abstract: In judicial practice, there are different opinions on whether a social organization is authorized by laws, regulations and rules, and the standards of trial are not uniform. The definition standard of the authorized organization of laws, regulations and rules is not clear, and there is no consensus in the academic circles. In the context of promoting and carrying out the modernization of national governance, the role of social organizations in social governance has become increasingly prominent, and the problem of how to get effective relief when the rights of administrative counterparts are infringed by social organizations is followed. It is significant for protecting the legitimate rights of administrative counterparts and promoting the modernization of national governance to clarify the definition standard of authorized organizations of laws, regulations and rules.

Keywords: social organization; authorized organization of laws, regulations and rules; definition standard

【民商法专论】

论分期付款买卖中的合同解除规则设计

——以最高人民法院第67号指导案例切入

张峰源*

摘　要:《合同法》第167条的法律定位涉及该条与第94条所规定的法定解除权之间的关系,此外该条本身有立法目的存在偏差、限制当事人意思自治空间等弊端。正是由于这种立法偏差,最高人民法院试图通过司法解释和指导案例的方式限制该条的适用空间。但最高人民法院第67号指导案例的裁判理由在一定程度上缺乏论理说服力,对于分期付款买卖的适用范围、"物先交付"、诚实信用原则、维护交易安全等问题作出了不当解读,应当对其进行反思。分期付款买卖中的合同解除规则的完善,可以通过指出分期付款买卖的本质特征、删除"出卖人要求买受人支付剩余全部价款"的规定、增加合同解除的催告程序等几个方面来尝试。

关键词:分期付款买卖;股权转让;解除权;交易安全

分期付款股权买卖合同的法律适用长期以来受到学界和实务界的关注。最高人民法院(以下简称最高院)发布的第67号指导案例(以下简称67号指导案例)更是引发了学界的热烈探讨。[①] 学界关注该案的焦点,究其根本在于《合同法》第167条能否适用于分期付款股权转让

---

* 武汉大学法学院民商法专业2017级硕士研究生。

① 参见最高人民法院《关于发布第14批指导性案例的通知》(法〔2016〕311号)。

合同。有学者认为分期付款股权转让合同不属于《合同法》第167条的适用范围;[①]也有学者认为在司法实践中,《合同法》第167条不局限于消费合同的范畴;[②]更有学者通过案例检索数据研究的方法得出“在审判实践中,分期付款买卖合同纠纷更多地存在于生产经营领域,而非消费领域”的结论。[③] 本文欲对分期付款买卖合同解除的法律适用问题进行探讨,并解读该指导案例裁判理由的正当性。

一、《合同法》第167条的法律定位及评价

从《合同法》第167条第1款[④]的表述来看,似乎赋予了分期付款出卖人一方在买受人迟延履行一定比例价款的情况下,享有请求支付全部价款或者径行解除合同的选择权。但是该条饱受争议,是因为其与《合同法》第94条的关系不明确,该条规范的意旨也存在解释的空间。

崔建远教授、[⑤]江平教授[⑥]等学者认为《合同法》第167条是第94条规定的法定解除事由中的“其他情形”。[⑦] 即前者为合同法定解除的特别规定,无须满足后者的一般规定。另有学者认为,前者是后者所确定的一般规则的具体化,是对出卖人行使解除权的条件作出的具体规定和客观标准,通过《合同法》第94条仍然可以得出相同的结论。[⑧] 全国人大法工委的《〈中华人民共和国合同法〉释义》也持这种观点,认为分期付款买卖合同的出卖方在满足《合同法》第167条规定的情形时即享

① 参见万方:《股权转让合同解除权的司法判断与法理研究》,载《中国法学》2017年第2期。

② 参见孙新宽:《分期付款买卖合同解除权的立法目的与行使限制——从最高人民法院指导案例67号切入》,载《法学》2017年第4期。

③ 参见钱玉林:《分期付款股权转让合同的司法裁判——指导案例67号裁判规则质疑》,载《环球法律评论》2017年第4期。

④ 《合同法》第167条第1款规定:“分期付款的买受人未支付到期价款的金额达到全部价款的五分之一的,出卖人可以要求买受人支付全部价款或解除合同。”

⑤ 参见崔建远:《合同法学》,北京大学出版社2015年版,第335页。

⑥ 参见江平主编:《中华人民共和国合同法精解》,中国政法大学出版社1999年版,第136页。

⑦ 参见付金联:《判定合同解除案件的标准问题》,载《法律适用》2005年第5期。

⑧ 参见陆青:《论法定解除事由的规范体系》,载《华东政法大学学报》2015年第1期。

有单方解除权。[①] 还有学者认为该条规定的立法目的是保护处于弱势一方的买受人的利益，限制出卖人行使解除权的条件，且该条的适用前提是当事人约定了相关的解除条款，否则出卖人无权依据该条行使权利。[②] 该条款并非赋予分期付款买卖合同中的出卖人以解除合同的新权利，而是对出卖人合同解除权的进一步限制，该条的适用前提是当事人的明确约定，否认了该条强制性规范的法律性质。

我们可以看到，在《合同法》第 167 条与第 94 条的关系问题上，很多学者都是支持后者为前者的本体这一观点的。但是该条之所以在理论上引起学者的争议，在实践中又产生诸多误解，归根结底还是法律的规定出现了漏洞，这种立法上的失误很难通过司法解释和指导性案例来消解。其漏洞主要表现如下：

首先，《合同法》第 167 条立法目的出现了偏差。域外国家通常是将分期付款买卖作为一种特殊买卖，凸显国家法律对于分期付款买卖合同的特殊规制，这一点也与司法解释的相关规定相通。但是域外法主要是限制出卖人一方解除合同的条件，而非主动赋予出卖人高于一般买卖合同的任意解除权。这一点与我国现行法的意旨相反。分期付款买卖之所以如此盛行，是因为其扩大了普通消费者的消费能力，他们可以通过前期支付较少的价款即获得对该物的占有，但须承担分期支付剩余价款的义务，其面临的风险是不能按时支付剩余价款而失去对该物的占有。对于出卖人而言，分期付款买卖增加了其产品的销量，因而有更多的资金扩大生产规模，实现利润的增加，但是其面临的风险是买受人在占有该物之后不能支付所剩价款。在法律对分期付款买卖没有明确规定的前提下，出卖人一方为了降低谈判成本，常常通过订立格式合同的方式，作出所有权保留、解除权行使条件等有利条款的规定，

① 全国人大常委会法制工作委员会编：《中华人民共和国合同法释义》（第 3 版），法律出版社 2013 年版，第 193 ~ 194 页。合同法分则如果针对具体合同规定了一些特殊性的规则，那么就是适用特殊优于一般的原则。本条有关分期付款买卖合同解除的规定就是对总则有关规定的具体化。总则规定的这些条件中，违约行为“严重影响订立合同所期望的经济利益”，乃是一个核心和关键。按照本条的规定，在分期付款买卖合同中，买受人未支付到期价款的金额已经达到全部价款的五分之一，即法律规定的具体适用“严重影响订立合同所期望的经济利益”的标准。

② 参见王利明：《合同法研究》（第 3 卷），中国人民大学出版社 2012 年版，第 148 页。

以最大程度保障自身的权利。然而,对于买受人一方而言,其很难拿出有力的筹码与出卖人进行协商,为了实现分期付款获得商品的目的,对于格式条款的不利规定只能被迫接受。因此,法律在分期付款买卖中对于买卖双方的利益天平作出倾斜性的规定,以保护买受人一方的利益,是因为在实践中出现了利益不平衡的现状。而我国《合同法》第 167 条的规定显而易见是保护了出卖人一方的利益,使本就不平等的利益关系更加失衡,立法目的出现了偏差。

其次,《合同法》第 167 条的规定限制了当事人意思自治的空间。该条规定并无“当事人另有约定的除外”这样的表述,因此可认定为其限制了当事人的意思自治在分期付款买卖合同解除中适用的空间。例如,出卖方与买受人约定未支付价款达到总价款的 1/5 以上的额度(比如 1/4、1/3 等,但是不能低于 1/5 的法定限度)的情况即被排除在外。这种限制未能保护买受人合理的利益诉求,买受人本可以通过与出卖方协商在迟延履行的条件下,出卖方行使合同解除权的条件等条款,而《合同法》第 167 条则排除了协商的空间,使意思自治在分期付款买卖领域几乎不存在。因此有学者认为若该条的性质为强制性规定,会使无论当事人有无意思自治,其将适用于一切分期付款买卖合同,正当性存疑。①

试想,如果不存在《合同法》第 167 条,那么处理分期付款买卖合同案件只能依照《合同法》第 94 条的规定。买受人未履行到期债务的,经出卖人催告后,买受人仍未在合理期间内履行债务的,出卖人一方才享有解除合同的权利。这样既保护了出卖人一方收回价款或者退出交易的利益,也给予了买受人一方履行债务的缓冲期,而不会直接失去合同标的物的占有或所有权。然而依据《合同法》第 167 条进行处理时,出卖人可不经催告,要求买受人将剩余全部价款一次性支付。在买受人难以支付某期价款的情况下,支付剩余全部价款更是使其陷入不利境地。此外,出卖人还可以径行解除合同,而无须催告买受人履行债务,

① 参见姚欢庆:《〈合同法〉第 167 条规范宗旨之错位及补救》,载《浙江社会科学》2007 年第 2 期。

即使买受人可以支付剩余部分或者全部价款也无法继续占有标的物。如上所述,《合同法》第 167 条的规定使得分期付款买卖中的利益失衡更为加剧。因此有学者认为《合同法》第 167 条的存在,使分期付款买卖合同中的买受人陷入更加不利的地位,法律对其的保护力度甚至不如普通买卖关系中的买受人。[①] 然而,值得注意的是,正在进行各分编编撰工作的《民法典》在已经公布的一审稿的合同编第 424 条对本条作出了修改,[②]在《合同法》第 167 条的基础上增加了"催告"这一前置程序,这反映出立法者对于出卖人与买受人在分期付款买卖领域利益的平衡。

二、司法实践中对于适用《合同法》第 167 条的限缩

如前所述,《合同法》第 167 条在分期付款买卖中的直接适用将会导致在该交易中的买卖双方利益失衡,因此对于该条的适用空间有必要进行限缩,以实现对在分期付款买卖交易中买受人一方利益的回应。

司法解释在某种意义上使《合同法》第 167 条具有了强制性规范的色彩,[③]也一定程度上回应了分期付款买受人一方的利益诉求。但是该司法解释仍然未能清晰界定,在当事人未约定时能否直接适用该条,使出卖人享有合同解除权。这似乎也在说明《合同法》第 167 条从文义上仍是通过特殊条款的方式赋予分期付款买卖中出卖人一方以合同解除权或强制要求买方履行剩余全部价款义务的选择权。然而,司法解释的规定也彰显了其通过修正《合同法》第 167 条的漏洞以平衡买卖双方当事人相关利益的意旨。

最高院试图通过 67 号指导案例明确:在有限责任公司中,分期付款股权转让合同的履行中发生迟延履行的情形时,不能适用《合同法》

① 参见宁红丽:《分期付款买卖法律条款的消费者保护建构》,载《华东政法大学学报》2013 年第 2 期。

② 《民法典》"合同编"一审稿第 424 条规定:分期付款的买受人未支付到期价款的金额达到全部价款的五分之一,经催告后在合理期限内仍未支付已到期价款的,出卖人可以要求买受人支付全部价款或者解除合同。出卖人解除合同的,可以向买受人要求支付该标的物的使用费。

③ 最高人民法院《关于审理买卖合同纠纷案件适用法律问题的解释》第 38 条第 2 款规定:分期付款买卖合同的约定违反合同法第一百六十七条第一款的规定,损害买受人利益,买受人主张该约定无效的,人民法院应予支持。

第167条的裁判规则。而支撑该裁判意见的理由主要有分期付款买卖的特征、合同目的的实现、诚实信用、交易安全。最高院以指导案例的形式实现对《合同法》第167条适用的限缩，以达成统一类案法律适用，维护股东的合法利益，维护社会的交易安全的目标。

三、指导案例裁判理由的评析

（一）分期付款买卖适用范围之否定

67号指导案例的逻辑之一在于“文义解释下分期付款买卖中的出卖人享有解除权→但该解除权主要适用于买受人作为消费者的领域→本案中的买受人并非消费者→故不能简单适用”。然而，这一逻辑有待进一步论证。

有学者指出：在合同成立与解除领域，我国法律并没有赋予消费者相应的特权，且《合同法》的适用对象并非仅包括消费者，《合同法》作为一般规定适用于各类买卖合同。[①] 周江洪教授认为，赋予分期付款买卖中的出卖人以特别解除权，易使作为买受人的消费者利益受损，因此应该限缩该条的适用范围。[②] 此外，根据钱玉林教授的案例检索，以生活消费为目的的买卖合同并不是分期付款买卖纠纷的主要方面（约占分期付款买卖合同纠纷案件的7%），该指导案例裁判理由中“以生活消费为目的”缺乏实证的支持，未能与时俱进。[③]

（二）分期付款买卖合同“物先交付”特征的误判

指导案例的裁判理由中指明了分期付款买卖合同具有“物先交付”的本质特征，这触及到了分期付款买卖合同的本质，因此有必要对分期付款买卖合同的核心特征进行进一步探讨。在立法及司法解释层面缺乏对分期付款买卖合同的明确定义。相关司法解释也仅是对《合同法》

---

① 参见谢鸿飞：《民法典与特别民法关系的建构》，载《中国社会科学》2013年第2期。

② 参见周江洪：《分期付款买卖合同的解除及其限制——“汤长龙诉周士海股权转让纠纷案”评释》，载《交大法学》2017年第4期。

③ 参见钱玉林：《分期付款股权转让合同的司法裁判——指导案例67号裁判规则质疑》，载《环球法律评论》2017年第4期。

第 167 条规定的“分期付款”进行解释。[①] 司法解释的表述与崔建远教授对于分期付款买卖所作出的定义具有相似性。崔建远教授认为,分期付款买卖是将买受人应付总价款划分为若干部分,按照所分期数和期间,逐次支付出卖人以价款。[②] 但笔者认为,这种定义方式只是对分期付款买卖进行了浅表的解读,即对其付款方式、付款期限上的特征进行定义。然而,如果分期付款买卖只是在付款方式上存在特殊性,那其与普通买卖合同之间又无本质的差异,在普通买卖中,也可以通过预付款、尾款的方式对总价款进行拆分,履行价款给付义务,与上述定义对于分期付款买卖所作的特殊性解读不存在根本差异,这与《合同法》将分期付款买卖作为特种买卖的立法安排相违背。

分期付款买卖合同是信用经济的产物。基于此,分期付款买卖应当是指当事人事先约定由买受人受领标的物,买受人以分期支付的方式支付全部或部分价款的买卖。[③] 笔者认为,该定义较为精准地抽象出“物先交付”这一分期付款买卖的核心特征。合同当事人的意思自治应当予以尊重,其有权对于分期数、每期价款等事项进行约定。但从常识上来讲,在标的物交付后应仍有至少二期以上的付款分期,才称得上分期付款买卖,否则并不是法律意义上的分期付款买卖。[④]

本案股权转让协议订立时股权并没有实际交付,故不满足分期付款买卖合同的“物先交付”要件。但自当事人完成股权的变更登记后,该股权分期转让合同尚存两期未付清的股权转让款,因此所谓的“分期付款买卖”应自股权变更登记之日起算,因为直至此时本案股权转让协议才具备了分期付款买卖合同的本质特征。在股权变更登记之前,买受人支付的两期股权转让款本质上属于预付款,尚未成立分期付款买卖。因此,《合同法》第 167 条无法成为本案被告解除合同的法律依据。

---

① 最高人民法院《关于审理买卖合同纠纷案件适用法律问题的解释》第 38 条规定:合同法第 167 条第 1 款规定的“分期付款”,系指买受人将应付的总价款在一定期间内至少分三次向出卖人支付。

② 参见崔建远:《合同法》(第 2 版),北京大学出版社 2013 年版,第 458 页。

③ 参见黄立主编:《民法债编各论》(上),中国政法大学出版社 2003 年版,第 128 页。

④ 参见郑玉波:《民法债编各论》(上册),三民书局 1981 年版,第 101 页;史尚宽:《债法各论》,中国政法大学出版社 2000 年版,第 94 页。

笔者认为，“物先交付”的核心问题理应成为本案法律适用的判断依据。而总览本案的审判过程，只有二审法院在裁判文书中提及了“本案并不具有分期付款买卖合同‘物先交付’”的特性，故不存在参照适用我国《合同法》第167条的前提条件。”①然而，遗憾的是，最高院在67号指导案例中，虽然提及了“物先交付”的问题，但在裁判理由中却未考虑本案“物之交付”所界分的分期付款买卖成立时间的核心事实，这与本案的二审法院认定的事实相背离，实属对分期付款买卖“物先交付”这一特征的误判，也进一步动摇了67号指导案例裁判理由的理论根基，从而导致法院对于是否适用《合同法》第167条作出了错误的判断。

（三）诚实信用原则的不当援引

在指导案例的裁判理由中，以“诚实信用原则”来解释本案应当首先选择要求汤某某支付全部价款，而不是解除合同。但是从《合同法》第167条的文义进行解读，出卖人有权选择要求分期付款买受人一方支付剩余全部价款或者径行解除合同。而最高院在67号指导案例中虽然承认了出卖人有解除合同的权利，但是却排除了出卖人的选择权，认为应当首先要求买受人支付全部价款，如果支付不能，才涉及解除合同的事项。这也与《合同法》第167条平衡出卖人、买受人利益的立法意旨相背离。

笔者认为，最高院对此问题在某种程度上存在过分解释之弊。对于《合同法》第167条能否适用于分期付款股权买卖中，涉及该条款的性质问题。如果该条是本文前述的“赋权条款”性质，那么对其进行限制也有一定的合理性，如若认定其为“限权条款”，在解释中再对其进行过多限制，将有最高院过度解释法律之弊。

尽管本案最高院的裁判理由对于“诚实信用原则”的阐述与《合同法》第167条存在互斥之处，但是这也反映出最高院欲修正《合同法》第167条在司法适用中产生的对于买受人利益考虑不充分的弊端，这一点应值得肯定。《民法典合同编（草案二次审议稿）》第424条的规定，与

① 参见四川省高级人民法院（2014）川民初字第432号民事判决书。

最高院的裁判理由反映出相同的倾向，通过增设“催告”程序来进一步保护在分期付款买卖中处于弱势一方的买受人的合法利益。

(四)维护交易安全原则的引入较为激进

维护交易安全这一价值判断与价值选择，体现在了67号指导案例的裁判理由中。最高院认为，在股权权属变更后，社会成本和影响已经倾注其中。本案中，汤某某受让股权后已实际参与公司经营管理、股权也已过户登记到其名下，若非汤某某有根本违约行为，动辄撤销合同的行为可能对公司经营管理的稳定产生不利影响。的确，维护交易安全是现代商事交易中极为重要的一环，司法裁判者在适当时也应当考虑案件的外部因素，以维护更多不特定人的合法利益，以免裁判生效后会造成不利的社会影响。

毫无疑问，公司法律关系是民商事领域中较为复杂的部分，交易安全也确实是公司法应当维护的价值取向，但是最高院在指导案例中作出交易安全的价值选择而排除了分期付款股权买卖中出卖人解除合同的权利，是否具有充分的法理依据值得深思。

笔者认为，在所有权与经营权相分离的现代公司制度下，当然无法否认股权持有者即股东对于公司经营管理会产生一定的影响，但是对于解除股权买卖合同所造成的外部影响应当结合个案具体事实进行判断，指导案例对于法官裁判类似案件也会提供一种指引。同时，也正如笔者前述，《合同法》第167条本身存在立法漏洞，只能通过修改法律的方式弥补这个漏洞。在立法尚未修改时，司法解释、指导性案例对法律适用进行探索有助于实践经验的积累，对法律的修改也具有积极意义。

四、分期付款买卖合同出卖人解除权条款的修正

股权分期转让合同在本质上同一般的分期付款买卖合同并无太大区别，不能仅仅因为其涉及了公司法律关系就将其直接排除出《合同法》第167条的适用范围。而修正我国《合同法》第167条的相关规定，对分期付款买卖合同的法律适用作出更为严谨而自洽的相关规范是一种较为理想的途径。笔者建议通过以下方面完善《合同法》第167条的规则体系：

（一）明晰分期付款买卖合同的界定标准

由于最高院在司法解释中对“分期付款”作出了规定，即只要买受人将应付的总价款在一定期限内至少分三次向出卖人支付的都为分期付款。导致实践中出现的各种分期付款买卖（如商品房分期买卖、股权分期转让、融资租赁协议等）的特征都与这条规定相吻合，指向的结果只能是适用《合同法》第167条的规定。

然而我们认为这样会导致分期付款买卖的概念异常宽泛，使得在分期付款中出卖人一方极容易滥用权利，直接行使合同解除权等强力措施对买受人过于不公平。因此，我们应当引入一个标准——分期付款出卖人一方承担风险的时间点，从而相对限缩分期付款买卖合同的外延。在买卖合同中，买卖双方都承担一定的风险，卖方承担风险的起始点即为其将物交付给买受人一方之时。而在分期付款买卖中，买方支付价款的行为是分期的，卖方的交付行为却只能是一次，卖方在履行交付义务之后，买方支付价款的义务尚未履行完毕，在剩余价款履行期间内买受人的经济状况是卖方在订立分期付款买卖合同时不能预知而将承受的风险。因此，分期付款买卖合同“物先交付”的特征不容忽视，“分期性”只是分期付款买卖合同特征的一个侧面。如果卖方未完成标的物的交付，其根本未承担风险，更没必要适用《合同法》第167条这种保护分期付款买卖出卖人一方利益的条款。对于股权分期付款买卖，“股权先予转让”的条件也应当成立，而判断股权是否已经先予转让，主要通过股东名册和股权的变更登记。

（二）明确《合同法》第167条的约定解除权性质

如前所述，如果将《合同法》第167条中的解除权认定为法定解除权，将完全排除当事人意思自治的空间，使买受人一方的利益几乎得不到保障。因此，该条应是任意性规定，即在双方协议中不存在分期付款买卖合同解除行使条件的情况下，不能适用《合同法》第167条赋予出卖人合同解除权。只有在当事人约定了分期付款买卖合同解除条件，且该解除条件中的未支付价款份额不得低于《合同法》第167条的“全部价款的五分之一”这一标准时，出卖人一方才享有解除合同的权利。

这是因为，分期付款买卖是现代经济发展的产物，分期付款买卖合同只是在现行普通买卖合同的基础上，对于付款方式、物之交付、合同解除等方面有相对不同的规定，本质上仍是对买卖双方权利与义务的反映，具备买卖合同的基本属性，因此其应当贯彻民法的意思自治原则，以体现当事人双方真实的意思表示。如在立法中明确该解除权“约定解除权”的法律性质，可以让买方在和卖方订立合同的过程中有更多谈判的余地，以免其日后履行不能时陷入过于不利的地位。

（三）删除《合同法》第 167 条的部分内容

买受人一方在迟延履行当期价款的支付义务时，就已经证明其经济能力出现了危机，而在此时要求其直接支付剩余全部价款，会使其面临更加窘迫的境地，而买受人被迫履行该项义务也需要付出更大的代价，这进一步加大了买受人在分期付款买卖中的风险。其实，赋予出卖人一方如此优待的选择权实属没必要，其完全可以通过行使约定解除权的方式维护利益，而非行使一个对方履行义务可能性较低的权利来强化其风险控制能力。因此，应当在未来删除《合同法》第 167 条“出卖人要求买受人支付剩余全部价款”的规定，以彰显对本处于交易弱势一方——买受人的利益考量。

（四）应当增加合同解除的催告程序

在分期付款买卖中，买受人一方出现了迟延履行的情况时，为防止出卖人一方滥用《合同法》第 167 条“解除权”的法律优势地位而径行解除合同，应当参照《合同法》第 94 条第 3 款的规定，经催告才可行使。这样可以赋予买受人一方以宽限期或者缓冲期，筹集当期价款，完成该期履行义务，使分期付款买卖合同的效力得以存续，维护交易的稳定。通过立法规定分期付款合同解除宽限期的立法例在域外也可以找到相应的支持，如日本法律规定为 20 天，[①]瑞士法律规定为 14 天。[②]《民法

① 《日本割赋贩卖法》第 5 条第 12 款规定：分期付款销售业者，关于利用分期付款销售的方法销售指商品的契约，在不履行支付分期价款的义务的场合，非在规定 20 天以上的相当期限，以书面催促其支付，于该期限内并未支付时，不得以滞纳分期付款为理由，请求支付未到期的分期付款金。

② 《瑞士债务法》第 226（H）条第 2 款规定：卖方在请求付清价款或者宣布解除合同之前，应当给予买方不少于 14 天的履行宽限期。

典合同编(草案二次审议稿)》第424条体现了“催告”这一前置程序,是值得肯定的,笔者也期望这一修改能够成功见诸我国未来的《民法典》合同编中。

五、结语

在司法实务中,之所以在分期付款买卖合同中产生法律适用上的争议,主要是由于其立法目的出现了偏差,排斥了“意思自治”原则在分期付款买卖合同中的适用,使得在分期付款买卖中对于买受人一方的保护力度甚至不如一般买卖。立法者可以通过以下方式对《合同法》第167条进行修正:第一,明晰分期付款买卖合同的界定标准;第二,明确《合同法》第167条为约定解除权的性质;第三,删除第167条“出卖人要求买受人支付剩余全部价款”的规定;第四,增设合同解除前的催告程序以保护买受人的合法利益。分期付款买卖不仅是一种时尚潮流,也是一种交易习惯,正蔓延至各种领域,如从消费领域到投资领域,从实体领域到虚拟领域,从生活领域到生产领域等。现有的法律规定对于分期付款买卖合同的规制在利益平衡问题上亟待修正。最高院通过67号指导性案例确立股权分期付款买卖的法律适用规则的做法值得肯定,但某些方面也值得反思。目前对于分期付款买卖合同理论的研究还有值得挖掘的空间,今后在分期付款买卖合同的法学研究中,我们可以通过国内外立法的比较、司法案例的精细化检索、实地调研走访等方式进行更加深入的理论与实践探究。

On the Design of Contract Rescission Rules in the Purchase —By Installments-Based on the No. 67 Guidance Case of the Supreme Court

Zhang Fengyuan

Abstract: The legal orientation of Article 167 of the Contract Law relates to the relationship between the article and the statutory right of rescission provided for in Article 94. In addition, the article itself has the disadvantages of deviation of the legislative purpose and restrictions on the party's autonomy. It is precisely because of this legislative deviation that the Supreme Court tried to limit the applicable space of the article by means of judicial interpretation and guidance of cases to safeguard the interests of the buyer. The judgment reason for the refereeing of the No. 67 guiding case of the Supreme Court is lack of argumentation and persuasion to a certain extent, and even in some respects, it has been wrongly defined and should be refuted and reflected. Solving the problem of legislative loopholes can only be amended by perfecting the law. It can be improved by: clarifying the essential characteristics of the installment purchase and sale, deleting Article 167, "the seller requires the buyer to pay the remaining full price", and increasing the contract cancellation procedure.

Keywords: installment buying and selling; equity transfer; right of rescission; safety of trade

论违约金的调整

蒋婷婷*

摘　要：在承认划分赔偿性违约金与惩罚性违约金类型的背景下，违约金的调整主要围绕这两种类型展开。两种违约金的目的不同，其调整应有所区分。赔偿性违约金是损害赔偿的总额预定，以填补损害为主要目的，仅在违约金过分偏离违约造成的损失时，有酌减之可能，并且差额原则上应控制在损失的30%以内。惩罚性违约金以确保债务履行为主要目的，其是否过当、应否酌减应结合多种因素进行裁量，不存在固定的主要参照因素，其酌减亦不设置上限。

关键词：违约金；赔偿性违约金；惩罚性违约金；调整

《合同法》第114条第2款与《最高人民法院关于适用〈中华人民共和国合同法〉若干问题的解释（二）》［以下简称《合同法解释（二）》］第29条是违约金调整的一般规定，前者明确违约金的调整以实际损失为基础，后者指出应同时兼顾合同的履行情况、当事人的过错程度、预期利益等其他因素综合考虑，并确定了违约金“过高”的判断标准。但一个关键的问题是二者均未指明适用对象，特别是在我国理论与实务均承认赔偿性违约金与惩罚性违约金类型划分的情况下，两种违约金是否均适用《合同法》第114条第2款与《合同法解释（二）》第29条，若适用，这两种类型不同的违约金的调整有何区别？立法虽未言明，但实务

* 武汉大学法学院民商法学2017级硕士研究生。

中法院的态度却惊人地相似。[①] 对此,理论上应力求破解难题,拨开迷雾,以供实务参考。笔者以上述两项规定为中心,探究如何对赔偿性违约金与惩罚性违约金进行调整。

一、违约金的双重功能

我国理论与实务上将违约金划分为赔偿性违约金和惩罚性违约金两种类型,违约金的调整围绕着这两种类型展开,因此首先必须厘清赔偿性违约金和惩罚性违约金的区分,而这可追溯于违约金的双重功能。我国的违约金以赔偿性为主,惩罚性为辅,此为司法实践所奉行,亦为学界普遍接受。[②] 一般认为,在约定的违约金低于违约造成的损失时,违约金具有补偿性。而当违约金高于损失时,违约金则具有赔偿和惩罚的双重功能。[③] 但现在许多学者指出惩罚性违约金的目的不在于惩罚违约行为,而是担保债务履行,即通过违约金的设立给债务人造成一种心理压力,督促其积极履行债务,故违约金具有赔偿和担保的双重功能,依此应构建赔偿性违约金与担保性违约金的类型划分。[④] 惩罚性违约金的"惩罚性"一般被解释为对违约行为的制裁,[⑤]但应看到当事人订立惩罚性违约金条款的意图不仅仅在于事后对违约行为进行惩罚,更是以此种不利后果预防违约。为保障债务履行,当事人往往约定高额违约金,若债务人违约,则将负担支付高额违约金的责任,与未约定违约金条款时债务人的责任相比往往更加严苛。由此可见,制裁性是实现担保功能的衍生结果,并不是当事人约定惩罚性违约金的主要目的。

---

① 实务中法官大多不言明违约金的性质而统一适用《合同法》第114条第2款和《合同法解释(二)》第29条,以实际损失作为违约金是否过高或过低的主要标准,在实际损失无法证明时考虑其他因素,即使当事人明确约定违约金为惩罚性违约金,法院也是如此,并不区分赔偿性违约金与惩罚性违约金在具体调整时有何不同。参见最高人民法院(2007)民二终字第139号民事判决;最高人民法院(2011)民再申字第84号民事裁定;最高人民法院(2015)民二终字第63号民事判决。

② 参见最高人民法院《关于当前形势下审理民商事合同纠纷案件若干问题的指导意见》(法发〔2009〕40号)第6条;马俊驹、余延满:《民法原论》(第4版),法律出版社2010年版,第626页;孙瑞玺:《论违约金的性质——以〈合同法〉第114条为视角》,载《法学杂志》2012年第4期。

③ 参见沈德咏、奚晓明主编,最高人民法院研究室编著:《最高人民法院关于合同法司法解释(二)理解与适用》,人民法院出版社2009年版,第209页。

④ 参见罗昆:《违约金的性质反思与类型重构——一种功能主义的视角》,载《法商研究》2015年第5期。

⑤ 参见王利明:《合同法研究》(第2卷)(第3版),中国人民大学出版社2015年版,第701页。

但违约金具有担保和赔偿的双重功能与违约金可划分为惩罚性违约金与赔偿性违约金并不矛盾。“担保”和“惩罚”是基于不同的角度对与赔偿性违约金相对的违约金类型的描述,“担保”侧重于此种违约金的事先预防的目的,而“惩罚”侧重于此种违约金事后制裁的效果,二者本质并无不同。既然惩罚性违约金的表述广为接受,则无更改之必要。

概念上区分赔偿性违约金与惩罚性违约金并无难度,但实务中当事人往往只约定一定的违约金数额或者计算方法,并不说明其类型,认定此种违约金的性质显非易事。我国以赔偿性违约金为常态,故仅需判断何种情况构成惩罚性违约金即可,除此之外均为赔偿性违约金。那么惩罚性违约金应如何认定?第一种观点是将约定的违约金的数额与违约造成的损失进行比较,若违约金超过损失的,则表现为惩罚性质。[①] 第二种观点是若约定要求支付违约金外,债权人还可请求实际履行或者损害赔偿,则为惩罚性违约金。[②] 第三种观点是“当事人缔约时明知约定的违约金数额高于可预期的实际损失”或者违约方主观故意并且给非违约方造成严重损害,可以认定为惩罚性违约金。[③] 第四种观点认为诉诸当事人的目的,“若当事人约定了明显高额的违约金或者明确表示违约金与实际履行、损害赔偿并用,”则属于惩罚性违约金。[④]

第一种观点即为损失比较说,在实务中备受青睐,但其不合理性显而易见。损失比较说是一种事后判断,而违约金在违约行为出现之前即已存在。第二种观点即责任并用说,此为学界通说,其漏洞正如反对者所言:赔偿性违约金也能与继续履行、损害赔偿并用。[⑤] 笔者赞同,赔偿性违约金虽为损失赔偿额的预定,但其能否与继续履行、损害赔偿请求权并用则要看违约金所针对的事由。即使是只规定赔偿性违约金的日本,理论上也承认若损害赔偿额的预定系针对迟延的赔偿时,债权人

① 参见陈怀峰、赵江风:《违约金数额司法调整的适用问题》,载《政法论丛》2011年第6期。

② 参见陈明添、吴国平主编:《中国民法学》,法律出版社2007年版,第597页。

③ 参见李东琦:《论惩罚性违约金的调整》,载《当代法学》2013年第6期。

④ 参见谢鸿飞:《合同法学的新发展》,中国社会科学出版社2014年版,第514页。

⑤ 参见王洪亮:《违约金请求权与损害赔偿请求权的关系》,载《法学》2013年第5期;刘淑波:《债法各论》,中国政法大学出版社2014年版,第329页。

除可请求继续履行外,亦能请求支付违约金。① 第三种和第四种观点将违约金与可预期的损失进行比较具有合理性,惩罚性违约金能够通过与可预期损失的差额对比来实现其担保功能,通过使债务人负担更多的不利益来遏制违约。综上所述,笔者认为若当事人约定支付违约金后,其他因债之关系所应负的一切责任不受影响或者在当事人对预期损害有预估的基础上订立明显高额的违约金时,可以认定为惩罚性违约金。

二、赔偿性违约金的调整

(一)赔偿性违约金与损害赔偿的预定

赔偿性违约金旨在填补损害,具有损害赔偿额的预定性。有学者认为赔偿性违约金是合同当事人为避免事后损害举证和计算的困难而预定一个赔偿数额,当存在违约行为时,债权人可要求对方支付违约金而承担较小的证明责任,其与违约损害赔偿并无本质差异,故应属于损害赔偿的范畴。② 此种观点否定了赔偿性违约金作为违约金的一种类型而存在的价值,属于对赔偿性违约金的误解。笔者认为赔偿性违约金的目的虽然是填补损害,但不归属于损害赔偿的范畴,不受损害赔偿一般规则的调整。

第一,民事责任均以填补损害为主要目的,赔偿性违约金作为违约责任的一种形式亦不例外,不能因其填补性而将其纳入损害赔偿的范围。

第二,该观点仅看到赔偿性违约金中损害赔偿数额预定,据此将其归入损害赔偿的范围,而忽视了其与损害赔偿的适用差异。差异体现之一,赔偿性违约金请求权不以损失实际存在为要件,而损害赔偿的预

① 参见[日]我妻荣:《我妻荣民法讲义-Ⅳ-新订债权总论》,王燚译,中国法制出版社2008年版,第119~120页。

② 参见王洪亮:《违约金功能定位的反思》,载《法律科学(西北政法大学学报)》2014年第2期;韩强:《违约金担保功能的异化与回归——以对违约金类型的考察为中心》,载《法学研究》2015年第3期。

定以损失实际存在为前提，债务人若能够证明不存在损失，则无须赔偿。[①] 差异体现之二，赔偿性违约金属于当事人对损害赔偿预定的一个数额，不要求与通常的典型损害必须相符，只要约定的违约金的数额与典型损害的差额并非过分，则无调整的必要，这是总额预定的效力所在。对超出部分予以承认也具有法理依据。超出部分可视为系对一些依照损害赔偿规则得不到救济的损害进行填补。[②] 例如非财产损害，我国立法上不承认违约精神损害赔偿，实务虽有法院对债权人因违约而遭受的精神损害进行合同法救济，但限制较多，不足以充分救济债权人因违约而遭受的不利益。法定的违约损害赔偿要与可能的典型损害符合，典型损害的确定受可预见性原则、因果关系规则的限制，并且将非财产上的损害排除在外，所以依据法定的损害赔偿规则确定的赔偿数额可能难以填补债权人因违约而遭受的损害。

（二）赔偿性违约金的调整

赔偿性违约金是损害赔偿额的预定，系当事人订立合同之时基于对预期损失的估计而订立的，虽不要求与违约造成的损失必须相符，但若过分偏离，则有违赔偿性违约金订立的本意，因而有必要予以调整。由此可见，赔偿性违约金的数额是否适当以及如何酌减以实际损失为主要标准。

1. 约定的违约金低于违约造成的损失

若约定的违约金的数额低于违约造成的损失，则支付违约金不能完全填补债权人的损失，为避免此种不利后果，理论上有两种构想：一是增加违约金的数额。二是承认违约金请求权与赔偿损失请求权并用。[③] 我国《合同法》第114条第2款采取了第一种方案，但其规定却与

---

① 我国多数学者认为赔偿性违约金不以存在实际损失为要件，参见高富平主编：《民法学》（第2版），法律出版社2009年版，第650页；王利明：《合同法研究》（第2卷）（第3版），中国人民大学出版社2015年版，第707～708页。

② 部分学者认为超出部分体现了违约金的惩罚性功能，参见陈怀峰、赵江风：《违约金数额司法调整的适用问题》，载《政法论丛》2011年第6期；崔文星：《债法专论》，法律出版社2013年版，第330页。

③ 参见崔文星：《债法专论》，法律出版社2013年版，第331页；朱伯玉、管洪彦：《合同法分则研究》，人民出版社2014年版，第236页。

赔偿性违约金的预定效力存在矛盾。主流学说认为赔偿性违约金为损害赔偿的总额预定,纵观法国、日本等大陆法系国家和地区的通行立法,总额预定的效力在于约定的违约金数额不得随意变更,不论实际损失的大小,只要其与违约金的数额的差额未达到过分的程度,就以约定的违约金为准。[①] 而《合同法》第 114 条第 2 款只要求“低于”,降低了增额的标准,有违预定之效力。依第二种方案,在约定的违约金小于实际损失时,当事人主张违约金条款之后可以再请求损害赔偿。若违约金请求权与赔偿损失请求权可并存,那么违约金总额预定的效力何在?

解决此种矛盾有两种进路:一为承认《合同法》第 114 条第 2 款前半句有误,将“低于”修改为“过分低于”。二为检视“赔偿性违约金是损害赔偿的总额预定”观点否正确。从比较法看,此种立法与《德国民法典》第 340 条第 2 款有异曲同工之处。后者规定:“债权人享有债务不履行之损害赔偿请求权者,债权人得请求支付违约罚作为损害之最低数额。其他损害之主张,不予排除。”若实际损失超过预定的违约金数额的,债权人可请求补充赔偿,不要求达到“过低”的程度。但德国法上的违约金为损害赔偿额的最低预定。[②] 要解决“低于违约造成的损失即可申请增加违约金数额”与总额预定的效力之间矛盾,可以仿效德国将赔偿性违约金视为损害赔偿额的最低预定。

两相比较,笔者认为第一种进路更为可取,依据《合同法解释(二)》第 28 条,增加后的违约金数额不超过实际损失,增加违约金之后,当事人不得再请求赔偿损失。因此若增加后的违约金数额仍低于实际损失,守约方就低于实际损失部分的损害请求补充赔偿的,其请求不被支

---

① 《法国民法典》第 1152 条规定:“在契约规定不履行契约的人应支付一定数额的款项作为损害赔偿时,给予另一方当事人的款项数额不得高于也不得低于规定的数额。”1985 年 10 月 11 日第 85~1097 号法律增设了第二款确立了违约金过高或过低时的司法增减规则;《日本民法典》第 420 条第 1 项规定:“当事人可以就债务的不履行预定损害赔偿的额度。此时,法院不能增减其额度。”依据我国台湾地区“民法典”第 250 条,赔偿性违约金在当事人无约定时为损害赔偿额的总额预定,理论上一般认为债务人不能因实际损失较少而请求减少,债权人亦不得因实际损失较大而请求增加,除非相差悬殊。参见黄立:《民法债编总论》,中国政法大学出版社 2002 年版,第 512 页;孙森焱《民法债编总论》(上册),法律出版社 2006 年版,第 600 页。

② 参见[德]迪特尔·梅迪库斯:《德国债法总论》,杜景林、卢谌译,法律出版社 2004 年版,第 468~469 页。

持。由此可知，立法上倾向于损害赔偿总额预定，但因没有认识到预定性的效力而做出与大陆法系国家通行立法相矛盾之规定，应予修正。实务中有法院认识到这一点，指出违约金过低时，可要求增加违约金的数额。[①]

违约金过分低于所造成的损失的，债权人可请求增加违约金的数额。那么如何认定“过分低于”？违约金应增额至何种程度？需要考虑哪些要素？此与违约金的酌减一并讨论。

2. 约定的违约金过高

《合同法》第114条第2款后半句规定，违约金过分高于违约造成的损失的，可请求酌减。《合同法解释（二）》第29条第2款规定若约定的违约金超过造成损失的30%的，可认定为过高。有学者提出仅以30%的固定比例判断违约金是否过高。[②] 有学者则认为《合同法解释（二）》第29条第1款的“作出裁决”不仅仅指酌减至何种程度，还包括判断是否过高、是否酌减。[③] 两种观点在实务中均有体现。[④] 笔者赞同后者，30%的固定比例仅在违约金与损失之间进行数字上的比较，太过僵化，没有考虑到违约行为的具体情况，如债务人是否完全不履行，是否故意违约等。

《合同法解释（二）》第29条是衡量违约金是否过高以及如何酌减的主要依据，该条第1款指出，法院酌减时要“以实际损失为基础，兼顾合同的履行情况、当事人的过错程度以及预期利益等综合因素，根据公平原则和诚实信用原则予以衡量”。“以实际损失为基础”，意味着酌减时主要参照实际损失，然后才考虑其他因素。虽然司法解释将“实际损

---

① 参见长沙市开福区人民法院（2011）民一初字第1581号民事判决；三亚市中级人民法院（2011）民一终字第283号民事判决。

② 参见雷继平：《违约金司法调整的标准和相关因素》，载《法律适用》2009年第11期；陈怀峰、赵江风：《违约金数额司法调整的适用问题》，载《政法论丛》2011年第6期。

③ 参见雷裕春：《合同法第114条之违约金解释论》，载《广西民族大学学报》（哲学社会科学版）2009年第1期；姚明斌：《违约金司法酌减的规范构成》，载《法学》2014年第1期。

④ 在最高人民法院的一个公报案例中，法院认为违约金约定是否过高应当以实际损失为基础，兼顾《合同法解释（二）》第29条第1款规定的各项要素，综合判断。参见最高人民法院（2011）民再申字第84号民事裁定；其后亦有法院仅根据实际损失来认定约定的违约金是否过高，参见最高人民法院（2014）民二终字第33号民事判决。

失”与“预期利益”并列，但其所指“实际损失”不单指信赖利益损失，否则有违违约责任之本意。违约金作为违约责任的一种形式，当然以履行利益为保护范围。《合同法解释(二)》第28条、第29条规定的“实际损失”与《合同法》第114条第2款规定的“造成的损失”应为同一范畴，指向所受损害与所失利益。在预估债权人因违约遭受的损失时应当适当斟酌债权人的利益，不以财产上的利益为限。

结合当事人的过错程度、合同的履行情况综合判断。债务人方面的过错主要指债务人违约的主观状态，是否存在故意违约，若债务人故意违约，法院在调整违约金数额时会倾向不酌减或者酌减额度较小；[①]在债权人方面则表现为债权人对损失的发生或者扩大有无过错，若存在或有过失，法院可能倾向于酌减违约金。依据合同的履行情况酌减违约金的数额在实务中最为常见，特别是在金钱债务中，当事人约定以债款总额的一定比例计算违约金，而债务人部分履行时，法院往往判决以按照未支付价款的一定比例计算违约金。[②]

酌减要依据公平原则和诚实信用原则进行，考虑合同的当事人的交涉能力等因素，商事主体之间约定的违约金节制酌减，经营者与消费者或劳动者约定的违约金注重酌减。依据诚实信用原则，已经支付的违约金不得要求酌减。[③]

三、惩罚性违约金的调整

《合同法》第114条是否规定了惩罚性违约金，学界存在争议。[④] 笔

---

① 实务中有法院在违约方无法证明实际损失的情况下认为其恶意违约而否定了酌减请求，参见“史某某与甘肃皇台酿造(集团)有限责任公司、北京皇台商贸有限责任公司互易合同纠纷案”，载《最高人民法院公报》2008年第7期。

② 参见北京市高级人民法院(2014)民终字第1043号民事判决；参见最高人民法院(2016)民终51号民事判决。

③ 参见李永军主编：《债权法》，北京大学出版社2016年版，第168页；罗昆：《我国违约金司法酌减的限制与排除》，载《法律科学(西北政法大学学报)》2016年第2期。

④ 一种观点是《合同法》第114条第3款规定了惩罚性违约金，参见李永军主编：《债权法》，北京大学出版社2016年版，第167～168页；一种观点是《合同法》第114条第1款“一定数额的违约金”指惩罚性违约金，“损失赔偿额的计算方法”为损害赔偿的总额预定，属于赔偿性违约金。参见韩强：《违约金担保功能的异化与回归——以对违约金类型的考察为中心》，载《法学研究》2015年第3期；另一种观点是《合同法》第114条只规定了赔偿性违约金，参见韩世远：《合同法总论》(第3版)，法律出版社2011年版，第658页。

者认为该条第1款和第3款均指向赔偿性违约金,但不意味着否定惩罚性违约金存在,约定惩罚性违约金亦为意思自治之范畴。若合同文本中有“惩罚性违约金”之表述或者约定的违约金条款明显地带有制裁的意味,可认定为惩罚性违约金。

(一)法律依据:《合同法》第114条第2款或《合同法解释(二)》第29条

违约金调整的最大的争议集中于对惩罚性违约金的调整,大致可分为两派。一为统一适用说,即惩罚性违约金与赔偿性违约金的调整均适用《合同法》第114条第2款和《合同法解释(二)》第29条。[①] 二为区分说,根据两种违约金的功能的差异而对惩罚性违约金的调整做出不同于赔偿性违约金调整的处理。但对如何区别规制尚未形成一致见解。有学者主张惩罚性违约金同样适用《合同法解释(二)》第29条,但要进行修正,以义务违反行为(考虑义务违反程度、债务人的过错程度以及对债权人的危险性)为主要的参照,然后考虑行为的结果、债务人的经济状况、合同损害继续发展的状况。[②] 有学者认为只适用《合同法》第114条第2款,但要植入违约方主观过错这一要件,以过错程度作为酌减的主要基准,将违约金调整至与违约方的恶意程度对应的限度内。[③] 有学者认为惩罚性违约金的调整以实际损失无关,不适用《合同法》第114条第2款,应借鉴《合同法解释(二)》第29条第2款,以违约金是否足以危及债务人的生存或者经营、合同的对价关系、当事人的过错、合同的履行情况为考虑因素,将其数额控制在合同标的额的130%内。[④]

笔者认为惩罚性违约金调整不能完全适用《合同法》第114条第2款和《合同法解释(二)》第29条。第一,从体系上看,《合同法》第114

---

① 参见陈怀峰、赵江风:《违约金数额司法调整的适用问题》,载《政法论丛》2011年第6期;姚明斌:《〈合同法〉第114条(约定违约金)评注》,载《法学家》2017年第5期。

② 参见王洪亮:《违约金酌减规则论》,载《法学家》2015年第3期。

③ 参见李东琦:《论惩罚性违约金的调整》,载《当代法学》2013年第6期。

④ 参见韩强:《违约金担保功能的异化与回归——以对违约金类型的考察为中心》,载《法学研究》2015年第3期。

条第 1 款为赔偿性违约金的一般规定,第 2 款紧接其后,应解释为针对第 1 款赔偿性违约金的规范。第二,从功能上看,第 114 条第 2 款规定违约金的调整以违约造成的损失为基础,赔偿性违约金为损害赔偿额的预定,其内涵相契合。但惩罚性违约金作为一种与赔偿性违约金相异的违约金类型,完全使用赔偿性违约金的调整规则会妨碍其担保功能的实现,有违惩罚性违约金的本质。第三,由《合同法解释(二)》第 29 条第 2 款可知该条系针对《合同法》第 114 条第 2 款而设,既然后者无适用之余地,前者亦不适用。

(二)惩罚性违约金的调整标准

1. 过当的判断标准

实务中法院主要依据《合同法解释(二)》第 29 条判断惩罚性违约金是否过高,即以实际损失为主要参照,同时兼顾其他要素。[①] 在不能证明违约金过分高于实际损失时,考察其他因素进行裁量,例如有法院以"高额违约金的约定,其主要目的在于预防双方再次出现违约行为"为由否定酌减请求的合理性。[②] "以实际损失为基础"混淆了惩罚性违约金与赔偿性违约金的区分,在学理上广受批评,那么惩罚性违约金是否如同赔偿性违约金那样,存在固定的主要参照基准?如果存在,应如何建构?

惩罚性违约金的目的在于确保债务履行,影响其数额确定的因素有很多,虽然当事人在确定违约金的数额时会考虑到因违约可能发生的损害,但预期损害可能并不是当事人考虑的主要因素。所以,若单纯以实际损失为违约金是否过当的判断基准并不符合惩罚性违约金的本意,容易使债权人约定惩罚性违约金的目的落空。

以实际损失作为违约金是否过高的主要标准的做法虽然惹人非议,但法院"不能单单考虑债权人的损失,应同时兼顾其他要素"的观点则是可取的。债务人是否履行债务受多种因素的影响,当事人在约定

① 参见最高人民法院(2014)民二终字第 135 号民事判决;参见最高人民法院(2015)民二终字第 63 号民事判决。

② 参见最高人民法院(2016)民终 106 号民事判决。

惩罚性违约金时可能考虑债权人因违约可能遭受的损害、债务人违约的可能获利、债务人的过错、合同的履行情况等多种因素,难以说哪项要素最为关键,对违约金数额的确定起着决定性作用,这属于当事人意思自治的范畴。衡量违约金是否过当时应挖掘出当事人主要关注的要素,根据具体情形对这项要素进行倾斜并作出判断。所以,笔者认为不存在确定以某一要素作为主要的标准的固定模式。

考虑债权人方的利益,主要指债权人因违约而遭受的损害等一切“与债权人之正当利益有关的情状”,①不以财产利益为限,对债权人非财产上的损害同样予以关注,特别是以追求精神上的利益满足为目的的合同。此外,受可预见性规则的影响,并非所有的所失利益均被承认,但所失利益毕竟是违约行为给债权人带来的利益状况的改变,故债权人在债务履行时所能获得的利益可以作为衡量违约金是否过高的一个标准。

考察债务人方面的因素,包括债务人的主观状态、债务人因违约是否存在获利以及债务人的经济能力。考察债务人的主观状态,即债务人是否恶意违约,这对违约金酌减有无影响?不少学者主张债务人故意违约金,违约金不酌减。② 笔者不赞同。债务人主观故意不能成为肯定高额违约金的理由。其一,酌减是在利益对比的基础上做出的,将按照约定计算出的违约金与债权人因违约所受损害、债务履行时债权人所得利益、债务人因违约而获得的利益进行比较。若依照约定的违约金条款双方的利益状况变动显著不公平,则有酌减的需要。单纯依据债务人故意违约就否定酌减,有太过片面之嫌。其二,债务人的主观故意有时难以证明,特别是在履行不能中,债务人对履行不能是否具有故意难以认定。考察债务人是否存在违约获利,效率违约时常有之,以一物二卖为例,若出卖人发现履行后转让合同的所得收益明显超过违反

---

① 黄茂荣:《债法通则—之三:债之保全、移转及消灭》,厦门大学出版社2014年版,第46页。

② 参见姚明斌:《违约金司法酌减的规范构成》,载《法学》2014年第1期;王洪亮:《违约金酌减规则论》,载《法学家》2015年第3期;罗昆:《我国违约金司法酌减的限制与排除》,载《法律科学(西北政法大学学报)》2016年第2期。

先转让合同所需承担的违约责任,出卖人可能选择不履行先转让合同。此时,应将债务人因履行后转让合同的所得利益考虑在内,判断惩罚性违约金对债务人而言是否不合理,此为平衡违约后双方当事人利益之需要。债务人的经济状况亦在考虑范围之内,为预防背约,当事人在缔结合同时可能约定负荷过重的违约金,完全适用违约金条款会给债务人造成巨大的负担时,有酌减之余地,特别是在当事人的经济地位本就不平衡的情况下。

2. 酌减的额度

赔偿性违约金的酌减原则上控制在实际损失的130%内,那么对惩罚性违约金而言,是否存在固定比例?理论上主要有以下几种观点:(1)适用或借鉴《合同法解释(二)》第29条第2款关于30%的比例规定。[①] (2)类推适用《担保法》第91条,不超过主合同标的额的20%。[②] (3)借鉴最高人民法院《关于审理商品房买卖合同纠纷案件适用法律若干问题的解释》和《消费者权益保护法》中有关惩罚性赔偿的规定,以合同标的额的一倍作为上限。[③] (4)以不超过合同未履行部分的价金总额为限。[④] (5)取消违约金酌减的固定比例,不将违约金的调整限定在一定范围内。[⑤] 笔者认为对惩罚性违约金的酌减不应设置固定比例进行限制,由法院根据违约行为的结果、当事人的过错、债务人的经济状况等因素自由裁量,以满足制裁违约行为的弹性要求。违约行为的出现意味着违约金的担保目的落空,此时违约金的事后制裁便是清算阶段所关注的,对违约行为惩罚的额度不应设置具体的数额限制,而应考察履行过程中的相关因素,具体定夺。此外,惩罚性违约金的效力也为不设固定比例提供了支撑。理论上一般认为惩罚性违约金的效力在于,债权人除得主张支付违约金外,其他因债之关系所应负的一切责任均

① 参见韩强:《违约金担保功能的异化与回归——以对违约金类型的考察为中心》,载《法学研究》2015年第3期。

② 参见韩世远:《合同法总论》(第3版),法律出版社2011年版,第658页。

③ 参见李东琦:《论惩罚性违约金的调整》,载《当代法学》2013年第6期。

④ 参见韦国猛:《违约金的调整问题》,载《人民司法》2007年第9期。

⑤ 参见孟勤国、申蕾:《论约定违约金调整的正当性与限度》,载《江汉论坛》2016年第7期。

不受影响，实务中亦有法院如此判决。[①] 既然惩罚性违约金不妨碍债务人原有的违约责任的承担（对债权人的履行利益进行救济），在债权人因违约而遭受的损失已经得到赔偿的前提下，惩罚性违约金则侧重于其制裁功能的实现，而这可以根据具体的违约行为进行处理，没有必要设定限制。

四、结语

违约金兼具赔偿和担保的双重功能，可划分为赔偿性违约金与惩罚性违约金两种类型。基于事先确定的效力，二者以不调整为原则，调整为例外，仅在违约金过高或过低时，有调整之需要。赔偿性违约金作为损害赔偿的总额预定，其调整以《合同法》第114条第2款和《合同法解释（二）》第29条为依据，违约金的数额是否合理以及如何调整均以违约造成的损害为主要参照标准，同时兼顾当事人的过错程度、合同的履行情况等因素；惩罚性违约金以确保债务履行为主要目的，影响债务人履约的要素可能均在当事人的考虑范围之内，例如债权人因违约可能遭受的损害、债务人因违约可能获得的利益、债务人的过错程度、合同的履行情况等，当事人可能出于对某项要素的着重关注而约定高额违约金，此时这项要素便成为裁量的主要参照，实践中需要根据具体情形对此要素进行倾斜并作出判断，并不存在以某一要素作为主要的标准的固定模式，当惩罚性违约金过当时，其调整范围亦无上限，此区别于赔偿性违约金调整的30%的比例限制。

① 在"曹县谷丰粮食购销有限公司与佳木斯市惠农谷物专业合作社其他合同纠纷"中，法院判决违约方赔偿相对方的租赁费、入库费、保管费、利润、垫付资金及利息等损失，同时支付约定的违约金。参见最高人民法院（2014）民二终字第135号民事判决；在"吴某某、李某某与梁某某、宋某某、王某某股权转让合同纠纷"案中，债务人迟延付款，法院同时肯定了债权人的违约金请求权和利息请求权，参见最高人民法院（2016）民终51号民事判决；在"山西华晋纺织印染有限公司、上海晋航实业投资有限公司与戴某合资、合作开发房地产合同纠纷"案中，法院同时肯定违约金和利息请求。参见最高人民法院（2015）民一终字第72号民事判决。

On the Adjustment of Liquidated Damages

Jiang Tingting

Abstract: Under the background of recognizing the division of compensatory liquidated damages and punitive liquidated damages, the adjustment of liquidated damages mainly revolves around these two types. The purpose of two kinds of liquidated damages is different, and the adjustment should be differentiated. Compensatory liquidated damages are the total amount of damages intended for the main purpose of making up for the damages. The liquidated damages may be deducted only if the liquidated damages deviate excessively from the losses caused by default, and the difference should be controlled within 30% of the losses in principle. The main purpose of punitive liquidated damages is to ensure the debt performance. Whether it is excessive or not and whether it should be reduced according to the law should be decided based on a variety of factors. There is no fixed main reference factor and there is no upper limit for the reduction.

Keywords: liquidated damages; compensatory liquidated damages; punitive liquidated damages; adjustment

夫妻一方擅自损毁共有体外胚胎的司法对策
——全国首例男方废弃冷冻胚胎侵权赔偿案释评

扈 艳*

摘 要:本案判决确认了人的体外胚胎不具有法律主体地位,是蕴含精神利益的伦理物的观点,正视了男女生育问题上的差异,体现了对女性合理的倾斜性保护,彰显了对实质平等的追求,并关注了自然生殖与人工辅助生殖的关系。体外胚胎是夫妻二人共同共有伦理物,夫妻二人具有决策权、维持权与救济权,且均负有维持其性能完整的义务。本案中男方废弃冷冻胚胎的行为并非对女方身体权、健康权和生育知情权的侵害,而是对其二人共有的伦理物的损毁,给女方造成了精神损害,并侵害了女方的一般身份利益,二者最终均落实为精神损害赔偿。理论释评在新兴权利形成中主要发挥审视裁判方案合理性、完善处置方案学理阐释和进行理论构造的作用。

关键词:体外胚胎;伦理物;共有;精神损害;新兴权利

2018年2月,全国首例男方废弃冷冻胚胎侵权赔偿案①判决生效,引起了媒体的广泛报道和社会民众关注。该案是继无锡冷冻胚胎继承案②后,人民法院对人的体外胚胎法律地位、处置规则及相关人身权法律问题进行的又一探索,是该领域的又一典型案件,案件裁判结果也在

---

* 中国人民大学法学院2017级博士研究生。

① 参见(2017)苏0102民初4549号民事判决。

② 参见(2014)锡民终字第01235号民事判决。

一定程度上反映了我国一线法官对于该问题的处置偏好。“人格权是判例法”,[①]纵观我国人格权权利保护和发展的历程,司法保护在我国人格权保护中发挥着重要作用。[②] 在一定程度上,我国人格权法在演进中表现出的发展性和司法依赖性,使人格权领域成为我国新兴权利发展和改进、试验具有中国特色的判例制度最具潜力的领域之一。相较于前置性的、具有更高程度的稳定性要求的立法行为,司法实践作为主体行为后置的直面纠纷矛盾与利益衡量的环节,在新兴权利的形成过程中天然具有发挥更大能动性的可能。

一、本案基本案情与裁判梗概

原(男方)、被告(女方)于 2010 年 9 月 19 日登记结婚。婚后,被告随原告到美国陪读。2014 年年底,双方合意在美国某州立医院做了辅助生殖手术,从被告身上提取了 13 个卵子,经人工授精存活 6 个胚胎,移植了其中的 1 个胚胎,因被告流产而未能怀孕成功。其余 5 个胚胎,双方委托美国某州立医院储存保管。根据双方与医院签订的知情同意书的约定,每半年需要续费一次。2015 年 2 月,被告离开美国回到国内工作,双方开始分居。2016 年 3 月,原告对婚姻感到失望而停止续费,最终导致 5 个胚胎被损毁。2016 年 7 月 19 日,原告诉请离婚,双方发生纠纷。

法院认为本案中,男方在离婚过程中在女方不知情的情况下擅自将二人共同储存于国外的冷冻胚胎通过不续费的方式进行废弃,法院裁判认定其擅自废弃冷冻胚胎的行为侵害了女方的身体权、健康权和生育知情权,并因胚胎是“带有情感因素特殊的物”认定女方存在精神

① 张红:《人格权总论》,北京大学出版社 2012 年版,第 1 页。

② 最高人民法院于 1989 年颁布《关于死亡人的名誉权应依法保护的复函》,1993 年颁布《关于审理名誉权案件若干问题的解答》,2001 年颁布《关于确定民事侵权精神损害赔偿责任若干问题的解释》,2003 年颁布《关于审理人身损害赔偿案件适用法律若干问题的解释》,2014 年颁布《关于审理利用信息网络侵害人身权益民事纠纷案件适用法律若干问题的规定》,同年公布 8 起利用信息网络侵害人身权益典型案例,2016 年公布四起“狼牙山五壮士”等保护英雄人物人格权益典型案例。最高人民法院通过颁布司法解释和公布指导案例、典型案例等形式在我国人格权法立法相对薄弱的现实下,为我国人格权保护我国民事主体人格权的全面实现做出巨大贡献。

上的损害,最终女方获赔3万元[①]。

二、本案裁判亮点评析

本案被称为全国首例男方废弃冷冻胚胎侵权赔偿案,我国司法实践中并没有相当的前例以供参考,该案的裁判本身也是一种探索,我们应以相对宽容的态度理性对待,笔者认为本案裁判有以下方面值得肯定。

(一)对人的体外胚胎为“物”的法律地位认定

判决在裁判理由中认定女方存在精神损害时做了如下表述“本院认定原告废弃胚胎构成侵权,因胚胎为带有情感因素特殊的物,被告还存在精神上的损害”。明确表明了确认人的体外胚胎为“物”的司法态度。这种判断是正确的。关于人的体外胚胎的法律地位的讨论是伴随人工辅助生殖技术的发展和推广应用进行的,尤其是2014年的无锡冷冻胚胎继承案,引发了学界对于冷冻胚胎法律地位的讨论和对域外经验的梳理。

1.学理观点与域内外处置方案

理论上,对于人的体外胚胎法律地位的认定从逻辑周延的考虑出发可以有“主体说”、“客体说”和“中间体说”三种认识。

主体说是指人的体外胚胎应具有法律上的主体地位,不能作为被处置的对象。这将意味着胚胎来源人无权对胚胎进行处置,一旦体外胚胎形成,就应尊重其存在并将其培育至活体。这种学说力求在最大程度上尊重每一个可能“生而为人”的可能,但由于对体外胚胎本身物理属性的认知不足,故该学说并未在国内学界和实务界获得支持,仅在部分国家的部分判例中有所体现,且在一定程度上不排除宗教原因。

客体说是指应将人的体外胚胎认定为“物”,但由于胚胎本身蕴含人身利益,应认定为特殊的物。这种学说在我国目前的研究中占据主流,其中,曾有教授于之前提出过“物格”的概念,[②]并对民法上的物进行

---

① 参见(2017)苏0102民初4549号民事判决。

② 参见杨立新、朱呈义:《动物法律人格之否定——兼论动物之法律“物格”》,载《法学研究》2004年第5期。

类型化的区分，即“民法上的物分为伦理物、特殊物和普通物三个类型，在伦理物中，包括人体变异物，即脱离人体的器官和组织、尸体以及医疗废物”。[①] 在此分类中，人的体外胚胎应被认定为伦理物。与此价值判断结论相同的，有学者提出应该按照物是否具有特殊的自然属性为第一标准，将物分为一般物和广义特殊物；按照物是否具有生命属性为第二标准，将广义特殊物分为生命伦理物和狭义特殊物。[②] 在此分类中，人的体外胚胎即为生命伦理物。同时，人格物概念的提出及其类型化也可以将人的体外胚胎纳入物的认定范围。[③] 由此可见，支持客体说的学者将人的体外胚胎认定为物，强调的是不应将其认定为“人”，因为无论在物理属性还是我国伦理文化传统上，体外胚胎尚不具备主体特征。但这不意味着其忽视了体外胚胎所蕴含的可能发展为人的人身利益。相反的，支持客体说的学者多认为体外胚胎具有生物人的整套遗传基因，具有孕育成自然人的潜在可能性，[④]支持对伦理物的处置应区别于普通物和特殊物，倾向于更谨慎克制有利于生命存在的态度。[⑤]

本案判决“带有情感因素特殊的物”的表述和无锡冷冻胚胎案一审判决“含有未来生命特征的特殊之物”的表述都明确支持了这种学说。同时，法国法的处置模式也支持了这种理论。在法国，因其天主教宗教传统影响，自愿堕胎并不是一项绝对权利，即使在这样的文化背景下，其亦通过判例认定人的冷冻胚胎是物，是具有“生物学意义上的人”特征的特殊物，不具有法律主体地位。[⑥] 在日本，学者对人体胚胎法律地位的讨论并不充分且多将其纳入人体组成部分予以讨论，但是其争论点在于其是所有权客体还是人格权客体，即无论取何种观点冷冻胚胎

---

① 杨立新：《人的冷冻胚胎的法律属性及其继承问题》，载《人民司法》2014 年第 13 期。

② 参见霍原、崔东、张衍武：《脱离人体的器官和组织之法律属性及权利归属》，载《医学与哲学》（人文社会医学版）2011 年第 12 期。

③ 参见冷传莉：《论民法中的人格物》，法律出版社 2011 年版。

④ 参见李娜玲：《关于冷冻胚胎的法律属性和处分难题研究》，载《政法论丛》2016 年第 3 期。

⑤ 参见杨立新：《人的冷冻胚胎的法律属性及其继承问题》，载《人民司法》2014 年第 13 期；杨立新：《一份标志人伦与情理胜诉的民事判决——人的体外胚胎权属争议案二审判决释评》，载《法律适用》2014 年第 11 期；赵玲：《辅助生殖领域法律空白亟待填补》，载《人民法院报》2014 年 5 月 20 日；孙良国：《夫妻间冷冻胚胎处理难题的法律解决》，载《国家检察官学院学报》2015 年第 1 期。

⑥ 参见叶名怡：《法国法上的人工胚胎》，载《华东政法大学学报》2015 年第 5 期。

均为客体,加之日本医疗实践中支持以知情同意的方式处理冷冻胚胎的保存和废弃的方式,基本可以认定日本模式在理论上亦采客体说。[①]

中间体说是指应将人的体外胚胎认定为人和物之间的过渡状态,既不是人也不是物。[②] 该种观点认为体外胚胎不是人,但是应受到特殊的尊重,因为它是一种在基因上独特的、存活的人类实体,可能发展为人,这种学说在英美法的理论中占主导,并在诸多判例中得到支持。[③]我国无锡冷冻胚胎继承案二审也通过"胚胎是介于人与物之间的过渡存在"的表述支持了这种观点。

2. 处置方案的实质共识可以被伦理物的观点承载

伦理物说和中间体说并不存在实质的差异,他们的价值判断结论是基本一致的,即体外胚胎不是"人",但也不是普通的物。相较于伦理物说,中间体说其实主要质疑的是人—物二分的认知模式。他们所谓的体外胚胎"不是人也不是物"的观点,其实是在表达体外胚胎既不是"传统意义上典型的人",也不是"传统意义上典型的物",是存在于人—物二分模糊地带的中间体。但是这种概念厘定上解释选择的差异,并不影响价值判断结论的一致性和相关规则设计价值支撑的共鸣。相较于权利概念的确认,权能的确认更具有本源性,处置方案的差异才是关涉当事人利益的实质差异,理论构建属于解释选择问题,不影响价值判断结论的得出。将体外胚胎认定为伦理物,意味着对其的规则设计应遵循一般对物的处置规则,如可继承、可处分,但是因为其蕴含人身利益,所以不应认可其本身具有经济价值并应通过制度设计严格限缩继承和处分的可能。将体外胚胎认定为中间体,意味着其处置规则不应完全相同于人也不能完全相同于物,从美国的处置模式规则实践来看,主要存在合同模式、同时合意模式和利益衡量模式三种,[④]体外胚胎实

① 参见周江洪:《法制化途中的人工胚胎法律地位——日本法状况及其学说简评》,载《华东政法大学学报》2015 年第 5 期。

② 参见刘士国:《中国胚胎诉讼第一案评析及立法建议》,载《当代法学》2016 年第 2 期。

③ 参见李昊:《冷冻胚胎的法律性质及其处置模式——以美国法为中心》,载《华东政法大学学报》2015 年第 5 期。

④ 同上。

际上也被作为了处分的标的,在实际的法律效果上与持客体说设计出的处置规则并无实质不同。英美法理论上采中间体说,并不意味着其禁止对胚胎进行继承和处分,是英美法的传统决定了其对规则设计和法律后果的重视一般重于对概念层面的属性确认的结果。在此意义上,伦理物的观点基本体现了上述处置方案的实质共识。对于新兴客体处置方案的争议,理论讨论的意义在于清晰地重述并分析司法处置,固化司法判决的力量。

同时,将体外胚胎认定为伦理物的观点尊重了体外胚胎的物理属性与客观技术需求。根据生物学常识,胚胎是专指有性生殖而言,雄性生殖细胞和雌性生殖细胞结合成为合子之后,经过多次细胞分裂和细胞分化后形成的有发育成生物成体能力的雏体。一般来说,卵子在受精后的 2 周内称孕卵或受精卵,受精后的第 3 ~8 周称为胚胎。受精后 26 ~30 小时开始卵裂,有 16 ~32 个细胞时开始称为桑椹胚,第 4 ~5 天时,形成早期胚泡,泡开始侵入子宫内膜,11 ~12 天完成植入,体外胚胎的形成与植入也遵循上述规律。[①] 所以我们所讨论的体外冷冻"胚胎"在生物学上指的是植入之前一般处于桑椹胚或者配囊胚阶段的早期胚胎,国外也有将其称为前胚胎的说法。[②] 如果说处于 3 ~8 周之间的胚胎因逐步具备人之特性而存在讨论其是否有作为主体的可能,[③]那么体外胚胎距离成为人还有相当一段距离,其物理属性就决定了其应被划为物之范畴。

此外,将体外胚胎认定为伦理物进而继续贯彻人—物二分的认知模式并无显著弊端,作为客体的"人格—财产"的历史脉络。[④] 二分法认知模式的优势在于逻辑的周延与体系的稳定,同时具有较低的认知成本和知识传播成本。而二分带来的边界附近领域的模糊是物质存在反

① https://baike.baidu.com/item/%E8%83%9A%E8%83%8E/15421816?fr=aladdin,2018 - 3 - 12.

② 参见李昊:《冷冻胚胎的法律性质及其处置模式——以美国法为中心》,载《华东政法大学学报》2015 年第 5 期。

③ 即便如此现有学说亦不支持将此阶段的胚胎认定为人。

④ 参见陈传法:《人格财产及其法律意义》,载《法商研究》2015 年第 2 期。

应在认知中的必然，对此完全可以通过设计例外的方式来保证价值判断结论的实现，不必徒增学说上的繁杂与受众的认知负担。

（二）正视了男女在生育问题上的差异，彰显了对实质平等的追求

在之前无锡的体外胚胎继承案的释评中有学者曾提及，“事实上，检验一个民事裁判是否符合法律规定，实际上有一个更为抽象的标准，那就是裁判结果是否违反人伦情理”。[①] 本案判决在说理部分反复强调“女方为妊娠、分娩较男方承担了更多生理风险及心理压力”，并最终做出了对女方合理倾斜性保护的判决，这种兼顾情理追求实质平等和实质正义的做法是值得肯定的。正如判决中所提及的，这种价值判断取向与最高人民法院《关于适用〈中华人民共和国婚姻法〉若干问题的解释（三）》［以下简称《婚姻法》司法解释（三）］第9条[②]规定的女方擅自终止妊娠不侵害男方生育权的理念一脉相承。在自然生殖过程中，女方在妊娠期间负担了更大的生理负担，以及可能产生的对工作有负面影响的社会压力，并承受了生殖本身的疼痛与风险；在人工辅助生殖中，除上述之外，女方还需承担取卵所带来的风险与痛苦。无论是财产关系还是身份关系，权利义务的配置均应遵循基本的平等原则，男女生育过程中的客观差异应该被正视。

同时，关于《婚姻法》司法解释（三）第9条的解读也引发了新的问题，即既然女方有权擅自终止妊娠，男方是否也有权利擅自废弃体外胚胎以维护生育权的平等性呢？答案是否定的。第一，《婚姻法》司法解释（三）第9条对于女性的保护至少有两个层面，一方面是对女方生育自由的维护，即女方拥有不生育的自由；另一方面是对女方自身人身利益的保护，因为生育行为本身会给女方带来上述风险与痛苦，所以女方在生育行为中拥有当然的终止的权利。第二，体外胚胎得以形成本身体现了男女双方至少在胚胎形成之时具备合意，任何在此之后的意愿

---

① 杨立新：《一份标志人伦与情理胜诉的民事判决——人的体外胚胎权属争议案二审判决释评》，载《法律适用》2014年第11期。

② “夫以妻擅自中止妊娠侵犯其生育权为由请求损害赔偿的，人民法院不予支持；夫妻双方因是否生育发生纠纷，致使感情确已破裂，一方请求离婚的，人民法院经调解无效，应依照婚姻法第三十二条第三款第（五）项的规定处理。”

变更均应与对方充分协商。若协商无果，女方有擅自终止妊娠的权利，原因如上所述，而男方并不能强迫女方终止妊娠，否则将视情节不同造成对女方人身权益不同程度的侵害。第三，生育权是人格自由的延展，是一种自主决定的类型，[①]男方的生育自由应得到平等保护，笔者认为，在胚胎形成后，男方反悔而女方执意生产，可以通过免除男方法定身份关系与抚养义务的方式对其生育权进行保护。

（三）关注了自然生殖与人工辅助生殖中的不同损害

本案判决在论证中关注了自然生殖与人工辅助生殖的关系，指出虽然“人类辅助生殖和自然生殖适用相同的法律，具有同样的法律效果”，但是两种生殖方式对女性的可能产生的损害不同，这种区分是值得肯定的。根据我国《人类辅助生殖技术管理办法》第 24 条的规定，[②]我国现在的人工辅助生殖技术分为人工授精和体外受精—胚胎移植技术两种，自然生殖与人工辅助生殖技术上的差异决定了在胚胎移植的技术实施过程中可能发生的侵权形态的差异。以本案为例，如果在自然生殖的情况下，胚胎形成之后，除非通过暴力侵害，男方几乎是没有机会左右胚胎的状态；但在人工辅助生殖的情况下，男方就有了左右胚胎状态的机会，本案纠纷才有可能得以发生。这种客观上可能性的出现，恰恰说明了在人工辅助生殖情况下，胚胎状态与女性的人身利益出现了一定程度的分离，而这种分离也再次佐证了应将胚胎认定为伦理物的观点，同时这也进而引发了损害体外胚胎是否还是对女方人身利益损害的疑问。

三、本案裁判仍需斟酌之处

本案判决将赔偿损失的理由判定为对男方行为对女方身体权、健康权和生育知情权的侵害，笔者认为这是不妥当的。

（一）关于侵害身体权、健康权的认定有误

根据《民法总则》第 110 条规定，自然人享有身体权和健康权。具

① 参见王泽鉴：《损害赔偿》，北京大学出版社 2017 年版，第 147 页。

② 《人类辅助生殖技术管理办法》第 24 条规定：“本办法所称人类辅助生殖技术是指运用医学技术和方法对配子、合子、胚胎进行人工操作，以达到受孕目的的技术，分为人工授精和体外受精—胚胎移植技术及其各种衍生技术。”

体而言，学界通说认为身体权是指维护其身体组织器官的完整性并支配其肢体、器官和其他组织的权利，[①]表现为对身体组织器官的支配。[②]健康权是公民以其身体的生理机能的完整性和保持持续、稳定、良好的心理状态为内容的权利，[③]其客体是人体器官及系统乃至身心整体的安全运作，以及功能的正常发挥。[④] 在本案中，判决的论证逻辑是，由于男女生理上的差异，相较于取精，女方取卵过程伴有风险和痛苦，对身体有负面影响，所以女方是为了能够成功生育的结果才自愿承受这些痛苦和风险的。而男方擅自废弃冷冻胚胎的行为，使女方成功生育的愿望落空，这就使女方之前愿意承受的痛苦和风险变成了没有结果的付出，男方行为性质可以类比于强迫女方堕胎，二者只是在损害发生的时间上有所不同，所以男方行为造成了对女方身体权和健康权的侵害。但是，这样的论证是不够科学全面的。

对于侵权责任的认定应该按照侵权责任的构成进行。具体而言，本案属于一般侵权案件，应适用过错原则。男方的侵权行为是擅自损毁其与妻子共有的冷冻胚胎的行为，据前文所述，由于人工辅助生殖技术导致的胚胎状态和女方人身利益一定程度上的分离，这是该行为区别于强迫堕胎行为的重点所在，男方损毁冷冻胚胎行为本身并不会对女方的身体权和健康权造成损害。该行为造成的损害后果是冷冻胚胎的损毁，由于冷冻胚胎是蕴含了精神利益的伦理物，所以在此意义上，该行为的损害后果是对物的损害以及对女方造成的一定程度的精神损害，但该损害并非侵害身体权和健康权意义上的损害。至于裁判中提及之理由，第一，诚然女方在取卵过程中承受了大于男方的痛苦和风险，但是同样作为完全民事行为能力人，女方在实施该技术前也应充分预期该技术的风险以及自己即将承受的痛苦，做出谨慎的决定。进行人工辅助生殖的决定是男女双方二人共同做出的，在一定程度上，我们

① 参见杨立新：《人身权法论》，人民法院出版社2002年版，第398页。

② 同上书，第399页。

③ 参见王利明主编：《人格权法新论》，吉林人民出版社1994年版，第288页。

④ 参见杨立新：《人格权法》，人民大学出版社2016年版，第170页。

可以理解为女方对于痛苦和风险的预期已经消融于进行人工辅助生殖的决定之中。否则,任何使得生育愿望无法实现的任何行为都有可能被归入到损害女方身体权和健康权的范畴,这显然是与现实不符的。第二,如果男方在胚胎形成前,实施了强迫女方进行人工辅助生殖技术的行为,才是典型对女方身体权和健康权造成损害的行为,而本案中男方实施的是损毁体外胚胎行为,与此有本质不同。第三,男方反悔生育变更意愿引发的损毁体外胚胎的行为的确造成了女方生育愿望的落空,但是该落空并不足以成为回溯女方身体健康损害的理由,因为男方后来意愿的改变不会改变女方在技术实施时自愿接受的痛苦和风险的现实,若认可回溯规则,则为男方苛以了与其行为不相匹配的责任。简举一例,若女方因男方喜欢双眼皮而通过手术将自己原本的单眼皮割成了双眼皮,手术实施后,男方改变了喜好转而喜欢单眼皮,那么女方难道可以要求男方承担因男方意愿变更而导致的女方取悦目的落空而承担因双眼皮手术而带来的风险和痛苦吗?这显然是不合理的。第四,男方损毁体外胚胎的行为的确造成了女方精神上的痛苦,但是根据伦理物的赔偿规则,女方精神上的痛苦可以在伦理物损毁引发的侵权责任中得以赔偿,如果再主张身体权和健康权的损害,则有双重赔偿之嫌。综上所述,本案判决认定男方行为侵害女方身体权和健康权是不妥当的。

(二)关于生育知情权的认定有调整空间

目前,我国立法上尚未有对"生育知情权"的表述,仅在少部分案例的判决中有相关表达。[①] 在学理上,生育知情权从属于生育权,是生育权得以实现的前提性保证。在我国,根据以人格发展为目的,自然人有权自行决定控制和塑造人格的"自我决定权"理论,[②]生育知情权及其附属的生育权也可被纳入其中。生育权是人格权的一种,在我国台湾地区,学者认为其是因社会发展扩大人权保护范围而具体化的权利,是一

① 截至 2018 年 3 月 9 日,通过北大法宝案例库全文检索"生育知情权"仅共有案例 20 个。

② 参见杨立新:《人格权法》,中国人民大学出版社 2016 年版,第 127 页。

种自主决定的类型。[①] 本案判决中的表述为“生育知情权是指生育主体对与自身生育相关的信息所具有的了解权利”。在我国，法官并无创造法定权利的权力，但是法官可以通过自由裁量选择通过司法确认需要被保护的利益，并逐步通过案例固定下来。本案中，法官对于“生育知情权”的创设目的在于保护自然人在生育过程中的知情权，强调男方就体外胚胎的处置负有和女方进行协商的义务，否则将侵害女方的生育自由，这在广义上属于自我决定权的范畴，根据我国现行法可以通过一般人格权的途径予以保护。同时，对于所谓“生育知情权”的侵害，其后果归根结底是对于生育权的侵害，实质上是限制了自然人延续后代的可能，所以，在此意义上，可以将其调整认定为对自然人一般身份利益的侵害。

四、共有伦理物的侵权及共有胚胎的应然处置规则

本案宜认定为对伦理共有物和一般身份利益的侵害，具体落实为精神损害赔偿。关于一般身份利益的侵害上文已述，以下主要分析对共有伦理物的侵害及其共有胚胎的处置规则。

（一）体外胚胎为生育双方共同共有的伦理物

在将体外胚胎属性认定为伦理物的基础上，不难确认该胚胎应为生育双方，即提供生殖细胞的双方所共同共有。主要原因有，第一，体外胚胎是生育双方提供的生殖细胞合成的，虽然医疗机构在胚胎形成中发挥了几乎完全的技术作用，但由于体外胚胎具有极强的人身属性，胚胎的所有权仍应归属生育双方。即使是持主体说的学者，也支持生育双方对体外胚胎享有支配处置的权利。[②] 第二，体外胚胎在属性上不具备按份共有的可能。有学者指出，可以根据精子和卵子的价值高低决定生育双方对体外胚胎享有的份额，一般而言卵子的数量较少且获取比较复杂，除精子中含有特定珍贵基因外，卵子的提供者应该获得更高的所有权份额。[③] 笔者认为这种看法是不妥当的，首先精子和卵子在

① 参见王泽鉴：《损害赔偿》，北京大学出版社 2017 年版，第 157 页。

② 参见张保红：《论人体构成与分离部分的法律地位》，载《社会科学》2015 年第 6 期。

③ 参见王利明：《民法学》，中国人民大学出版社 2003 年版，第 143 页。

胚胎形成中发挥的效用是相同的，是缺一不可的，无法区分其价值高低；其次，精子和卵子脱离人体后依然属于蕴含人身利益的物，从其属性上就无法判断其孰贵孰贱；最后，胚胎一旦形成，其本身就是一个独立的物，根据其不可分且无法确认形成贡献份额之时，应认定生育双方对其共同共有。第三，由精子和卵子结合形成的体外胚胎，可以看作二者形成的混合物，根据物权法原理，应认定生殖细胞提供者对其共同共有。[①] 第四，根据我国物权法理论，共同共有一般以共有人之间存在共同关系为前提，[②]而生育双方绝大多数之间的身份关系满足这一前提。综上，应将体外胚胎认定为生育双方共同共有的伦理物。

（二）体外胚胎共有人权利义务的应然配置

各国对于冷冻胚胎处置规则的模式不同，最终体现在胚胎共有人的权利义务配置上以及权利冲突之后的优先顺序上。根据我国《物权法》关于共同共有的规定，[③]共同人对共有物的全部享有平等的权利，承担平等的义务，对外承担连带责任。[④] 具体至体外胚胎而言，这种权利义务配置的平等至少应体现在：

决策权的平等。这既包括双方在决定实施人工辅助生殖技术前的决策权平等，这是双方生育权平等的延伸也是双方共同共有体外胚胎的基础。决策权的平等还主要包括双方对于胚胎处分权的平等，这意味着胚胎共有人就胚胎的移植与废弃等事项互负决策前告知协商，取得共识后方可处分的义务。若双反就是否启用胚胎形成分歧，男方不得通过暴力或其他手段强迫女方植入胚胎受孕，否则将构成对女方生育权和身体权、健康权的双重侵犯；同样的，女方亦不得在未经男方同意的情况下擅自植入胚胎，否则亦构成对男方生育权的侵害。若双方就是否废弃胚胎产生分歧，由于人工辅助生殖技术的繁复性、胚胎废弃后的不可逆性以及胚胎蕴含人身利益的特殊性，笔者认为应持谨慎限

---

① 参见杜换涛：《民法视角下冷冻胚胎的法律属性与处分规则》，载《苏州大学学报》（哲学社会科学版）2016 年第 4 期。

② 参见梁慧星、陈华彬：《物权法》，法律出版社 2016 年版，第 220 页。

③ 《物权法》第 95 条规定：“共同共有人对共有的不动产或者动产共同享有所有权。”

④ 参见梁慧星、陈华彬：《物权法》，法律出版社 2016 年版，第 220 页。

制处分的原则，即只有双方达成合意时才能决策废弃胚胎，否则任意一方的擅自损毁均构成对共同共有物的侵害，本案男方的行为就属于此种类型。需要注意的是，双方未达成废弃胚胎合意的情况下，并不意味着该胚胎可以依照不废弃方的意见当然植入，如前所述，胚胎植入亦需要经过生育双方的同意，这是对双方生育权的尊重。在此情况下，只能将胚胎在体外继续保存，该维续费用一般应由不同意废弃方承担。具体而言，在婚姻存续期间，夫妻二人出现意见分歧，在胚胎的情况与处置方式如表1所示：

表1　婚姻存续期间夫妻不同意见对胚胎的处理情况

时间	生殖方式	男方不同意	女方不同意
胚胎形成前	自然生殖	无法生育	无法生育
	辅助生殖	无法生育；强迫取精侵害生育权、身体权、健康权	无干涉可能，无法生育；强迫取卵侵害生育权、身体权、健康权
胚胎形成后	自然生殖	无干涉可能；暴力强迫流产对女方侵权	自行流产，对男方不构成不侵权
	辅助生殖	侵害共有物	侵害共有物，但仍可自行流产

维持权的平等。体外胚胎作为双方生命信息的载体，其最重要的使命就是在双方合意的情况下可以为其延续后代。所以，体外胚胎共有人均负有为维持体外胚胎性能完整的义务。在体外胚胎出现的危险时，双方均负有挽救并继续维持其完整性的义务。这既体现了对双方生育权的尊重，也体现了对生命本身的尊重，违反该义务即构成对共有物的侵害。

救济权的平等。当胚胎发生损毁时，男女双方享有平等的救济权，均可向损毁胚胎的第三人或者对方请求赔偿。另需说明的是，基于体外胚胎蕴含人身利益的极端特殊性，在实践中，以上所涉及的共有人的意思表示均应以明示进行；在表示不明的情况下，向有利于胚胎存续的方向解释。另需注意的是，在男女双方解除身份关系后，按照一般物权法理论双方共有关系则解除，共有人任意一方具有共有物分割请求权，有权请求分割共有物，但体外胚胎所蕴含的人身性并不允许当事人对其进行分割，在二者意见冲突时应侧重于主张废弃胚胎方权利的优先实现。

（三）一方擅自损毁共有体外胚胎的赔偿主要落实为精神损害赔偿

生育一方擅自损毁共有体外胚胎的赔偿范围与该行为造成的损失范围有直接关联。如前所述，一方擅自损毁共有胚胎的行为宜认定为对共有伦理物的损毁和对女方一般身份利益的侵害，这意味着，该行为造成的损害至少包括对共有伦理物损害和一般身份利益损害两个方面。其中，对于共同伦理物的损害又可以分解为两个部分，一部分为对伦理物物之属性的物理存在的损害，一部分为对该物所蕴含的人身利益的损害。具体而言，此类案件中即指对胚胎本身的损害以及对女方因胚胎损毁而造成的生育愿望的落空，进行人工辅助生殖措施所忍受的疼痛与风险以及对胚胎本身的情感寄托等，这些都可归入伦理物灭失的后果之中。而所谓一般身份利益的损害主要是指男方行为导致的女方再生育机会的丧失，损害的是女方延续后代的身份利益。

根据损害赔偿原理，损害赔偿法所保护的利益可以分为完整利益与价值利益，完整利益是指恢复损害发生前状态的利益，旨在除去权益所受侵害所生的损害，是损害赔偿法的基本目的，其赔偿方法有二，恢复原状原则，请求恢复原状所必要的金钱。[①] 但在生育一方擅自损毁共有体外胚胎的案件中，这两种赔偿方式均无用武之地。这是因为该行为造成的损害，既无法恢复原状也无法用金钱衡量恢复原状的价值。对于该行为造成的两类损害后果，均需落实为精神损害的赔偿：对于共有伦理物的损害，胚胎本身不具有经济价值，所以损害赔偿落实在了因该物灭失给女方造成的精神痛苦和精神利益的减损丧失[②]之上；对于一般身份利益的损害，其赔偿方式也只能转换为精神损害的赔偿。

对于精神损害赔偿数额的确定，我国现在一般有概算原则（用于纯

① 参见王泽鉴：《损害赔偿》，北京大学出版社 2017 年版，第 113 页。

② 参见杨立新主编：《侵权责任法》，复旦大学出版社 2016 年版，第 205 页。

精神利益损害的赔偿和精神痛苦的抚慰金的计算）、比照规则（现行立法对于精神损害赔偿金计算已有明确规定）、参照规则（用于确定精神利益中的财产利益损失数额）以及全部赔偿规则（用于侵害人身利益而造成的直接财产利益的计算）四种，[①]生育一方擅自损毁共有体外胚胎造成精神损应适用概算原则。在概算原则的适用中，至少应该考虑的因素有损毁一方的过错程度、受害人的精神损害程度、双方的实际经济状况等。其中，对于受害人精神损害程度的确定又应至少考虑女方的情感投入、为该人工辅助生殖技术所做的实际付出、双方的感情状况以及女方的实际年龄与再生育可能性等。

五、余论：司法实践与理论释评在新兴权利形成中的作用与互动

胚胎相关权利是近年来新兴权利讨论中的热点话题，相较于前置性的、具有更高程度的稳定性要求的立法行为，司法实践作为主体行为后置的直面纠纷矛盾与利益衡量的环节，在此类新兴权利的形成过程中天然具有发挥更大能动性的可能。

司法实践对于新兴权利形成的推动作用主要集中以下三个方面：一是具体确认受法律保护的利益范围。新兴权利的形成是一个现实生活中具有争议或者新兴出现的利益（利益类型）逐渐被法律认可保护并不断固化的过程，司法行为在此过程中首先扮演初始确认的角色，解决的是该新兴利益是否应该得到法律保护的问题。二是针对新兴利益保护提出具体的处置方案和模式。在确定某种权利类型应得到保护的前提下，通过何种具体方案实现权利的保护目的是司法行为中极具技巧和魅力的环节。于本案而言，在夫妻一方擅自损毁共有胚胎之后，对对方是通过物之保护还是精神损害赔偿的保护抑或二者并行，其在最终赔偿结果上具有实质差异。对于权利实现方案的构造是司法处置的核心环节，直接关涉当事人的切身利益与诉讼体验。三是抽象塑造特定的价值判断取向。具体处置方案的背后是利益衡量的支撑，利益衡量差异的背后是价值判断取向的差异。所谓新兴权利，其之所以得以兴

---

① 参见杨立新主编：《侵权责任法》，复旦大学出版社2016年版，第212页。

起，其背后起驱动力量的也是特定群体的特定利益需求。

理论释评在新兴权利形成中发挥的作用多是在和司法实践互动的过程中得以发挥的。司法行为针对个案做出，是针对特定事实适用法律的过程，“就事论事”的要求在一定程度上限制了其更具体系性与深刻性说理作用的发挥。同时，由于司法行为的核心是提供恰当的处置方案，而至于为什么适用该种方案？此方案与彼方案之间的优劣区别为何？此种处理方案会带来怎样的体系性影响？对于这些理论问题的梳理与延展，司法判决的作用是也应该是有限的。由此，理论释评在与司法实践互动过程中主要发挥三方面的作用：一是以现行法和理论体系为标准，审视裁判处置方案的合理性。二是为裁判给出的处置方案找到合适的理论依托并进一步深挖和体系化，更系统全面地阐释裁判给出的处置方案的学理基础。三是基于现有处置方案辨别、甄选并类型化相关理论构造，以应对更多元的实务类型。对于本案中涉及的对于体外胚胎利益保护的问题而言，是通过确认胚胎为人或过渡为人的状态从而保护其人之利益，还是确认其为具有人格利益的伦理物从而保护其从属之人的人格延伸利益就是一种理论构造差异。而何种理论建构更能够体现文化价值共识，更契合我国既有的学科理论和社会现实，则是甄选理论构造的重要标准。

The Judicial Disposal of Unauthorized Destruction of Embryos in Vitro by One Spouse —Commentary on the First Man's Compensation Case for Abandoned Frozen Embryos in China

Hu Yan

Abstract: The judgment in this case that confirmed the human embryo in vitro did not have the legal subject status, was a ethical object containing the spiritual interests, faced differences of male and female reproductive problems, reflected reasonable inclination protection of women, highlighted pursuit of substantive equality, and paid attention to relationship between natural reproduction and artificial assisted reproduction. The embryo in vitro is a ethic matter shared by both husband and wife. Husband and wife have the rights of decision, maintenance and relief, and have the obligation to maintain the integrity of its performance. In this case, the man's abandonment of frozen embryos was not a infringement of the woman's right to physical, health and reproductive rights, but destructed their common ethical objects. His behavior caused mental damage and torted the woman's general identity interests. Both of them were finally recognized as compensation for mental damages. Theoretical interpretation plays an important role in the formation of new rights, such as examining the rationality of adjudication scheme, perfecting the theoretical interpretation of disposal scheme and carrying out theory structure.

Keywords: embryo in vitro; ethical objects; common; mental damage; emerging rights

股东(大)会对股东的处罚权研究

陈志辉*

摘　要:在公司治理中,股东(大)会处罚股东的行为在现行《公司法》找不到明确的依据,为了发挥公司自治作用,亟须准确定位处罚权的性质并构建相应的救济机制。从比较法角度借鉴德国社团罚理论,中国语境下的股东(大)会处罚权是一种类违约金的私法制裁,其可通过公司章程、修订的章程和决议等规范性文件设立。股东(大)会处罚股东时,在公司内部应构建前置告知程序和决议作出前的抗辩程序予以权利救济。法院应审查处罚股东的程序和实体方面,确保股东(大)会作出处罚符合程序要求,同时法院应审查股东侵害公司权益的"违约事实"的真实性及处罚结果的合理性。

关键词:股东会;社团罚;处罚条款

随着有限责任形式的出现以及集合资本的客观需要,股份有限公司和有限责任公司相继在历史上出现,现如今公司制已成为现代企业中最重要、最典型的企业组织形式。公司制企业不同于其他企业组织形式,它在发展过程中所有权和管理权逐渐分离,公司的经营和管理愈加科学合理。两权分离后,作为公司所有权人的股东虽退出管理一线,但其行为仍影响着公司的经营和发展。为了避免股东的行为侵害公司的利益,股东(大)会在公司章程或其他规范文件中,制定处罚股东的规

* 山东大学法学院研究生。

范。处罚性规范有助于维护公司自治秩序,其益处不言而喻,但考察中国现有的法律制度,股东(大)会对股东的处罚权存在适法性困境,处罚性规范的性质以及效力等问题亟待解决。

一、问题的提出

股东(大)会对股东的处罚尚未有明确的法律依据,该处罚权的合法性甚至也受到质疑。以股东(大)会对股东罚款为例,有观点认为,公司和作为自然人的股东是平等的民事主体,相互之间具有独立的人格,不存在管理与被管理的关系,根据《公司法》关于股东会职权的规定,股东会作为公司的最高决策机构有权处理公司的财产,但原则上无权处理股东的个人财产,[①]易言之,股东会不具有处罚股东的法定权限。不过,公司作为私法自治主体,为了维护公司的整体利益,股东会对违反公司章程的股东采取一些制裁措施在很大程度上已被认可,司法实践中亦有相关判决支持。

在2012年最高人民法院公报刊载的南京安盛财务有限公司诉祝某股东会决议罚款纠纷案(以下简称安盛案)中,法院判决认为:除非公司章程规定,否则有限公司的股东会无权对股东进行处罚;章程赋予股东会的罚款职权,应当明确罚款的标准和幅度,若此二者不明确,则属法定依据不足,相应决议无效。在袁某与湖南绿源房地产有限公司公司决议撤销纠纷案中,张家界市永定区人民法院也认为公司章程以外的文件不得作为处罚股东的依据,该案公司依据出资人达成的《合作协议书》作出罚款的决议无效。[②] 案件上诉后,张家界市中级人民法院判决驳回上诉,维持原判。

从学术理论成果看,学界对股东(大)会处罚权的上位概念——社团罚研究较为丰富。方洁博士从公法的角度多次撰文探讨了行政法学意义上的社团罚,[③]宁昭对德国法的社团罚研究成为探讨该领域的重要

---

① 参见湖南省张家界市中级人民法院(2015)张中民二终字第29号判决。

② 参见张家界市永定区人民法院(2015)张定民二初字第73号判决。

③ 参见方洁:《社团罚则的设定与边界》,载《法学》2005年第1期;方洁:《社团处罚研究》,中国政法大学2006年博士学位论文;方洁:《社团罚则与合作治理》,载《浙江社会科学》2007年第4期。

参考,[①]袁曙宏和苏西刚认为社团罚的本质是公私权力混合,针对社团罚目前存在的问题,提出科学构建平衡机制的建议。[②] 将视野聚焦至股东(大)会处罚权上,我们发现学界目前对其研究尚少。蒋大兴借鉴德国社团罚理论,从社团罚和合同罚两个平行进路分析股东会对股东之处罚权的性质,认为股东会的处罚权可能体现为私法组织的"内部自治性制裁权"(社团罚),也可能体现为"私法责任形式"(合同罚),但他并未就这两种可能的性质作出选择,股东(大)会处罚权的性质仍处于悬而未决的状态;[③]武翠丹认为社团罚和合同罚路径都没有脱离股东自愿或公司自治的认知,进而援引科斯《企业的性质》将股东大会处罚权的权力渊源解读为:市场主体利用公司自愿性配置资源之管理必要性,继而提出股东大会处罚决议提出以人头多数决方式进行。[④] 其以处罚权渊源代替处罚权性质这个核心问题进行讨论,此与笔者构想的股东(大)会处罚权制度相去甚远。股东(大)会处罚股东的权限具有合法性,或应当通过恰当途径赋予其合法性,而在此之前应首先解决股东(大)会处罚权的性质及效力等核心问题。

二、股东(大)会处罚权的性质

公司属于法人团体,股东(大)会处罚权是社团罚的具体表现之一,界定股东(大)会的处罚权性质绕不开对社团罚的研究,但中国目前并没有建立有关社团罚的法律体系。德国法学界融合人合性无限公司和资合性股份有限公司优点创设了有限责任公司,[⑤]有限责任公司滥觞于德国,且德国对社团罚有着成熟的体系研究,因此借鉴德国的社团罚理论便成为解决股东(大)会处罚权性质的重要进路。不论是有限责任公司还是股份有限公司,它们都属于社团法人,为清晰界定股东(大)会对股东采取制裁行为的性质,我们或许应该将视野扩宽至中国社团设立

① 参见宁昭:《论德国法上的社团罚——兼论现行中国法上的社团罚》,中国政法大学2009年硕士学位论文,第1~40页。

② 参见袁曙宏、苏西刚:《论社团罚》,载《法学研究》2003年第5期。

③ 参见蒋大兴:《社团罚抑或合同罚:论股东会对股东之处罚权——以"安盛案"为分析样本》,载《法学评论》2015年第5期。

④ 参见武翠丹:《股东大会处罚权研究》,载《河北法学》2016年第2期。

⑤ 参见叶林、段威:《论有限责任公司的性质及立法趋向》,载《现代法学》2005年第1期。

及运行实际中,创造性地借鉴德国的社团罚理论,使该理论在本土资源上生根发芽,避免出现削足适履的情形。

(一)德国社团罚理论

社团作为一个社会群体,必须有能力对成员违反群体要求的行为作出反应。[①] 德国对社团罚的法理基础认识有诸多观点,从社团章程法律性质认定角度看,大致可分为规范理论和合同理论两大阵营。

规范理论坚持者认为社团章程是社团根据其权限创制的,对社团成员具有约束力的规范。两种规范理论学说先后尝试对社团的权限作出合理解读,它们分别是原始的规范理论和修正的规范理论。原始的规范理论认为社团建立在一个不受国家干预的基本社团力上,该社团力正如主权之于国家,社团章程被视为是社团在其法律权限内制定的法律规范;修正的规范理论立足于原始的规范理论,它通过《德国基本法》具体条款推导出社团自治,并将社团自治视为一种特殊的私法自治,不再将社团罚归入自主法律设置的权限,在此基础上认为:在社团成立时,社团章程是合同;社团成立后,社团章程则是自主的社团罚的规范。[②] 根据规范理论,公司章程是一种能够约束股东行为的规范设定,当股东的行为违背了规范的预先设定,则股东(大)会有权对股东采取一定的制裁措施。正如"安盛案"法院论述:"安盛章程第36条第2款所规定的'罚款'是一种纯惩罚性的制裁措施,虽与行政法等公法意义上的罚款不能完全等同,但在罚款的预见性及防止权力滥用上具有可比性。"根据规范理论,股东会的处罚权是一种类行政处罚的"私法制裁措施",股东会基于团体自治获得援引公司章程处罚股东的权力,它是一种私法组织内部自治性的处罚权。

合同理论坚持者认为社团章程是组织合同和债务合同的结合,前者涉及社团内部组织结构的规定,后者确定社员间的权利和义务关系。成立时的成员和后加入的社员通过法律行为的意思表示承认章程内容

① 参见[德]迪特尔·梅迪库斯:《德国民法总论》,邵建东译,法律出版社2013年版,第838页。

② 参见宁昭:《论德国法上的社团罚——兼论现行中国法上的社团罚》,中国政法大学2009年硕士学位论文,第11~12页。

的效力，正如生效合同对缔约方具有约束力一样。[①] 根据合同理论，公司章程是公司与股东等主体订立的合同或类合同，章程中有关股东(大)会对股东采取一定处罚措施的规定，是公司与股东之间有关权利义务关系的约定，若股东的行为违反了章程条款规定，股东(大)会可基于契约关系处罚股东。

(二)处罚权性质——类违约金私法制裁

界定社团的处罚权性质需探究社团章程，继而有社团罚规范理论和合同理论两种进路。如前所述，蒋大兴遵循这两种进路提出两种可能的性质，但股东(大)会处罚权的性质仍不确定。而武翠丹借鉴经济学理论界定股东(大)会处罚权的性质，提供了一种新的研究思路，但其尚不足以为界定处罚权的性质提供坚实的法律基础，而且她所认为的权利渊源仍没有超脱公司自治的认知视野，因为市场主体利用公司自愿性配置资源的管理必要性仍是公司自治的内容。

中国公司与德国公司的设立基础有较大差异，德国的社团罚理论分支——规范理论在中国缺少适用的语境。西方国家为了解决市场和政府失灵问题，国家将公权力向国家和社会间的过渡地带分权，使得社团组织设立获得权源基础，它们的社团大多是自下而上建立起来。[②] 德国亦如此，公权力向国家和社会间的过渡地带分权，从而出现社团这样相对独立的组织形式。分权的结果带来社团的“新生”，但也使社团面临公权力的侵害。自下而上建立的社团以分权获得的权力对抗公权力，并最终衍化为社团固有的社团力。德国社团罚规范理论运作的核心是社团力，唯有高于公司股东意志的社团力的存在，公司制定的处罚条款才可能成为约束股东的规范。修正的规范理论以《德国基本法》推导出社团自治，但该理论并未解决社团自治背景下社团章程为何能成为处罚规范。换句话说，社团在成立前后，社团章程由合同转化为处罚

① 参见宁昭：《论德国法上的社团罚——兼论现行中国法上的社团罚》，中国政法大学2009年硕士学位论文，第12页。

② 参见马长山：《法治进程中的“民间治理”：民间社会组织与法治秩序关系的研究》，法律出版社2006年版，第11~18页。

规范并未得到合理解释。

中国的社团并非都是由社会自发组织，其设立具有一定复杂性，它们大体可分为三类：一是政府为维护某一行业或某一领域而设立的社团，可称作“官办社团”；二是政府和社会相互配合设立的社团，可将之称为“半官办半民办社团”；三是由社会自下而上设立的社团，本文所探讨的公司即属此类。① 中国的社团不仅是市场经济发展的产物，也是党和政府简政放权的产物，这使中国的社团始终难以摆脱行政化倾向，社团的运作更多依赖公权力。中国社团罚的权源基础是公权力或社团成员让渡，而非社团力。社团罚的权源基础也直接表现在社团章程上：“官办社团”章程的权力源于政府授权，其处罚权性质是“类行政处罚权”；“半官办半民办社团”章程的权力来源既有政府授予，又有成员同意，其处罚权性质取决于公权力的介入程度，在多数情况下它是“类行政处罚权”，有的学者甚至将其定性为“变相行政处罚”；②自下而上设立的社团的章程权力源自成员让渡或同意。前两种类型的社团所设立的社团罚具备行政法法源性质，在实施中可配合国家行政作出调整，促成合作治理；③第三类公司等社团的章程则是基于一种类似契约约定的条款设立，主要目的是维护社团的自治秩序。

值得注意的是，不同类型国有公司的处罚权权源基础是不同的，国有独资公司不设股东会，由国有资产监督管理机构行使股东会职权，它的处罚权设立更多是公权力行使的结果。与行政机关与民事主体缔结民事合同类似，非国有独资的国有公司弱化行政色彩，以平等的市场主体角色参与市场竞争，其公权力行使的空间小或者无法行使，因此非国有独资的国有公司也不存在社团力基础。

从社团设立基础的宏观角度出发，能够更清楚地界定公司股东（大）会处罚权的性质，公司不同于公权力发挥主导作用的社团，其处罚权性质不是一种类行政处罚的“私法制裁措施”，而是合同规范路径下

---

① 参见袁曙宏、苏西刚：《论社团罚》，载《法学研究》2003 年第 5 期。

② 同上。

③ 参见方洁：《社团罚与合作治理》，载《浙江社会科学》2007 年第 4 期。

的类违约金私法制裁。股东(大)会的处罚规范是股东合意的结果,只是此种“合意”不是完全合意,因此处罚权也就不是严格意义上的违约制裁。之所以将处罚权界定为类违约金私法制裁,主要理由有以下三个方面:一是德国社团罚的修正规范理论和合同理论并非不可调和。修正的规范理论将公司章程在公司成立前视为合同,与合同理论认定的性质是一致的,其又将公司成立后的公司章程视为自主的社团罚规范,亦即原始规范理论的社团力。公司的成立是否会使合同转化为社团罚规范?这是不明确的,即使能够转化,其深层次原因是源自公司成员的让渡或同意。社团自称的处罚权(或社会群体所作出的合法反应),可以归因于成员对章程的同意,这与私法自由原则相吻合。① 二是在修正规范理论视野下,股东(大)会处罚权是一种私法法律制度,但它几乎不受司法审查——只要处罚措施能在章程中“找到根据”,法院既不可以审查据以做出处罚的事实是否确实发生,也不得对确已发生的事实是否会导致社团罚前提成就作一般性审查。② 然而,公司和股东之间并非严格的上下级关系,股东会做出的处罚不用受司法审查,令人难以接受。实际上自20世纪80年代以来,社团罚合同理论逐渐占据上风。三是公司章程等规范文件的权源基础是股东权利的让渡或同意,这不仅是法学界的统一认识,经济学界也有相应的理论支持。按照经济学上的合同集束理论,③股东并不是企业的所有者,而只是向企业提供资本的合同当事人。公司为了减少企业组织成本,可与股东就权利义务作出约定,而此时订立公司章程等规范文件就成了不二选择。“社团罚的发生是基于社团自治规章的设定,由于社团自治规章这一社团的根本性文件具有成员合意的契约性质,则社员违反社团章程规定的义务即构成了一种违约责任,其受到的社团处罚即相当于合同违约处罚。”④不过应明确的是,股东之间达成的合意一般并非是完全合意,所

① 参见[德]迪特尔·梅迪库斯:《德国民法总论》,邵建东译,法律出版社2013年版,第838页。

② 参见[德]迪特尔·施瓦布:《民法导论》,郑冲译,法律出版社2006年版,第117页。

③ See Michael C. Jensen, William H. Meckling, “Theory of the Firm: Managerial Behavior, Agency Costs, and Ownership Structure”, *Journal of Financial Economics*, 1976, 3(4): 305 - 360.

④ 王泽鉴:《民法总则》,中国政法大学出版社2001年版,第191~192页。

以股东(大)会对股东的处罚也并非严格意义上的违约金,而是一种类违约金的私法制裁。

三、股东(大)会处罚权的设定形式

界定了股东(大)会处罚权的性质,与之相关的处罚权设定形式便明朗许多。股东(大)会的处罚权是一种类违约金的私法制裁,虽然它并非严格意义上的合同违约形式,但鉴于公司更倾向效率的价值取向,笔者认为股东(大)会处罚权可以比照合同的违约金处理,由此合同或类似合同的文件将成为股东(大)会处罚权的法源依据。何种公司规范文件能够成为处罚股东的依据,章程抑或决议,还是其他?股东(大)会制定的规范文件要想成为设定处罚权的依据,必不可少的条件是得到大部分股东的认可,而不认可的股东基于表决程序和议事规则的要求需受到规范文件的约束,这符合公司决策倾向效率的价值追求,也对将涉及股东利益的处罚权予以公平考量。

有限责任公司的初始章程是全体股东共同一致的意思表示,它符合了合同"完全合意"的要求,股东(大)会的章程规定处罚股东的条款,股东就如订立合同般受到合同的约束,一旦股东违反了章程内容,股东(大)会即有权依据"合同"(章程)对股东的"违约"作出处罚。有限责任公司设立时全体股东签字认可的章程,其处罚条款约束股东是学界和司法的共识。此外,修订章程的处罚条款是否亦能约束股东则有不同意见。蒋大兴认为,部分股东参与或同意修订章程设定的股东(大)会处罚权,不完全符合私法责任(合同罚)之设定要求。[①] 易言之,修订章程的处罚条款不得约束股东,因为章程修订并非全体股东一致参加并一致同意。不难理解,蒋大兴论证该部分时将股东(大)会处罚权视为合同罚,未"完全合意"的修订章程自然不被作为处罚股东的依据。但是,该解读将根本违背我们对公司章程的理解,何以合法修订的章程条款与初始章程条款不具有同等效力?章程实施时,我们是否要区分修订章程条款和初始章程条款,甚至在条款中区分修订部分和初始订

① 参见蒋大兴:《社团罚抑或合同罚:论股东会对股东之处罚权——以"安盛案"为分析样本》,载《法学评论》2015年第5期。

立部分?[1] 不同于蒋大兴的观点,笔者认为股东(大)会处罚权是一种类违约金的私法制裁,它的设定不必严格要求所有股东的"完全合意",而只需满足股东的"大部分合意"即可。"多数决"是公司冲突权利主体长期博弈均衡的原则,它是股东(大)会设立和运行的基础,全体股东一致同意只能作为"多数决"的一种特例。[2] 合意程度的界定标准可依照修订章程时的"多数决"议事规则确定,即"经持有三分之二以上表决权的股东通过",由此修订章程条款和公司设立时的初始章程条款便能相互契合。

股份有限公司的章程和修订章程同样应成为股东大会设定处罚权的依据,但根据设立方式的不同,章程处罚条款的生效标准应有所区分。以发起方式设立的股份有限公司,公司章程中有关处罚的条款经过全体发起人一致同意并签署,而发起人认购了公司发行的全部股份,因此以发起方式设立的股份有限公司章程是公司与全体股东合意达成的合同,它可作为处罚股东违反章程条款的依据。以募集设立方式设立的股份有限公司,其章程草案的处罚条款虽然只经出席会议的认股人所持表决权过半数通过,但基于《公司法》对该类型公司章程设定的议事规则的设计,且募集的社会对象或特定对象同意公司的章程约定,视为加入具有处罚条款的类合同,笔者认为亦应当认定章程处罚条款对股东具有约束作用。上述两种方式设立的股份有限公司,它们的修订章程合意程度需达到"出席股东大会的股东所持表决权的三分之二以上通过",由此章程的处罚条款才能规范约束股东。虽然股份有限公司股东大会可通过章程设定处罚权,但并非所有的股份有限公司都适合订立处罚股东的条款。股份有限公司中的上市公司人合性稀微,股东众多且分散,法律、行政法规等对上市公司作出了严格规范,并且上市公司的股东可通过证券交易市场轻易退出公司,所以上市公司股东大会不宜对股东设定处罚条款。

① 参见钱玉林:《公司章程"另有规定"检讨》,载《法学研究》2009 年第 2 期。

② 参见吴建斌:《合意原则何以对决多数决——公司合同理论本土化迷思解析》,载《法学》2011 年第 2 期。

股东(大)会处罚权是一种类违约金的制裁措施,它的权源基础是大部分股东的同意,因此只要大部分股东同意并经相应程序通过的规范文件,并使股东具有可预见性,应当认定该规范文件具有约束股东的效力。为了避免恶意处罚,股东(大)会的决议、决定设定处罚股东的条款需依照公司修订章程的议事规则,即有限责任公司的股东会决议、决定等规范文件经"持有三分之二以上表决权的股东通过"才可设定处罚条款,股份有限公司的股东大会决议、决定等规范文件经"出席股东大会的股东所持表决权的三分之二以上通过"才可设定处罚条款。

四、股东(大)会处罚权的救济机制

德国帝国法院对社团处罚措施进行司法处罚,起初因社团享有自治权而采取了非常保守的态度,后来演变为当事人不得就社团处罚随意排除司法管辖,法院亦不得拒绝对社团处罚进行审查,德国联邦最高法院的一项判例也承认:不得剥夺司法机关对社团处罚事实认定的处罚权。[①] 股东(大)会处罚股东侵害公司权益的行为,是一种维护公司自治秩序的措施,根本上也有利于保障股东作为公司财产终极所有者的权益。一旦股东(大)会处罚不当,涉事股东的权利受到不合理限制或剥夺,股东间的合作关系可能遭到破坏,公司管理经营随之陷入被动地位。为了保障涉事股东的个人权利及维护公司的自治秩序,股东(大)会处罚权的行使应构建相应的救济机制,鉴于股东(大)会处罚权仍处于探索阶段,其救济机制可从公司内部救济和司法救济这两个重要层面开展。

(一)公司内部救济

1.前置告知程序

股东(大)会发现股东实施了违反意定条款内容,如章程或决议等,在其召开股东(大)会处罚涉事股东前,应设置一个前置告知程序。在该程序中,股东(大)会将涉事股东违反规定的行为、违反的意定条款和可能的相应后果等内容告知涉事股东,涉事股东对告知的事项可准备

① 参见[德]迪特尔·梅迪库斯:《德国民法总论》,邵建东译,法律出版社2013年版,第840~841页。

相应的材料，也可改正违反意定条款的行为或消除对公司的不利影响。处罚股东的事项是否列入会议议程、成为审议事项，按常理由会议召集人拟定，具体可通过公司章程或其他公司规范文件加以规定，或者由股东事前约定。[①] 股东(大)会的前置告知程序可在通知股东(大)会、临时股东(大)会召开时一并进行，比如在股东会召开前十五日通知，议项内容涉及处罚股东的，股东会同时履行前置告知程序。一旦涉事股东改正行为或消除不利影响，股东(大)会有权对其作出减轻或免除处罚的决议，因为股东(大)会作为类合同一方当事人，有权减少或免除违约金。前置告知程序的设置，有助于鼓励涉事股东改正行为或消除影响，缓和并维护股东间的合作关系，同时尽量保证涉事股东和股东(大)会的信息对称，便于涉事股东收集整理材料，维护自身权益。

2. 抗辩程序

如何恰当地规范“公司治理”是公司法的核心问题，解决该问题的重点是维护运营秩序。[②] 股东(大)会除了要妥善处理与董事会、监事会的关系，同时要确保股东权利的实现及保障。股东(大)会作出处罚股东的决议前，应赋予涉事股东充分的抗辩权利，即涉事股东可针对股东(大)会拟作出的决议事项提出辩解与说明。决议前的抗辩程序是前置告知程序的合理延伸，如果不允许涉事股东在作出决议前进行辩解、说明，则涉事股东在前一程序中所收集材料便毫无意义。此程序是公司内部救济机制的重要组成部分，涉事股东可在股东(大)会作出决议前为自己的行为辩解，若有改正行为或消减不利影响的举措，亦可一并作出说明，以此来影响其他股东的决定，促使股东(大)会作出有利自己的决议。

(二) 司法救济

司法介入公司治理的根本是为了保护公司自治，强调公司自治的同时不能忽视司法救济的作用。一旦公司无法借助市场机制或其他手段进行自我调节时，法院就应适时介入提供司法救济保障，发挥司法作

① 参见王军：《中国公司法》，高等教育出版社2017年第2版，第252页。

② 参见梁上上：《论公司正义》，载《现代法学》2017年第1期。

为权利保障最后一道防线的作用。① 经过公司内部救济机制，股东（大）会处罚股东事宜无法妥善解决，涉事股东仍认为股东（大）会处罚不当，说明公司基本无法再对处罚事项进行自我调节，此时涉事股东若就处罚争议提起诉讼，法院可通过司法途径予以救济，法院审理股东（大）会处罚股东案件时，需注重程序审查和实体审查两个方面。

1. 程序审查

在程序上，法院应审查股东（大）会依据的处罚条款是否遵循相关程序订立，即依据《公司法》和公司章程审查订立处罚条款是否具有合法性。具体表现为：股东（大）会提议订立处罚条款需通知股东，如股东自始未被通知，处罚条款不得约束该股东；股东（大）会决议符合相应的议事规则，即股东（大）会决议经“持有三分之二以上表决权的股东通过”，股东（大）会决议经“出席股东（大）会的股东所持表决权的三分之二以上通过”；如处罚条款系章程规定，公司应向工商行政机关办理登记手续。

此外，股东（大）会处罚股东时应为股东提供充分的保障机制。在前置告知程序阶段，股东（大）会应告知股东可能的处罚内容，在处罚决议作出前赋予股东抗辩的权利。一旦公司未遵守上述程序，法院可根据具体情形认定处罚决议不成立、可撤销或无效。

2. 实体审查

正如德国法院认为，国家法院可以审查“所科处的措施是否具有法律依据或章程依据，是否遵循与章程相符的程序规定，是否不存在其他违背法律或章程的情况，以及此种措施是否属于重大不公平或任意行为”“据以采取措施的事实是否在客观的和以法治国家原则为基准的事实调查中得到了正确的认定”。② 笔者认为在实体上，我国法院应审查股东（大）会处罚条款的合理性和合法性、股东是否存在违反处罚条款的“违约事实”以及处罚结果是否合理三个方面。

第一，处罚条款本身需合理、合法。处罚条款设定的目的是公司有

---

① 参见赵万一、李俏丽：《论公司自治的法律边界》，载《河南财经政法大学学报》2013年第3期。

② ［德］迪特尔·施瓦布：《民法导论》，郑冲译，法律出版社2006年版，第117页。

效管理和经营，背离该目的的条款应受到司法的审查，如大股东利用表决权设定非为公司目的的处罚条款，该条款的合理性理应被质疑。处罚条款是否合理还在于处罚幅度与规范行为的适配，股东的违规行为对公司的损害程度与处罚幅度呈正相关，不过出于处罚条款的警戒意义考虑，处罚幅度的起始数可由股东合意提高。此外，处罚条款不得违反其他法律规范。

第二，涉事股东的行为是否违反了章程等规范文件的意定内容，该问题是股东(大)会能否处罚股东的基础。股东(大)会订立处罚条款时，表述应力求清晰准确，以便股东更好地遵守相关条款约定，同时也避免公司在条款适用上面临不必要的诉累。对股东(大)会处罚条款解释发生争议时，可参照《合同法》第41条规定[①]处理：首先按照通常理解予以解释，要是有两种以上的解释，作出有利于处在弱势地位的股东一方的解释。在公司治理实践中，有的公司会对股东行为是否违反章程等规范文件作出决议，涉事股东向法院提起决议不成立、决议可撤销或决议无效等确认决议效力的诉讼，[②]法院审查决议的效力其实就是审查股东是否具有侵害公司权益的“违约事实”。若股东先后对确认“违约”的决议和处罚决议提起诉讼，根据民事诉讼的规则，前诉对后诉产生预决效力，后诉的法院在前诉法院查明的事实基础上审查处罚决议，不必再审查股东是否违反意定条款。若受处罚的股东在股东(大)会作出决议后再向法院提起诉讼，法院可延续审查股东侵害公司权益的决议效力的思路，审理股东是否违反章程等规范文件。

第三，处罚结果的合理性关系涉事股东的个人权利，司法作为公民权利救济的最后途径，应介入审查股东(大)会处罚结果是否合理。法院在综合考量处罚依据的条款、“违约事实”和造成公司损失的基础上，

① 参见《合同法》第41条的规定：对格式条款的理解发生争议的，应当按照通常理解予以解释。对格式条款有两种以上解释的，应当作出不利于提供格式条款一方的解释。格式条款和非格式条款不一致的，应当采用非格式条款。

② 参见最高人民法院《关于适用〈中华人民共和国公司法〉若干问题的规定(四)》第1条的规定：公司股东、董事、监事等请求确认股东会或者股东大会、董事会决议无效或者不成立的，人民法院应当依法予以受理。

可以参照《合同法》第114条第2款[1]调整处罚幅度,不过商业损失不同于一般的合同损失,涉事股东造成的公司损失只能作为法院调整处罚幅度的考量因素,而不是决定因素。既然赋予了法院审查处罚结果合理性的权限,那股东(大)会设定不完全处罚权就有实施的可能。安盛案中,法院认为公司章程设定的条款属于"不完备条款",即章程未明确股东会处罚的标准和幅度,由此认定股东会处罚法定依据不足,相应决议无效。安盛案法院的裁判思路有失偏颇,股东(大)会处罚权作为一种类违约金的私法制裁,公司股东(大)会和法院可参照《合同法》等法律推定完善,明确处罚的标准和幅度,不必当然否定股东会"不完备处罚条款"的效力。

五、结语

现代公司法逐渐按"重自治,轻管制"的趋势发展。公司自治的深化要求公司提升治理能力,股东(大)会处罚股东的合理性不存在重大的制度障碍。德国有关社团罚的体系,股东(大)会对股东的处罚权不是一种类行政处罚或内部自治性制裁权,它是一种合同规范路径下的类违约金私法制裁。基于处罚权性质的界定,股东(大)会处罚的设定形式便不局限于公司章程,修订章程、决议和决定等公司规范文件都可设定处罚股东的权限。股东(大)会处罚股东致股东权利受到限制或剥夺,公司内部应给予程序保障,司法机关也应适时介入提供司法救济。

公司内部股东(大)会处罚权在我国尚未有完善的体系支撑,司法裁判对其认定亦没有统一的认识,立法能否为此类处罚权提供合法性基础将成为制度构建的关键。在经济全球化和跨国公司向全球市场扩展的背景下,公司间相互借鉴治理模式成为普遍现象,英美法系国家的公司股东(大)会对处罚股东抱以何种态度、是否以及如何实施司法规制等问题,或许能为股东(大)会处罚股东的研究提供新的思路。

---

① 参见《合同法》第114条第2款的规定:约定的违约金低于造成的损失的,当事人可以请求人民法院或者仲裁机构予以增加;约定的违约金过分高于造成的损失的,当事人可以请求人民法院或者仲裁机构予以适当减少。

The Research of Penalties Imposed on Shareholders by the Board of Shareholders

Chen Zhihui

Abstract: In corporate governance, penalties imposed on shareholders by the Board of Shareholders can not find a clear basis in the current Company Law. In order to give full play to the role of corporate autonomy, it is urgent to accurately locate the nature of the penalties and construct corresponding relief mechanism. Drawing on the theory of German corporate penalty from the comparative perspective, the penalty rights of shareholders in the Chinese context is a kind of private law sanctions for liquidated damages, which can be established through normative documents such as the company's articles of association, revised regulations and resolutions. When the board shareholders punish shareholders, the pre-information procedure and the defense procedure before the resolution shall be constructed within the company to provide rights relief. The court should review the procedures and entities of the penalized shareholders to ensure that the board of shareholders will make penalties in accordance with the procedural requirements, and it should review the "defaults" of the shareholders'infringement of the company's rights and interests and the reasonableness of the punishment results.

Keywords: the board of shareholders; association's penalty; penalty clause

【刑事法前沿】

竞合理论中行为单复数的认定

程金波*

摘　要：在涉及竞合论的案例中，实行行为单复数的判断是确定竞合类型的基本前提，其直接影响竞合理论在案件中的具体适用。在该问题上，我国刑法理论主要是探讨罪数的区分，由此产生了罪数区分的标准，主要有行为标准说、犯意标准说、因果关系标准说以及构成要件标准说。但不管是罪数区分标准的哪一种观点，都只是关注了竞合理论的一个方面，并不能全面解决竞合问题。而德国刑法理论在面对竞合论的问题时，先认定行为单复数，进而再着手解决竞合类型的区分，这种思路可以为我国刑法理论所借鉴。对于行为单复数的认定，应当坚持二元的行为单复说认定标准的基本结构，但是必须对二元的行为单复说进行修正，即将法益概念引入二元的行为单复数认定标准，并对法的行为单数的定性进行调整，以此来完善传统的二元行为单复数认定标准，并借此弥合行为单数内部的理论鸿沟。

关键词：竞合；罪数；实行行为；行为单数；行为复数

一、问题的提出

不管是德国的竞合论还是我国的罪数论，其最终目的都是要准确地区分罪数。只要能在复杂的竞合问题中准确地区分出一罪和数罪，采取何种理论并不重要。我国传统刑法理论在引入日本刑法中的罪数

* 东南大学刑法学硕士研究生。

论之后,就意味着我国刑法对于罪数的区分抛弃了德国刑法的竞合理论,这本是一次正常的理论选择。但一方面正如高铭暄教授所说:“从20世纪80年代末开始,我国刑法学界大体上借鉴了日本刑法理论中的罪数论,但是这种借鉴具有片断性与渐进性,没有完全将日本的罪数论体系引入我国刑法理论。”[①]另一方面,由于德国竞合论中区分罪数的前提是要判断行为单复数,而在我国刑法理论发展早期,犯罪论体系还不是很完善的情况之下选择移植罪数论想以此避开这个复杂问题是可以理解的。但随着我国刑法理论的发展,罪数论的弊端就暴露地越来越明显。这也提醒我国刑法学者必须要反思罪数论存在的不足。目前已有学者将眼光投向德国的竞合论。但正如上文所说,在研究竞合论之前必须要先认定行为的单复数,因为这是确定竞合类型的基本前提,对整个犯罪论的意义也非常重大。但令人遗憾的是,对德国竞合论的研究大部分也仅仅是停留在直接区分竞合类型上,并没有解决行为单复数的认定问题。另外,对于行为单复数的认定标准目前主要存在一元的行为单复说和二元的行为单复说,应该坚持何种标准也是本文探讨的一个重要问题。

二、我国罪数区分标准的梳理及反思

(一)传统刑法理论罪数类型及标准梳理

按照我国传统刑法理论,罪数类型主要包括单纯的一罪、包括的一罪、科刑的一罪和并罚的数罪。[②] 单纯的一罪是指以一个行为侵犯了一个法益,不管从什么角度分析,都只能用一个刑法条文规范加以评价的情形;包括的一罪指的是一个行为侵犯了数个法益,但是通过一个刑法规范就能完整评价的情形,主要包括连续犯、集合犯等;科刑的一罪指的是存在数个行为、侵犯了数个法益,本来应该评价为数罪,但仅需要以其中较重的刑法规范进行评价的情形,主要包括想象竞合犯、牵连犯等。

对于一罪和数罪的判断标准,主要存在行为标准说、犯意标准说、

① 高铭暄主编:《刑法学》,法律出版社1982年版,第276页。

② 参见张明楷:《刑法学》(上)(第5版),法律出版社2016年版,第461页。

因果关系标准说、法益标准说以及犯罪构成要件标准说。近些年讨论比较多的是行为标准说、法益标准说以及构成要件标准说。首先，行为标准说指的是立足于犯罪行为，以行为个数作为判断罪数的主要标准，因为刑法的评价对象是行为，所以判断罪数必须要先明确行为的个数，概言之，一行为一罪，数行为数罪。其次，法益标准说从实质的法益出发，认为刑法的目的和任务是保护法益，而犯罪的成立无非就是对刑法所保护价值的侵犯，所以应该以法益作为罪数判断的基准。[①] 最后是犯罪构成要件标准说，也就是现在的主流观点，该观点认为犯罪构成要件是犯罪的所有因素的有机构成，所以犯罪的区分必须与犯罪因子组成的有机整体之间的差异相互对应。[②] 概言之，犯罪构成要件包含了所有的犯罪因子，所以以犯罪构成要件作为罪数判断的最终标准是比较合理的。[③]

以上对我国目前罪数判断的标准进行了比较简要的梳理。总体来看，从主观方面出发的犯意标准说已经慢慢被学界摒弃，而行为标准说、法益标准说以及构成要件标准说依然有学者坚持，尤其以构成要件标准说的影响最为广泛。

(二)传统刑法理论罪数判断标准的反思

通过对传统刑法理论罪数类型及判断标准的梳理：我们可以着眼于客观的罪数判断标准，比如行为标准说、法益标准说，从主观方面出发的犯意标准说以及立足于整体标准的构成要件标准说分为三类。我们对前两者进行考察可以明显地看出其缺点和不足，不管是行为标准说还是法益标准说，其着眼点都仅仅是落在犯罪构成的一个方面，并不能完全展现犯罪构成的全貌，这种标准难免有片面之嫌。比如，在行为标准说中，该学说的坚持者显然是受到了李斯特教授的影响，即“行为即犯罪，一行为仅能为一罪，如果是数罪，则毫无疑问是数行为”。[④] 虽

① 参见黎宏：《刑法学总论》，法律出版社 2016 年版，第 312 页。

② 参见吴振兴：《罪数形态论》，中国检察出版社 1996 年版，第 1 页。

③ 参见高铭暄、马克昌主编：《刑法学》，北京大学出版社、高等教育出版社 2000 年版，第 187 页。

④ [德]弗兰茨·冯·李斯特：《德国刑法教科书》，徐久生译，法律出版社 2000 年版，第 248 页。

然"犯罪的本质是危害行为"没错,但是行为并不能完全等于犯罪,因为犯罪是在刑法对于行为进行规范性评价之后的结果,一个行为并不一定会被刑法评价为犯罪。如果我们以行为等同于犯罪,那必然会出现的问题就是,当我们对该行为进行评价之后产生的结果便是可罚性的问题,而刑法对于行为本身进行规范性评价的这一逻辑过程就被完全忽略,自然会产生论证不严谨不完整的逻辑漏洞。

犯罪构成要件标准说对于罪数的判断是以符合犯罪的构成要件为标准。庄劲教授就指出:"对于判断罪数形态来说,犯罪构成要件并不能达到区分罪数的目的,所以该标准是一个失败的标准。理由在于判断罪数的最终目的在于判断行为的可罚性。一个合理完美的标准应该达到的程度是,凡有一罪可罚性的形态,即为一罪的类型;凡具有数罪可罚性的形态,应为数罪类型。"①而针对这种质疑,坚持犯罪构成要件标准说的学者也对此进行了反驳,刘宪权教授就认为:"该观点混淆了认知上的罪数形态和法律评价意义上的罪数形态,即将罪数形态的区分标准等同于罪数处断上的标准,根本原因在于对罪数论体系的定位错误导致。"②以本文观点,犯罪构成要件标准说的主要问题并不在于其达不到罪数区分的最终目的。该标准的最大问题在于将刑法规范与需要进行规范评价后才能得出具体结果的要素(如行为、犯意、法益等)进行比较,会出现论证逻辑上的错误,这也是目前罪数判断标准存在的主要问题。不仅仅是犯罪构成要件标准说,因为不管是犯意标准说还是法益标准说,其主要判断标准要素皆是如此。而针对犯罪构成要件标准说,展开来讨论,这个逻辑漏洞就会暴露地更加明显。首先,按照该标准在对一罪和数罪进行划分的过程中,不可避免的还是会遇到"一行为"的问题。比如现在通行的教科书中对于想象竞合的判断中大都采用了"一行为"的概念,而在对于连续犯的判断中都采用了"数行为"的概念,③但症结在于这种"一行为"和"数行为"的判断似乎难以避免,并

① 庄劲:《犯罪竞合:罪数分析的结构与体系》,法律出版社2006年版,第22页。

② 刘宪权:《罪数形态理论正本清源》,载《法学研究》2009年第4期。

③ 参见张明楷:《刑法学》(上)(第5版),法律出版社2016年版,第478页。

不能达到以区分罪数来代替区分行为这一复杂问题的完美设想,之后的落脚点又回到了判断行为单复数这个复杂问题之上。其次,如果抛开可罚性的问题,仅仅停留在犯罪构成的层面,将犯罪构成要件的符合性等同于刑法处断之前的犯罪(判断罪数时的犯罪),似乎并无不妥。但这样又会落入一个以自己来评价自己的逻辑死结之中,并不能作为一个判断标准进行适用。

三、行为单复数概念的引入

从以上的分析可知,以罪数论中的罪数区分来取代竞合论中的行为单复数的区分的设想并不成立,即使在判断罪数的前期基础避开对行为单复数的判断,但是在具体判断罪数时不可能不讨论行为的单复数区分。因此,我们几乎可以断定行为单复数的概念和认定问题,不管是采取罪数论还是采取竞合论都是回避不了的,而以罪数区分来取代行为单复数区分的想法也仅仅只是学者们的理想设计而已,即使是在实践操作中这个设想也并不成功。即使有这些问题的存在,学界似乎对于行为单复数的概念及区分依然没有给予足够的重视,甚至有学者认为行为单复数的概念对于中国目前存在的罪数理论来说是不适合的,不需要引进。比如张明楷教授就认为:“行为单数的概念难以被我国刑法理论接受。由于德国的行为单复数大体上相当于一罪,因而事实上包含许多并非一个行为的现象。”①但是罪数论和竞合论并不是非此即彼的关系,因此认为竞合论中的行为单复数观点不适合罪数论的观点并不成立。

(一)竞合论和罪数论的关系厘清

首先,必须承认的是竞合论和罪数论是从不同的角度探讨罪数区分问题,两者在实质上并不冲突,如果以现有的刑法体系来看,竞合论似乎在我国目前的刑法学研究背景之下没有生存空间,但是这并不能代表竞合理论中行为单复数概念对罪数论的研究没有意义。令人欣慰的是,目前我国已经有不少学者将目光投向了德国竞合论中的行为单

① 张明楷:《罪数论与竞合论探究》,载《法商研究》2016 年第 1 期。

复数认定理论。其次，张明楷教授将德国竞合论中的行为单复数等同于我国罪数理论中的犯罪单复数的观点，是对行为单复数和我国罪数论中的犯罪单复数的一种简单化处理，并没有指出这两者之间的实质化差别。对于行为和犯罪的区别，必须理解的是虽然刑法规范的是人的行为，但行为本身并不能等同于犯罪。因为犯罪是经刑法规范评价之后产生的结果。正如柯耀程教授所说："行为之所以为犯罪，系经规范评价后的结果，而此评价必须先经过规范的判断，亦即必须先透过构成要件的检视，唯有完全符合不法构成要件的行为，方得称之为罪。"①

当我们审视德国竞合理论中的行为单复数理论可以发现该理论对我国罪数理论的发展并非没有意义，其实早在1992年，熊选国博士就在其博士学位论文中对这一问题有了精彩论述："如李斯特认为，犯罪的本质是行为，行为的单复即犯罪的单复，因而行为数论应成为罪数论的基调，以这种理论为基础，德国刑法中的犯罪竞合论即罪数论，首先研究行为单复，然后在行为单复基础上研究犯罪竞合。"②本文甚是赞同熊选国博士的论断，依笔者观点，行为单复数虽然不同于我国罪数论中的罪数，但也没必要将其排除在我国的罪数理论之外，如果对其有一个合适的定位和正确的理解，也不失为我们打开犯罪竞合另一扇大门的钥匙。从这个角度上说，行为单复数概念的引入对于我国犯罪竞合论的研究是有着积极意义的。基于这个理由，下文将对行为单复数的概念进行简要的介绍，并且着重论述行为单复数的认定标准。

（二）行为单数

在德国竞合理论中，虽然对于判断行为单复数的意见不一，理论不同，但是对行为单数的概念却出奇一致。一言以蔽之，此概念指的是实现多数刑法规范的一行为。然而问题是实现多数刑法规范的行为究竟是什么样的行为。德国刑法学家为了解决这个问题创设了行为单数的四大类型：(1)自然意义上的一行为；(2)自然的行为单数；(3)构成要

① 柯耀程：《刑法竞合论》，中国人民大学出版社2008年版，第54页。
② 熊选国：《刑法中行为论》，人民法院出版社1992年版，第301页。

件的行为单数；(4)法的行为单数。[①] 这里主要介绍后三种行为单数类型。

自然的行为单数要想成立，必须在主观上具备一致性的行为意思，并且客观上具有时间和空间的密集关系，依照我们一般的生活经验认定其成立整体行为，最后还要具有密不可分的关系。构成要件的行为单数概念的标准是存在于个别受侵害的构成要件的解释问题上，因此，对于行为单数的认定概念的分析和解释，必须完全放置在构成要件的分析上，并且将所有可能产生行为单数的情形借由构成要件的分析展示出来。法的行为单数指的是除了自然的行为单数和构成要件行为单数之外的一种行为，从外形上和结构上看是复数，但是在整体的结构上因为其特殊的性质而在法律规范上将其视为单数。事实上，这就类似于我国对连续犯的处理原则，实质上是一种法律拟制。

(三)行为复数

德国刑法学界对于行为单数的研究历来重视，而对于行为复数基本上是认为只要行为单数确定，就可以反向推导出行为复数，因为行为的数量不是单数就是复数，不可能存在单复之外的其他情形，亦即多个行为单数存在时就是行为复数。但我国台湾地区学者柯耀程教授对此持怀疑态度，他指出："从逻辑学上来说，这种逻辑推导是没有任何理论依据的。简言之，多数的单数行为在一起时无疑是复数行为，但是复数行为并不一定等于行为复数。展开来说就是行为复数既然是竞合论之前提，必须要满足竞合类型前提的限制条件才能称之为行为复数，而复数行为仅仅是行为复数成立的前提和基础而已。"[②]对于这个观点也有论者进行了反驳，该论者指出："数个行为必须要在同一刑事诉讼程序中接受裁判只是认定实质竞合的要件之一，而不应是判定行为复数的条件；即使认定了行为复数之后，并不必然地就成立了实质竞合。"[③]本文赞同后者观点，因为行为复数的成立只是实质竞合的前提，不一定成

① 参见柯耀程：《刑法竞合论》，中国人民大学出版社2008年版，第70页。

② 同上书，第76页。

③ 孔添：《刑法竞合理论中的行为单复研究》，吉林大学2012年硕士学位论文，第16页。

立实质竞合,既然不一定成立实质竞合,也就不会对竞合类型的成立和选择造成任何实质性的影响,基于此,对多个单数行为成立的复数行为确实没有加以限制的必要。所以,对于行为复数就可以直接认定,即不是行为单数的行为即为行为复数,这么认定是没有逻辑错误和限制必要的。这正是德国刑法学者所说的:“对于行为复数而言,如果没有出现行为单数的情形,就满足了具有数个独立行为的要求,这条消极性标准不需要其他任何的补充。”①

(四)行为单复数认定的现实意义

首先,从本源上来说,行为单复数理论的提出是为了更好地确立竞合类型,其最终目的是准确地在复杂竞合中区分罪数。而认定行为单复数的正是判断和甄别竞合类型的前提和基础。② 其次,行为单复数理论和禁止重复评价原则的关系紧密,难以分割。以下对此进行具体展开详细阐述。

1. 甄别竞合类型的前提和基础

对于刑法竞合问题的前提到底是“罪数”还是“行为”的问题,不同刑法背景之下有不同的理解。德国的竞合理论认为触犯了不同刑法规范的是行为。也就是说,德国刑法竞合论中将“行为数”视为竞合理论的前提条件。比如,在行为单数的前提之下,就可以甄别出想象竞合与实质竞合。因为行为单数是想象竞合和实质竞合的本质区别。而在我国刑法背景之下,是将“罪数”视为竞合问题解决的前提条件,这体现了不同的思维方式以及出发角度。但由此产生的一个问题值得我们思考,即根植于德国刑法背景之下的行为单复数概念是否对于我国竞合问题的解决有现实意义;换句话说,我国的罪数理论的“罪数”判断是否优于德国竞合理论中“行为数”判断理论。依本文观点,“罪数”的判断对于我国竞合理论问题的解决并没有我国刑法学者所设想的作用重大。按照很多学者的说法,罪数理论中的罪数判断有时是“为了一罪而

① [德]冈特·施特拉腾维特、洛塔尔·库伦:《刑法总论-Ⅰ-犯罪论,Diestraftat》,杨萌译,法律出版社2006年版,第446页。

② 参见熊选国:《刑法中行为论》,人民法院出版社1992年版,第301页。

一罪”,除此之外似无另外的实质作用。[①] 这种缺陷在罪数的判断在面临复数的犯罪构成时凸显得更为明显。

2. 禁止重复评价原则

禁止重复评价是竞合论的根本价值与最终目的所在。众所周知,竞合论要解决的问题就是在行为触犯了数条刑法规范时的法律评价问题。换言之,就是在数条刑法规范中如何正确地找出能全面评价行为人行为的法律规范,以期对行为人进行精确的定罪量刑。其实质就是为了解决在一行为触犯数条刑法规范时的重复评价。如果可以认定行为人的行为是“行为单数”,那么就可以据此推导出所要采取的竞合理论和竞合类型,对行为人进行精准的定罪量刑。相反地,如果在判断行为人的行为单复数时就出现错误,就会采取错误的竞合类型,对竞合理论的适用就一定会南辕北辙,后果难以弥补。因此,从这个方面来说,正确认定行为人的“行为单复数”是精准评价行为人行为的第一步。如果认定行为单复数出现错误,就会失之毫厘谬以千里,因为刑法是非常严苛残酷的法律,一旦定罪,后果极重。从这个角度来看,行为单复数的判断对于保障人权的作用具有重大意义的。

四、传统的行为单复数认定标准

就行为单复数的认定标准,虽然对于德国的行为单复数的认定理论不能完全移植,但是其研究思路和切入角度有可借鉴之处。比如德国刑法学界历来认为竞合论的问题皆为触犯刑法多条规范,触犯该多条规范的可能是行为单数也可能是行为复数。所以在决定采用竞合理论之前,必须首先解决触犯多条刑法规范的行为是“行为单数”还是“行为复数”,又因其认为非行为单数即为行为复数,所以只需要准确地认定行为单数,行为复数的问题自然迎刃而解。因此,行为单数自然成了行为单复数认定的核心问题。纵观德国刑法学界对于竞合论的解决思维和推导逻辑,可以得出的结论是德国刑法对于竞合问题的解决思路是非常清晰的。因此,本文将会沿着这个逻辑对行为单复数的认定标

① 参见柯耀程:《刑法竞合论》,中国人民大学出版社 2008 年版,第 58 页。

准进行分析,即着重论述行为单数的认定标准,首先解决行为单复数的核心问题——行为单数的认定。

对于行为单复数理论的区分,不同的理论有不同的主张和见解,这些不同的理论和学说的支持者,都试图找到一条完美的标准来认定行为单数和行为复数。目前主要存在一元的行为单复说与二元的行为单复说,对这两种认定标准本文将详细介绍并进行分条评价。

1. 一元的行为单复说

一元的行为单复说,简言之,就是行为单复数的区分只有一个标准,因此为一元。此处必须要阐明的是虽然一元的行为单复说只有一个标准,但是不同的学者对于此处的一元又有不同的看法。比如有从纯粹自然意义的角度出发,借助于行为人的行为、结果及其动作与结果的关系等自然存在的要素的数量来判断行为的单复数的自然行为说;还有认为判断行为的单复数应当从社会角度出发,挖掘社会深层次的意义,从这个角度,依据社会的一般见解来认定行为单复数的社会行为说。即"所谓一个行为也就是在社会观察上的一个意思活动。依据这种学说,不仅在生理上的一个意思活动是一个行为,而且出于一个目的数个意思活动也应视为一个行为,例如,以数个殴打伤害举动重伤一个人,从生理上说,虽然每次殴打举动均是一个意思活动,但因皆出于一个伤害的目的,所以就社会观察而言,应视为一个意思活动,构成一个行为"。① 必须予以肯定的是一元的行为单复说在早期是有着优点的,主要是一元的认定标准不管采取哪个学说哪个理论,都非常精准,不会有掣肘阻碍扯皮之虞。自然行为说单纯采取自然的角度,以动作、结果等自然要素来判断行为的单复数,按照王明辉教授的说法:"其优点是容易与一般人的普通感觉建立联系,较为直观,具有形式上的明确性。"②但是,该学说的缺点也非常明显,比如该学说单纯简单地采取行为、结果等比较简单的自然要素的数量来反推行为的单复数,得出的结果并不一定科学精确合理。而社会行为说的缺点主要就是其脱离了刑

---

① 熊选国:《刑法中行为论》,人民法院出版社1992年版,第288页。

② 王明辉:《复行为犯研究》,中国人民公安大学出版社2008年版,第46页。

法规范单纯地讨论行为单复数,这种方法本身就不合理。而且从社会学角度来考察,社会的一般观念是一个中心和边缘都十分模糊的概念,用它作为唯一标准,不可能真正分清危害行为的个数。

2. 二元的行为单复说

顾名思义,二元的行为单复数认定理论指的是对于行为单复数的考量不能仅仅局限于其自然意义还要考虑到其刑法规范上的意义。即必须从自然角度和刑法评价的角度双方面来对行为单复数进行区分。理由是如果单纯只从一个方面来考量的话,得出的区分结论必然是不完整的。而区分行为单复数,按照该学说的理论,本文可以将其总结为"两步走",即首先从自然和社会意义考量行为人的行为究竟是"一行为"还是"数行为",然后再从刑法规范的意义上进行甄别筛选。该学说是目前德国刑法学界的主流学说。按照这种二元的行为单复数理论,德国刑法学者又将行为单数分为三类。分别为:自然意义上的一行为、自然意义上的行为单数,法的行为单数。

自然意义的一行为指的是行为人基于单一行为意思,实施一个单一意思活动。不管从自然意义上还是从刑法规范上来进行评价都是一行为。按照王明辉教授的观点:"在自然层面和规范层面的对应关系中,单纯的行为单数实际上是指行为在自然生理意义上表现为单一的动作与刑法规范层面所设计的单一行为单元类型相互对应。"①即只要行为人基于一个行为意思就是行为单数,只要基于多个行为意思就是行为复数。而对于结果的数量,王明辉教授指出:"至于行为所招致结果的多寡,则非所论,决定的关键则在于该行为是否仅出于一个意思活动。"②实质上,自然的一行为主要是在考察刑法上的行为意思。

自然的行为单数指的是从自然的角度上观察,虽然外观上行为人的行为可以分切为多个部分,但是却具有紧密的时间和空间联系,即使

① 王明辉:《复行为犯研究》,中国人民公安大学出版社 2008 年版,第 50 页。

② 同上书,第 52 页。

从社会一般第三人的角度来看仍然可以将其视为一个整体行为。[①] 所以刑法规范将其视为一个整体行为,以行为单数来进行评价。

法的行为单数的提出是为了解决连续行为的评价问题,连续行为跟我国刑法上的连续犯是一个概念,即出于概括和同一的目的,行为人连续实施了多个性质相同的行为。[②] 亦即从自然意义上来看,依照第三人的角度可以将其看作多个行为,但是在法律评价上却将其作为一个行为进行评价。

五、行为单复数认定标准的匡正及确立

(一)二元的行为单复数理论的匡正

对于行为单复数的认定标准,二元的行为单复数理论比一元更有优势,因为二元的行为单复数理论不仅从自然意义的角度出发,而且兼顾了刑法的规范意义。因此本文基本认同二元论的基本结构,即对行为单复数的评价采取"两步走"的策略,先判断行为人的行为是否符合自然意义上的行为概念,如果符合再从刑法规范的意义上去考察;如果自然意义上的行为概念已经不符合,那就不需要再去考察刑法规范意义上的行为概念,可以直接认定其不是竞合论意义上的行为,因此可以排除掉其为行为单数的可能,只有符合了自然意义和规范意义双层面的行为单数才是行为单数。由此可见,二元的行为单复数理论对于行为单复数判断的逻辑之谨慎严密是一元的行为单复数理论所难以企及的;另外,将自然意义和刑法规范结合起来对行为单复数理论进行考察也是行为单复数理论发展的必然趋势。但即便如此,二元的行为单复数认定理论也不能说是完美无瑕。本文认为对于二元的行为单复数认定理论还应当从法益的角度对其进行适当的矫正和完善,使其对行为单复数进行评价时能够更加准确。另外,对于该认定理论中的法的行为单数这一概念,笔者认为有理论上的不足,即将法的行为单数视为行为单数的一种类型是否符合二元的行为单复数理论的评价和考察标

---

① 参见[德]约翰内斯·韦塞尔斯:《德国刑法总论》,李昌珂译,法律出版社2008年版,第465页。

② 同上书,第469页。

准？是否与二元的行为单复数理论有内在的矛盾？将法的行为单数概念作为行为单数的一种类型，最本质的理论依据是什么？这种依据是否足以弥合法的行为单数与行为单数之间的矛盾和鸿沟？这都是需要考虑和解决的问题。

1. 刑法法益标准的引入

二元的行为单复数理论将行为的自然意义和刑法规范上的意义都纳入了行为单复数认定标准的考量范围，看似非常全面完整，能够完全概括行为的实质内涵。但是，随着社会的快速发展和变化，单纯进行自然意义和规范意义上的考量已经远远不能适应如今刑法犯罪理论瞬息万变的局势，笔者认为只有将刑法法益这一矫正标准引入二元的行为单复数认定标准的考量范围之内，才能适应如今刑法理论快速发展的趋势，也更能准确地判断行为的单复数。详细来说，刑法法益指的是根据宪法的基本原则，由刑法所保护的、客观上可能会受到侵害和威胁的人的生活利益。[①] 我们的刑法典也是按照保护的法益的不同而安排的刑法各个章节，这是法益的解释机能的重要体现，由此也可见刑法法益的重要性。同样地，也正是因为刑法法益的复杂性和重要性才使得行为人实施一个行为就有可能触犯多个罪名进而导致竞合的发生。由此可见，将刑法法益的概念引入行为单复数的评价标准才有从根本上解决这个复杂问题的可能性。

另外，对法益的侵害是社会危害性的本质特征，即使我们从犯罪的本质出发，对行为单复数的判断和认定也不能完全忽略刑法所保护的法益。况且，法益的引入也会使二元的行为单复数的认定标准变得更加具有罪刑相当性、判断明确性和评价简明性。[②]

2. 法的行为单数的理论漏洞

从概念上来说，法的行为单数不管从行为个数的角度去考察还是从刑法规范的角度上去考察，其都属于行为复数，但是在整体结构上其又具有特殊性，故将其评价为行为单数。很显然，法的行为单数的概念

① 参见张明楷：《法益初论》（修订版），中国政法大学出版社2003年版，第167页。

② 参见陈洪兵：《应从法益视角规范性考量行为个数》，载《天府新论》2012年第2期。

的产生并非是从自然角度上进行的考量，更不是构成要件之间的评价关系，而是来自刑法规范的整体性评价目的。事实上，法的行为单数主要诠释和对应的对象是刑法中的“连续行为”。也正是因为“连续行为”这个概念的出现才创设了法的行为单数的概念来解决“连续行为”的处罚问题，但如果我们对其进行细致分析就会发现法的行为单数这个概念在运行过程中其内部有难以调和的矛盾。

首先，虽然刑法基于整体性评价的目的将法的行为单数视为行为单数的一种类型，但必须要承认的是不管从自然意义上还是从刑法规范的意义上看，都不能将其视为行为单数，因为其符合行为复数的本质特征。如果将“连续行为”中的任何一个单一行为拿出来单独考量，都可以在刑法规范上对其进行独立评价。而任何一种单一的拟制作法，都会将原本各自独立的行为变成非独立性质，如果没有强力的刑法法理基础，这种单一的拟制就会在运行中产生更多的问题和疑虑。同理，将法的行为单数视为行为单数的一种，并不妥当。因为法的行为单数中，个别的行为均有独立评价的条件和可能，随意将其进行单一拟制，并没有任何刑法上的理论基础和现实支撑，与其说法的行为单数是行为单数的一种，不如说它是犯罪单数的一种。其次，按照德国刑法的通说，法的行为单数的主要任务是解决连续行为的处罚问题，[①]由此就有学者提出，如果不将法的行为单数视为行为单数的一种，那对于“连续行为”的评价和处罚就会陷入难以解决的境地。[②] 但就笔者来看，这种担心毫无必要，按照本文观点：根本上，法的行为单数本质上是行为复数，但从刑法评价上看可以将其视为犯罪单数。因此，只需要在行为单复数的认定上将其视为行为复数，但在刑法评价上将其视为犯罪单数即可。这样既不否认法的行为单数的行为复数性质，在刑法评价和处罚上也可以不违背刑法评价的整体性原则和目的。因此总结而言：(1)法的行为单数的概念在行为单数的阵营之中定位模糊，不符合行为

① 参见[德]汉斯·海因里希·耶塞克、[德]托马斯·魏根特：《德国刑法教科书》(总论)，徐久生译，中国法制出版社2001年版，第467页。

② 参见[日]松宫孝明：《刑法总论讲义》，钱叶六译，中国人民大学出版社2013年版。

单数最基本的含义和特征。(2)将本该作为行为复数处理的多数行为拟制为行为单数与二元的行为单复数认定理论之间具有巨大的冲突，因为这种法律拟制完全是与二元的行为单复数认定理论背道而驰。(3)以解决“连续行为”的处罚问题作为根据和目的来进行法律拟制并不能弥合这种巨大的冲突和矛盾。因此，笔者的意见是，没有必要将法的行为单数拟制为行为单数，如果最终目的是要能达到对“连续行为”精准的定罪量刑，则仅需要将“连续行为”视为犯罪单数进行处理，并在性质上认同“法的行为单数”为行为复数的一种即可。这样既可以弥合法的行为单数在运行过程中的内部矛盾，也不会改变“连续行为”的处罚规则和现有的刑法竞合(罪数)体系。

(二)行为单复数认定标准的确立

基于以上对二元的行为单复数认定理论的匡正，一个更加合理和完善的行为单复数认定标准就得以确立。对于矫正过的行为单复数认定标准，本文分三个部分分别进行论述。

首先，继续坚持二元的行为单复数认定标准的基本框架，即对行为单复数的认定不能仅仅只从一个侧面进行，不管是自然意义的角度还是刑法规范意义上的角度，都有可能走入一个极端。如果单纯地以自然意义上的角度来对行为单复数进行考察，很可能就会在某些犯罪场合中难以做到罪刑相适应，比如一刀将数个人的小指头砍掉的行为，如果依照自然意义上的角度进行考察，就会得出砍这一刀的行为是一个行为，继而在定罪上就只能以故意伤害罪轻罪一罪进行处理，这并不符合大多数人一般的法感情。如果以单纯的刑法规范来对行为人行为的单复进行考察，那么很有可能会对行为人的行为进行重复评价，比如对于盗窃罪而言，假如行为人盗窃财物之后又毁坏财物的，按照刑法来说只能定盗窃罪一罪，如果仅仅从刑法规范的意义上去考察，则会得出该行为人既实施了盗窃罪又实施了故意毁坏财物罪的结论，这显然是不合理的。因此，基于以上理由，对于一元的行为单复数的认定标准必须予以抛弃，坚持二元的行为单复数认定理论的基本框架，即坚持从自然和刑法规范的双重标准对行为人的行为进行全面评价。

其次,坚持二元的行为单复数认定标准的基本框架并不等于完全一成不变地坚持传统的二元(自然意义和刑法规范)考察要素。一方面,随着社会的发展和犯罪类型的多样化,想仅仅依靠对自然意义和刑法规范意义的考察来准确地区分行为单复数已经显得非常苍白,因此有必要纳入新的刑法概念对二元的行为单复数理论进行矫正和充实。从行为危害的实质出发,将刑法法益的概念纳入行为单复数的考量因素就顺理成章了。另一方面,将刑法法益纳入二元的行为单复数评价标准之内不仅能使得该标准更加完善,还能使得该认定标准更加简易、明确、精准。这种修正后的二元的行为单复数认定理论,本文将其称为以法益为导向的二元行为单复数认定标准。

最后,对于二元的行为单复数理论之中的法的行为单数的定位需要进行调整,即为了解决"连续行为"的处罚问题而创设的"法的行为单数"概念必须排除在行为单数的类型之外,而对此引发的"连续行为"的处罚问题,可以将"连续行为"视为犯罪单数来进行处理。即必须承认法的行为单数的行为复数性质,但可以将"连续行为"视为犯罪单数进行整体上的评价,这并不违背刑法的整体性评价目的,又能解决法的行为单数与二元的行为单数的内在矛盾。

六、结语

总结来说,本文的主要观点是:一方面,对我国罪数论目前存在的现实不足要做全面深刻的反思,对德国竞合论在罪数区分的解决思路上要给予足够的重视。但要明确的是对德国竞合论的研究决不能仅仅停留在研究竞合类型的区分之上,行为单复数的判断必然是规避不掉的一个重要问题。而对于行为单复数的认定标准,本文的观点是应当坚持二元的行为单复数认定理论的基本结构,毕竟二元的单复数认定理论更加符合行为单复数理论的发展方向和现代刑法的理论趋势。另一方面,社会的发展导致犯罪类型也越来越复杂化、多样化,因此需要将法益概念引入二元的行为单复数认定理论,充分考虑法益对行为单复数认定的重要意义。最后,对于二元的行为单复数理论中法的行为单数这一概念,本文坚定地认为"法的行为单数"不符合行为单数的性质和特征，不应将其视为行为单数，必须承认其行为复数的性质。对于这种变化会给“连续行为”带来的处罚问题，完全可以通过对其处罚原则进行特殊规定予以避免，即将“连续行为”视为犯罪单数。唯有如此，才能使行为单数这个概念本身内部不会存在理论冲突，而“连续行为”的处罚问题也能得到顺利解决。

The Determination of Singular-plural of Criminal Action in Concurrence Theory

Cheng Jinbo

Abstract: The judgment on the singular and plural of perpetrating act forms is basic premise for determination on the concurrence type in cases involving concurrence theories, which dose directly influence specific application of concurrence theories in cases. On this issue, criminal law theories in China mainly focus on discussing the distinction on the quantity of crime, thereby generating the standard for distinguishing the quantity of crime, and mainly including the standard of conduct theory, theory of confirmative mens rea, causality theory and constituent element theory. The theories, regardless of any distinction standard is applied, merely concern about one aspect of the concurrency theory rather than comprehensively resolving it. The singular and plural of criminal actions are firstly recognized in German criminal law theories while concurrency theories are involved, and the distinction on the concurrency type is resolved, being worthy of reference for Chinese criminal law theories. The basic structure of binary theory for singular and plural of criminal action should be maintained and amended. It means that concept of legal interest should be introduced into the binary recognition standard and the qualitative ways about recognizing the quantity of criminal actions should be adjusted to improve traditional binary recognition standard for singular and plural criminal actions and to bridge theoretical gap within the singular criminal action.

Keywords: concurrency; quantity of crime; perpetrating act; act singular; act plural

“网络黑公关”的刑法规制研究

项　艳*

摘　要：“网络黑公关”的出现不但污染网络环境，且其具有的破坏力常常将害恶影响延伸至现实生活，盘踞于互联网世界的“网络黑公关”已成为网络舆情治理过程中亟待解决的问题。对达致犯罪程度的“网络黑公关”，一方面，可通过合理发挥传统罪名的解释包容功能、充分激活新增罪名的适用能力来进行应对；另一方面，司法机关在认定“网络黑公关”的过程中应注意避免滑向依赖“口袋罪”规制的困境。

关键词：网络黑公关；成因；规制状况；完善思考

互联网风暴席卷我们日常生活的方方面面，驱使我们进入信息时代，这不仅改变了长期以来既有的国家社会经济结构，而且塑造了人们全新的价值观念、社会空间和生活方式。[①] 在互联网的发展风生水起之时（尤其是自媒体盛行之际），“网络黑公关”这一“黑色产业”也应运而生，“网络黑公关”的出现不但污染网络环境，且其具有的破坏力常常将害恶影响延伸至现实生活，盘踞于互联网世界的“网络黑公关”已成为网络舆情治理过程中亟待解决的问题。

一、“网络黑公关”概述

关于“网络黑公关”，有学者认为，它是指以借助于数字技术和通信

---

* 吉林大学法学院刑法学 2018 级博士研究生。

① 参见刘宪权：《论信息网络技术滥用行为的刑事责任——〈刑法修正案（九）〉相关条款的理解与适用》，载《政法论坛》2015 年第 6 期。

技术的互联网为传播媒介,通过虚假宣传、恶意炒作、夸大、捏造、散布虚拟事实等方式来操纵网络舆论、挟持民意、抢占流量,从而达到不正当目的的一系列非法网络公关行为。① 也有学者认为,所谓"网络黑公关"是指网络公关主体受急功近利的驱动,为了抢占网络市场,谋求网络空间的话语权,企图在最短时间内获得最大利益,通过网络媒介平台,运用网络推手、网络打手、网络删手等不正当公关手段所开展的网络公关活动。② 以上定义大同小异,综合来看,不同的定义只是对"网络黑公关"的具体表现形式的表达稍有区别,其重点均在于指明"网络黑公关"的性质实为网络公关的不良变体和异化,因此笔者认为,可将"网络黑公关"理解为网络公关主体利用网络媒介平台为当事企业或个人提供有偿的、不正当的网络公关服务的行为。

近来涌现的"吉利长城互黑事件"③"中国红牛起诉标题党事件"④"头腾大战事件"⑤都是典型的涉"网络黑公关"事件,下文将对"网络黑公关"的表现形式与形成成因进行叙述。

(一)"网络黑公关"的主要表现形式

"网络黑公关"在互联网中呈现出多种样态,常见的表现形式有:

1. 水军行为

网络世界中,"水军"无处不在。当下,只要我们打开任意一个搜索引擎或社交平台,都有可能发现"水军"的活跃身影。"水军"是一群隐

① 参见苏忠林、李志刚、王亚文:《网络公关异化治理研究:一个多元协同的视角》,载《中南财经政法大学学报》2015 年第 6 期。

② 参见朱海华:《网络公关异化:形成机理、内容表征与治理体系》,载《湖北行政学院学报》2015 年第 6 期。

③ "吉利长城互黑事件"大致如下:2018 年 10 月中旬,今日头条用户"吉利公关部经理"发布了微信群信息,内容显示吉利汽车雇佣水军抹黑长城汽车,吉利汽车官方微博当即否认这一消息,称"吉利公关部经理"造谣。长城官方微博随后发布消息,不指名地批评"某品牌"长期雇佣水军,抹黑自主车企。

④ "中国红牛起诉标题党事件"大致如下:2018 年 10 月 31 日,一篇题为《终局裁定,中国红牛将告别市场开始清算》的文章在网上迅速传播。11 月 6 日,中国红牛一纸诉状提起名誉权侵权诉讼,将发布《终局裁定,中国红牛将告别市场开始清算》的网络媒体上海观察者网诉至北京怀柔区法院。

⑤ "头腾大战事件"大致如下:腾讯称 2018 年 5 月以来,"今日头条"及"抖音"系列产品的实际运营者通过其自有新闻媒体平台等渠道大量发布、传播贬损诋毁腾讯公司的言论、文章或视频,随后今日头条称自己也遭受到了大规模、有组织的黑公关,并称已向公安机关报案。

匿于网络空间、通过受雇发布特定信息、有目的地实施炒作行为的网络造势人员。具体而言,当事人出于某种商业或名誉目的,出资给网络公关公司,雇用闲散的网民,通过海量的、密集的转帖、跟帖、点击行为,为某种言论造势,形成虚假的网络民意。[①] 水军的不当行为(如发布言辞过激、具有攻击性、侮辱性、诽谤性的内容等)会带来负面后果,影响人们对信息的判断辨别,干扰正常的网络秩序,甚至会导致不正当竞争走向失控、网络诚信系统破坏殆尽的后果。上文提到的"吉利长城互黑事件"就属于典型的水军造势行为。

2. 有偿删帖

有偿删帖被形象地描述为"拿人钱财、替人删帖",主要是指违反国家规定,收受他人财物,为他人删除、下沉、稀释某类网络信息的行为。[②] 网络公关公司或个人通常会通过收买网站值班编辑删帖,或通过"黑客入侵"手段等方法删除对客户不利的帖子,凭借删帖这种手段来杜绝客户负面信息的传递,从而达到化解、阻止负面信息的目的。[③] 笔者在裁判文书网站检索关涉有偿删帖的案例,[④]发现约85%的案例集中发生于近三年(2016年、2017年、2018年三年),且案件数量呈现出逐年上升的趋势,根据检索结果来看,有偿删帖常常与敲诈勒索、非法经营、贿赂等犯罪相伴而行。

3. 操纵排名

排名是对某一同类事物客观实力的反映,其具有的权威性与客观性使其附着一定的商业价值(尤指各种官方网站发布的排名)。近年来,各类"排行榜""热搜榜"如雨后春笋般层出不穷,榜单名目冗多,似有失控之势态。在这些光鲜排名背后,不断曝出花钱买榜买热搜、花钱撤名撤榜的内幕。有需求自然就会有交易,"网络黑公关"抓住了企业或个人对排名的某种或追逐或避免的心态,通过优化、操纵、伪造排名

① 参见方言:《网络水军的罪与罚》,载《中国信息安全》2011年第4期。

② "有偿删帖"的百科词条。

③ 参见孙红云、张晓莉:《"网络黑公关"的危害及对策研究》,载《西藏大学学报》(自然科学版)2013年第2期。

④ 笔者选定的案例检索平台为"聚法案例",下同。

进而谋取不正当利益,但经“网络黑公关”勾兑炮制出来的排行榜、热搜榜,其可信度所剩无几。

(二)“网络黑公关”的形成动因分析

“网络黑公关”作为一个日趋体系化、规模化的黑产业,它的形成主要有着以下几个原因:

1. 利益的驱动

“网络黑公关”的出现,首要的原因即是受到利益的驱使。以“自媒体黑公关”为例,有记者调查发现,“企业每年要维护上百家自媒体,年合作的单价从5万元到数10万元不等,即便一些阅读量只有几千的自媒体价格也在10万元以上,不交钱就可能被黑”。[①] 此外,在裁判文书中我们也能嗅到这一可观利益的气息,譬如在(2018)粤刑初第10号判决书中,可看到这样的明码标价:“帮助删除帖文,具体费用为天涯社区1500元一条、新浪博客800元至900元一条,网易类1100元一条……”可以想见,委托人之所以想要删帖,相关帖子的数量势必不可小觑,这就使“网络黑公关”频发,轻易攫取到可观的非法利益。

2. 市场的需求

与前一个原因息息相关,“网络黑公关”的盛行还在于市场的需求——拥有数量可观的客户群。需求是市场存在的基本前提,在市场经济精致利己观念的驱使下,趋利避害成为部分组织与个人的迫切愿望,也转化为网络黑公关巨大的市场需求。一方面是制造竞争对手的负面信息的市场,另一方面是消除有关自身的不利信息的市场,即便有研究表明一定比例内的负面、不利信息并不会造成显著影响,社会组织和个人在风险控制的心理影响下,也会对于消除负面、不利信息有巨大需求。[②]

3. 监管的疏漏

我国互联网监管体系尚不完善,而网络媒介的飞速发展使得这一

---

① 新华网:《揭秘自媒体“黑公关”:有企业要给上百个自媒体交保护费》,载人民网:http://society.people.com.cn/n1/2018/1025/c1008-30363231.html.最后访问日期:2018年12月15日。

② 参见黄迎新、窦佳乐:《网络公关异化的产生、危害与监管》,载《湖北社会科学》2017年第10期。

不足更为凸出。在一些社交平台上，由于实名认证方式存在漏洞，导致行为人输入虚假信息便可获得账号进而发表言论，而在虚假身份庇护之下所发表的言论内容就难免不受控制或者容易被控制，这便为某些“网络黑公关”肆意编造虚假消息、恶意诽谤他人打开了方便之门；同时，源头监管不健全也在无形之中降低了“网络黑公关”的违法成本，加之网络的匿名性和主体分散性造就了“网络黑公关”的风险缓冲带，大大降低了行为人被追责的概率，由此导致不断有人前赴后继地奔赴这块黑利益的战场。

4. 自媒体的异化

“网络黑公关”的急遽发展同自媒体的兴起存在极强关联。在人人皆能成为“喉舌”的新媒体时代，我们可见各种公众账号、私人账号等自媒体充斥于网络空间，发表言论、传递信息不再只是传统媒体的专属职能。实践中，个别自媒体矩阵已经成为不正当竞争的重要“助攻”，扶植自媒体团队，成为一些公司公共关系部门的重要工作业绩，由此带来的往往是泛滥的各类黑稿，企业的商誉是这类自媒体诋毁的主要对象。[①]因而，如果放任自媒体沉沦甚至异化，将会对整个社会的舆论风气造成严重影响。

二、“网络黑公关”的刑法规制现状

通过展现我国对“网络黑公关”现象的刑法规制现状，将有助于我们在思考和完善相关治理方略时有的放矢，避免“眉毛胡子一把抓”。

（一）一个必要的前提：刑法意义上的“网络黑公关”

需要说明的是，刑法虽然是规制“网络黑公关”现象不可缺位的有力手段，但“网络黑公关”行为并非一律需要通过刑法来进行打击。基于刑法的谦抑品格，针对具有危害性的行为，刑法并不以“首当其冲”的形象出现，因而，若通过其他方式能够有效规制“网络黑公关”行为，刑法便无介入的必要。

“网络黑公关”本身并无鲜明的刑法属性，若要对其进行刑法上的

① 参见朱巍：《谁是滥用自媒体权利背后的黑手》，载环球网评论：http://opinion.huanqiu.com/hqpl/2018-10/13352897.html，最后访问日期：2018 年 12 月 16 日。

评价——使其具有刑法意义,势必是由于该种“网络黑公关”充足了刑法特征,具备了值得国家发动刑法进行管控的资格。毋庸讳言,能够落入刑法视域的行为应当是能够被评价为犯罪的行为,因此,当上文所列举的“网络黑公关”行径在行为性质上符合了刑法规定的某种犯罪的构成要件,具备了犯罪属性,那该“网络黑公关”就会被刑法“一键锁定”,它将被赋予刑法意味,此时的“网络黑公关”“进阶”为具有刑法意义的“网络黑公关”,可称之为“网络黑公关犯罪”。本文所讨论的正是此种达致犯罪程度的“网络黑公关”。

(二)“网络黑公关”的刑法规制方式

我国目前尚未出台专门规制网络犯罪的单行刑法,对达致犯罪程度的“网络黑公关”行径,我国一方面通过发布“新解”传统罪名的规定进行规制,另一方面通过在《刑法》修正案中增加或修改条款进行规制。

“新解”传统罪名,是指对传统罪名所涵盖的行为方式进行理性的、必要的扩大解释,使得严重侵害法益的“网络黑公关”能够被包含于其中,这种“旧瓶装新酒”[①]的模式是制裁“网络黑公关”最便捷也最主要的手段。这类用来制裁“网络黑公关”的“新解”传统罪名规定主要有:2010年5月7日,最高人民检察院、公安部发布的《关于公安机关管辖的刑事案件立案追诉标准的规定(二)》(以下简称《规定》)第74条中明确将利用互联网或者其他媒体公开损害他人商业信誉、商品声誉的行为认定为损害商业信誉、商品声誉罪的情形之一,使部分“网络黑公关”被纳入了“刑网”;[②]2013年9月5日,最高人民法院与最高人民检察院(以下简称“两高”)联合发布的《关于办理利用信息网络实施诽谤等刑事案件适用法律若干问题的解释》(以下简称为《诽谤信息解释》)规定了利用信息网络实施诽谤、寻衅滋事、敲诈勒索、非法经营犯罪的认定及处罚。以上规定反映了虚拟互联网环境下犯罪行为的网络特质,并通过适度扩张罪行认定的原有框架,在“现实”刑法规范与虚拟网

① 刘宪权:《网络造谣、传谣行为刑法规制体系的构建与完善》,载《法学家》2016年第6期。

② 损害商业信誉、商品声誉罪是指捏造并散布虚伪事实,损害他人的商业信誉、商品声誉,《规定》明确“利用互联网或者其他媒体公开损害”属于处罚情形。

络犯罪之间架起“沟通”桥梁,为应对虚拟网络中的传统犯罪引申出更具网络属性的刑法规范。①

在修正案中增加或修改条款也是应对“网络黑公关”的重要手段。与传统犯罪相比,涉及互联网的犯罪在行为方式、行为主体、行为对象等方面或多或少具有特殊性,因而这类犯罪不一定全部能够被传统罪名包容评价。因此,针对涉互联网的犯罪,若行为人的行为方式已具有类型化特征且无法被传统罪名归类评价时,就可能有采取在《刑法》修正案中增加相应条款或在其他原条款的基础上增加、修改特定行为方式的手段来进行规制的必要。我国在《刑法修正案(七)》与《刑法修正案(九)》中均设置了完善涉网络犯罪的规定,笔者认为,其中与“网络黑公关”行为相关的为《刑法修正案(九)》中新增设的第286条之一与第287条之二,分别为拒不履行信息网络安全管理义务罪②与帮助信息网络犯罪活动罪。③ 具体而言,网络服务供应者对网络安全具有监督管理的作为义务,拒不履行信息网络安全管理义务罪是指网络服务供应者不按规定履行相关网络安全管理义务,经监管部门责令采取纠正措施但拒不纠正从而导致出现严重后果的行为,譬如,若“网络黑公关”主体在某网络平台发布了严重损害企业商誉的不实内容,网络平台的管理者经监管部门责令删除但拒不删除,导致该不实言论大量传播的即涉嫌构成此罪,此罪虽对“网络黑公关”不能进行直接的规制,但是通过对网络服务提供者不作为的规制可在源头上对“网络黑公关”的泛滥进行

① 参见姜瀛:《论刑法的“网络扩张”——兼评“关于网络诽谤等犯罪的司法解释”》,载《兰州文理学院学报》(社会科学版)2014年第3期。

② 《刑法》第286条之一规定:网络服务提供者不履行法律、行政法规规定的信息网络安全管理义务,经监管部门责令采取改正措施而拒不改正,有下列情形之一的,处三年以下有期徒刑、拘役或者管制,并处或者单处罚金:(一)致使违法信息大量传播的;(二)致使用户信息泄露,造成严重后果的;(三)致使刑事案件证据灭失,情节严重的;(四)有其他严重情节的。单位犯前款罪的,对单位判处罚金,并对其直接负责的主管人员和其他直接责任人员,依照前款的规定处罚。有前两款行为,同时构成其他犯罪的,依照处罚较重的规定定罪处罚。

③ 《刑法》第287条之二规定:明知他人利用信息网络实施犯罪,为其犯罪提供互联网接入、服务器托管、网络存储、通讯传输等技术支持,或者提供广告推广、支付结算等帮助,情节严重的,处三年以下有期徒刑或者拘役,并处或者单处罚金。单位犯前款罪的,对单位判处罚金,并对其直接负责的主管人员和其他直接责任人员,依照第一款的规定处罚。有前两款行为,同时构成其他犯罪的,依照处罚较重的规定定罪处罚。

一定的遏制；帮助信息网络犯罪活动罪实质为帮助行为的正犯化，是指在明知他人利用互联网实施犯罪活动的情况下，为他人实施犯罪活动提供技术支持服务或者提供广告推广以及支付结算业务等帮助，情节严重的行为。若行为人为已涉嫌犯罪的“网络黑公关”提供技术帮助或推广、结算等帮助，并且情节较为严重，妨害了网络管理秩序的法益时，则可以依照该条款对行为人进行处罚。该罪与拒不履行信息网络安全管理义务罪一样，虽不直接对“网络黑公关”起作用，但其作用在于打击、瓦解“网络黑公关”的中坚力量与外部壁垒，切断来自他方的支持，挤压“网络黑公关”的生存空间。

（三）“网络黑公关”的实践涉诉情状

通过检索，“网络黑公关”常触犯的罪名主要为敲诈勒索罪、非法经营罪、损害商业信誉商品声誉罪。

在涉“网络黑公关”的敲诈勒索中，行为人通常采取“不给钱就发黑稿”“给钱就撤稿删帖”的方式，即行为人或先发布企业或个人的负面报道，或利用企业或个人对媒体刊载负面报道的畏惧心理，迫使被害人支付“管理费”“合作费”“赞助费”等费用，以求取对负面消息的移删或不再跟踪报道。在内容设置上，“网络黑公关”或选择社会公众关注的话题，或对媒体报道的新闻进行剪裁拼凑加工，再辅之以博人眼球的标题。例如，根据（2015）佛中法刑二终字第420号判决书的描述，被告人王某在自己开设的“中国新东方”微信公众平台发布了一篇名为《中国各地净水器曝光清单，你还在使用吗?》的帖子，经查，该帖子内容来源于京华时报的一则新闻，王某在发布时删改了新闻的部分内容，将当时新闻中公布的不合格的“美的牌MU－3（860cb）型净水器”直接改为“美的牌净水器”，并增加了中央电视台新闻报道的视频截图，错误引导读者以为美的净水器均不合格，美的公司发现不实报道后，为尽快减小不良影响，要求王某删除在上述微信平台以及从该平台转发出去的该不利于美的公司的帖子时，王某要求交付2万元的费用才能删帖。在“网络黑公关”型敲诈勒索犯罪中，行为人常常以团伙形式作案，内部分工明确——有人负责选题写稿，有人负责编辑排版上传，有人负责与被害人“接洽”等,值得注意的是,行为人往往采取成立公司注册网站或开设公众账号等方式获得特定的管理权限,但是大多数网站或账号并未履行备案手续。

从检索结果来看,触犯非法经营罪的主要是“网络黑公关”中的有偿删帖行为,[①]有偿删帖是一条“覆盖面广、链条长、关系复杂”的中介模式产业链,其行为方式大致为:通过网络寻找并承接删帖业务—在相应的网站和论坛上进行删帖—删帖成功后向需要删帖的人收取费用。试举两例具化其行为方式,在(2018)豫刑第68号判决书中,被告人冯某在网上得知有人愿意出资找人删除已发布到网络上的负面信息,便在互联网上联系能够删除或屏蔽负面信息的人员,并按照每条报价加价后报至需要删帖人员,待删帖后便将所获报酬按照事前约定转账给删帖人员,其所报加价款自肥,被告人冯某采用上述方法收取报酬共计6万余元。在(2018)皖刑初第23号判决书中,被告人王某通过在网络上进行广告宣传,大量承接有偿删帖业务,并通过支付宝、微信等第三方平台结算删帖报酬,截至案发时,被告人王某共计删帖200余条,涉案金额达23万余元,共计为百余名网络客户提供有偿删帖服务。根据笔者对相关裁判文书内容的统计和分析,有偿删帖的途径主要为以下四种:(1)通过匿名举报进行申诉;(2)采取伪造相关资质证明进行申诉;(3)委托上线即黑客入侵网络进行非法删帖;(4)利用优势地位和特殊权限进行违规删帖(此种途径往往还牵涉贿赂犯罪)。

晚近几年,通过利用网络损害商业、商品信誉的现象尤其以受众较多的平台如微信公众号、微博、贴吧等为重灾区。与“网络黑公关”型敲诈勒索、非法经营相比,“网络黑公关”型损害商业、商品信誉常常导致企业遭受非常重大的财产损失,试举一例说明该情况,根据(2017)沪刑初第990号判决书描述,被告人王某与李某为获取某大型汽车公司的广告采购业务,经事先预谋,共同撰写多篇文章捏造竞争对手(上海某

① 根据“两高”发布的《关于办理利用信息网络实施诽谤等刑事案件适用法律若干问题的解释》规定,以营利为目的,通过信息网络有偿提供删除信息服务,或者明知是虚假信息,通过信息网络有偿提供发布信息等服务,扰乱市场秩序,情节严重的,以非法经营罪定罪处罚。

广告有限公司)长期采用给予回扣等非法手段获取该汽车公司广告业务的事实,并指使他人在知名网站上发布、转载,以达到损害该广告公司信誉、利用舆论迫使该广告公司公司退出广告业务的目的,上述文章在短时间内被广泛传播,浏览量达24万余次,该广告公司为消除上述不实文章引起的恶劣影响,共计花费人民币80余万元。在“网络黑公关”阴影的笼罩之下,每家企业抑或每个行业都深受其害,结成实际上的命运共同体。

除了主要涉及以上三个罪名外,“网络黑公关”还常常涉嫌诽谤罪、寻衅滋事罪、破坏生产经营罪等罪名。总体而言,对于“网络黑公关”,我国目前主要以传统罪名来进行规制,对于《刑法修正案(九)》中新增的几个罪名,似乎还处于“设而未用”的状态。①

三、“网络黑公关”的刑法规制困境

(一)“新解”方式存在异化解读现象

“新解”传统罪名解决的是犯罪手段网络化在传统犯罪中的认定和适用问题,这种应对方式兼具及时性与保守性,及时性表现为当面对新情况新问题时,依靠此种方式,司法机关可以通过在现行刑法规定中“按图索骥”——查找能够涵摄“网络黑公关”行为的罪名,进而在实践中对罪名的构成要件进行扩张解释或是发布相关的司法解释,以便及时对新型网络犯罪作出回应,这是最经济便利也是最常被采用的规制方式;保守性表现在与传统犯罪相比,网络犯罪在行为方式、行为对象等方面均有所“变异”,因而传统罪名在应对日新月异的涉网络犯罪时总有捉襟见肘之处,如果一味依赖“新解”的方式进行规制,不但会导致司法惰性的产生,还有可能会使传统罪名在“新解”的过程中与立法原意渐行渐远,进而突破传统罪名的犯罪构成,模糊网络犯罪的实质。譬如上文中所提到的《诽谤信息解释》,该解释对规范某些“网络黑公关”行径提供了指导,但其中的一些解释结论却存在异化解读,如《诽谤信

① 截至2019年1月1日,笔者在案例检索平检索到0件涉嫌拒不履行信息网络安全管理义务罪的裁判文书,而涉嫌帮助信息网络犯罪活动罪的案例虽有几十件,但没有一起案件是按照该罪名进行定罪量刑的。

息解释》第1条第2款规定“明知是捏造的损害他人名誉的事实,在信息网络上散布,情节恶劣的,以‘捏造事实诽谤他人’论”。根据《刑法》规定,[①]诽谤罪的客观行为方式表现为“捏造事实诽谤他人”,学理上习惯称为“捏造并散布”,意即只有当捏造行为与散布行为同时存在时方能构成诽谤罪,据此,单纯地散布明知是捏造的事实并不能构成该诽谤罪。[②] 很明显,该司法解释直接越过了“捏造”这一行为,将诽谤罪的构成要件进行了人为删减,突破了诽谤罪构成要件的设置,存在类推解释的嫌疑。[③]

诚然,“新解”传统罪名是最为经济的规制方式,但如果忽视了传统罪名所固有的解释局限,“新解”就有可能异化为“曲解”,因而,在肯定传统罪名具有适用价值的前提下,如何将传统罪名的涵摄范围向“网络黑公关”犯罪进行理性延伸、使“新解”的内容得到广大人民和法律人的共同认同将是接下需要思考的重要问题。

(二)《刑法修正案(九)》增设条款处于被搁置的境地

通过在修正案中增设条款的规制方式在一定程度上体现了立法者对“网络黑公关”进行全面防治的治理理念,但是,《刑法修正案(九)》中增设的关涉“网络黑公关”的条款在实践中显然没有发挥出应有的“打击实力”,甚至有被搁置的倾向。这一消极现实与其在立法时被寄予厚望形成鲜明对比,“尤其是《刑法》第286条之一所规定的拒不履行网络安全管理义务罪,如果判决的数量持续为0的话,该规定无疑将成为僵尸条款,从而造成立法资源的巨大浪费”。[④]

《刑法修正案(九)》中增设的关涉治理“网络黑公关”的条款总体适用率不高,笔者认为原因主要为:(1)条文表义不明甚至存在矛盾。比如有学者指出,在拒不履行网络安全管理义务罪的罪状描述中,“致

① 《刑法》第246条诽谤罪:捏造事实诽谤他人,情节严重的,处三年以下有期徒刑、拘役、管制或者剥夺政治权利。

② 共同犯罪的情形除外,但该《诽谤信息解释》针对的显然是单个行为人的散布行为而非共同犯罪行为。

③ 参见阎二鹏:《犯罪的网络异化现象评析及其刑法应对路径》,载《法治研究》2015年第3期。

④ 李世阳:《拒不履行网络安全管理义务罪的适用困境与解释出路》,载《当代法学》2018年第5期。

使违法信息大量传播”与“致使刑事案件证据灭失”的表述本身具有自相矛盾之处，显然，网络服务提供者阻止违法信息大量传播的方式必然包括将违法信息删除，而案件一旦进入刑事诉讼程序后，之前的删除违法信息行为将很可能导致证据灭失，这种冒险的现象必将导致网络服务提供者面临无可适从的窘境。① (2)缺乏相关司法解释的指导。由于目前司法机关还未发布任何相关司法解释，因此实务人员在无明确指导的前提下，往往会选择避开适用《刑法修正案(九)》新增罪名，转而利用更为熟悉(但并非就是最适合)的传统罪名进行规制，这除了会导致新增罪名被人为架空之外，还会造成司法机关在适用传统罪名时“过于发挥主观能动性”——有可能导致类推解释的出现，从而为刑事处罚范围的扩大埋下隐患。(3)缺乏学界通说的论理支撑。一般来说，如果缺乏司法解释的指导，司法机关在适用罪名时会转向“求助”于学术界——利用学界通说来解决适用问题，但是，在《刑法修正案(九)》新罪名出台后，虽然学界的讨论一如既往地热烈，但似乎始终未呈现出权威的适用观点。

(三)“口袋现象”的蔓延

“口袋罪”是刑法中的一类特殊罪名，是对刑法中一些因罪状高度概括和高度模糊或者司法的惰性及惯性而导致相关行为都可以装进去的罪名的形象指称。② 在网络时代，传统的“口袋罪”被赋予了新的意味——“口袋”开始伸向网络空间，如寻衅滋事罪的延伸是通过传统意义上的法律解释路径，非法经营罪的延伸是通过惯有的“兜底条款”增补路径，此外，新的“网络口袋罪”正在逐渐形成，破坏计算机信息系统罪、非法获取计算机信息系统数据罪、破坏生产经营罪、帮助信息网络犯罪活动罪等罪名已在不同程度上被“口袋化”。

“口袋现象”蔓延至网络空间，这既有立法上的原因，也有司法实践

---

① 参见刘宪权:《刑事立法应力戒情绪——以〈刑法修正案(九)〉为视角》，载《法学评论》2016年第1期。

② 参见陈小炜:《“口袋罪”的应然态度和限制进路》，载《苏州大学学报》(哲学社会科学版)2015年第3期。

上的原因。总体而言,由于非法经营罪、寻衅滋事罪等其他具有“口袋”特征的罪名都呈现出“行为方式模糊多样、容易与其他罪名交叉、情节标准难以把握及主观方面难以界定”等现实问题,这些在刑法学界看来的隐患问题恰恰成为“口袋罪”在司法实践中的生存基础。不仅如此,实践中一些地方法院的判例更是在司法解释之外丰富了“口袋罪”的行为类型,尤其是在面对新型犯罪时,“口袋罪”的适用似乎成为司法人员更为优先的选择。① “口袋现象”的蔓延必然会带来处罚范围的扩大与入罪门槛的降低,这种试图突破罪刑法定原则的打击手段存在巨大风险。

四、“网络黑公关”的刑法治理完善思考

(一)合理发挥传统罪名的解释功能

面对不断高发的“网络黑公关”乱象,我国在并无专门网络单行刑法且相关网络犯罪罪名适用实践不理想的情状之下,利用“新解”传统罪名的方式对新型网络犯罪现象进行“升维打击”实属当然之策(却并非就是下策)。从趋势来看,这种保守的规制方式将具有长期性和补充性,因而,为了令传统罪名能够适应于并消化“网络黑公关”以及在未来有可能接踵而至的新型网络犯罪现象,我们确有必要继续保持并发挥传统罪名的解释容纳功能,但前提是这种“发挥”必须是理性的、适切的。

要使得相关解释内容合理适切并非易事,首先尤为重要的是,解释者要恪守解释的界限,解释者不能逾越解释界限——禁止任何形式的类推解释,经解释后的内容不能超出国民的预测可能,不能违背罪刑法定原则;其次,解释者所作的解释内容应当具有充分的解释理由,解释须立足于最为广大的人民的普遍共识、常情以及社会的基本公共政策之上;最后,解释内容还需具有科学的预测力,只有具有科学预测力的解释才能避免朝令夕改的命运,才能拥有更为长久的生命力。笔者认为,解释者不能忽略或低估解释内容会对相关社会生活领域所产生的

① 参见姜瀛:《“口袋思维”入侵网络犯罪的不当倾向及其应对进路》,载《苏州大学学报》(法学版)2017 年第 2 期。

实际影响，因此解释者在欲解释之初即应进行相关的、必要的调研考察。除此之外，笔者所说的“适应与消化”并非是想要试图将传统罪名削足适履地适用于规制“网络黑公关”抑或是对一切网络黑恶现象采取“照单全收”的规制方式，而是表达传统罪名理应在能够“有所为”之时展现自身能力。质言之，合理把握解释规制、发挥传统罪名的解释功能是我国打击“网络黑公关”的必由之路，铺平、走好这条必由之路将有助于抗制猖獗的网络黑恶现象。

（二）提升、激活新增罪名的适用能力

增设罪名，是为了制裁无法通过原有罪名进行规制的、侵害法益的且值得用刑法进行苛责的行为，因而可以这么认为：每一个罪名的诞生都承载着一定的使命。《刑法修正案（九）》中新增加的关涉规制“网络黑公关”犯罪的罪名，不应在增设之后就被“打入冷宫”。笔者认为，对新增罪名的适用能力进行提升和激活，不失为一条改善现状的路径。提升、激活新增罪名的适用能力，首先，需要在理论上对该罪名的构成要件、适用情形以及所涉及的概念等有清晰的认识和认定，以消除不必要的歧义，为司法实践提供明确标尺和确定指引，这可以通过立法解释和司法解释来进行完善；其次，罪名的适用最终要落实到实践上，如果新增罪名的条文设计未能对司法实践提供确定性指引，司法裁判者仍然应立足于该罪的立法目的与法治精神，依托于案件事实对概括的条文表述进行有效提炼，通过良性的释法来寻求该罪在实践中的正当适用方式；[①]最后，学术界应积极为新增罪名的有效适用建言献策，提供理论支持以解决实践问题为主要研究导向。总之，提升、发挥新增罪名的适用能力，可以凸显罪名增设的正当性、合理性，可以有效发挥罪名本身具有的功能与活力，这将助推实现法律效果与社会效果的有机统一。

（三）适用“口袋罪”时应保持严谨谦抑

笔者并不笼统地反对通过“口袋罪”来规制“网络黑公关”，但若将严重侵害法益的“网络黑公关”纳入“口袋罪”进行规制时需要严谨谦

① 参见姜瀛：《“口袋思维”入侵网络犯罪的不当倾向及其应对进路》，载《苏州大学学报》（法学版）2017年第2期。

抑,尤其是在“扫黑除恶治乱”的背景之下,司法机关不能为了扫黑而扫黑,更不能将“口袋罪”当作扫黑行动的得力助手,以至于刻意扩大刑法处罚的范围——将并不符合或尚未达致犯罪的“网络黑公关”也一网打尽。

要做到入罪的严谨谦抑,笔者认为,在对涉“网络黑公关”犯罪进行认定时,首先应考察其是否能由非“口袋罪”来进行规制,如若不能,则在适用“口袋罪”之时也需要再考察“网络黑公关”具体侵犯的法益是否与相应的“口袋罪”所保护的法益一致,该行为是否具有实质的可罚性,行为方式是否能够完全被“口袋罪”所包摄等,而不能随意地“一用了之”,模糊案件的真实性质;同时,要做到“口袋罪”的入罪严谨谦抑性,就需要在理论和实践中都正确解释与适用“口袋罪”,禁止为了刻意寻求对“网络黑公关”的处罚而突破条文的最大文义射程范围解释与适用“口袋罪”,无论是规范性的司法解释还是法官个人对“口袋罪”适用的解释,都不能越位、不能过分,尤其要避免进行任意解释。总之,当“网络黑公关”有适用“口袋罪”的必要时,其适用的灵活性必须以适用的原则性为基础,也即应严守罪刑法定这一基本原则,坚守构成要件作为刑事处罚的基准。

五、结语

“在网络时代,刑法必须敏感地应对社会结构与社会生活事实的各种变化。”①刑法作为规范社会秩序的最后一道防线,应坚决对越界的、严重侵犯法益的“网络黑公关”进行强势回应。面对猖獗的“网络黑公关”乱象,刑法方向上的努力,可通过合理发挥传统罪名的解释包容功能、充分激活新增罪名的适用能力来进行有效应对,同时,司法机关在认定过程中还应注意避免滑向依赖“口袋罪”规制的困境。诚然,治理“网络黑公关”不是单靠刑法的一己之力便能卓有成效,这需要建构多元协同的治理模式,有赖于多学科的协同联动、携手面对。

① 张明楷:《网络时代的刑事立法》,载《法律科学》(西北政法大学学报)2017 年第 3 期。

Research on the Criminal Regulation of "Black Public Relation Officials Online"

Xiang Yan

Abstract: The emergence of "cyber black public relation" not only pollutes the network environment, but often extends the harmful influence to real life. The "cyber black public relation" entrenched in the internet world has become an urgent problem to be solved in the process of online public opinion governance. On the one hand, the "cybernetic public relations" has reached the crime level, which can be dealt with by giving reasonable play to the explanatory and inclusive function of traditional crimes and fully activating the application ability of new crimes. On the other hand, the judicial authorities should pay attention to avoid slipping into the dilemma of relying on the regulation of "poket crime" in the process of cognizance of "cybernetic public relation".

Keywords: cyber black public relations; genesis; regulatory status; perfect thinking

法社会学视角下经济刑法的处罚边界

臧金磊*

摘　要：以经济自由、刑法谦抑性以及经济刑法保护的法益为由认为我国经济刑法存在过度犯罪化，并拒绝扩张处罚边界的观点，背离刑事罚则确立的内在社会机理。刑法学研究不是纯粹的概念构造、逻辑推演，以及对刑法犯罪构成、机理的分析，从功能角度揭示刑法制定、运行、实效等问题，同样也是刑法学研究的重点。从法社会学角度分析，我国经济刑法边界范围基本合理，规制缓和、市场经济自由呼唤经济刑法宽松的刑事政策，要求局部除罪化的同时，也伴随着局部犯罪化的必要。社会事实变化决定了犯罪化是主要发展方向。经济刑法应当根据市场机制、科学技术、市场习俗等基本社会事实的变化，重新审视法益侵害的有无以及大小，并由此动态调整自身功能定位和边界。

关键词：经济刑法；边界；市场机制；科学技术；市场习俗

无论是党的十八届三中全会提出的“紧紧围绕市场在资源配置中起决定性作用”的经济发展策略，还是目前正在全面推行的负面清单制度，均是为了实现我国经济社会变革，建立向国际开放、立足于自己责任原则和市场原理之上的自由、公正的经济社会，实现对经济管控的事前规制向事后监督的转换。于是，规制缓和成为政府的核心议题。那么，经济刑法作为调控经济活动的二次手段，应如何准确定位是值得不

* 西南政法大学刑法学2017级刑法学博士研究生。

断研究的问题。作为保障国家经济安全稳定运行的经济刑法，其制裁思路应当作出何种调整？积极回应社会经济发展并相应作出具体调整是目前共识性的见解。

面对社会经济转型，怎样合理确定经济刑法处罚边界是目前困扰立法和司法的重大难题。主流观点认为，在行政经济规制深入缓和、经济自由的大背景下，经济刑法应保持调整力度的谦抑性，但这是否符合经济刑法的应然走向值得深入反思。经济刑法边界范围从来不是刑法内部的逻辑推理问题，那些动辄以"刑法应保持谦抑性"，想当然地认为经济自由与刑法宽缓存在正相关联系，反对经济刑法扩张边界，强调限缩构罪范围、除罪化似乎才是经济刑法应然的边界范围的论断，在没有考察社会事实的前提下，缺乏根本的说服力。本文试图改变单纯对当前刑法逻辑解释得出演绎结论的解释学研究范式，摆脱机械规则的思维束缚，坚持法社会学认为的社会是一个各种要素构成的有机整体而并非是孤立存在，社会力量、社会事实决定着法的产生、运行和实效的基本观念，以此探讨经济刑法边界的定位问题。

特此说明，目前学界对经济刑法概念的外延范围尚未达成一致认识，归纳起来理论上的主要观点有：最宏观说、宏观说、中观说、微观说，[①]但无论争议如何，目前达成一致认识的是，我国《刑法》第三章破坏社会主义市场经济秩序罪是典型的经济刑法。因此，为防止因概念外延理解差异，导致相关问题的结论存在争议，本文研究的场域定位于微观说，即经济刑法是指有关《刑法》第三章破坏社会主义市场经济秩序罪及其刑事责任规范的总称。

一、经济刑法处罚边界变化的背景：规制缓和

（一）规制缓和的基本意蕴

"规制缓和"一词源于经济学术语，流行于日本。哈耶克认为，即便是国家对市场只是略微干涉，也会暴发出新的强劲措施，且这种螺旋式的强动力量会导致计划经济甚至专政。如果政府利用强制性规则抑制

① 囿于篇幅考虑，本文不就经济刑法外延的相关学说争议详细列举，具体内容请参见王潮：《经济刑法的调控力度研究》，华东政法大学2015年刑法学博士学位论文，第12～13页。

自由竞争时,为自由竞争建立的社会框架将崩坍,难以完成。[①] 鉴此,为推动金融、航空等各经济领域产业的自由化,建立市场主导的产业结构,扩大市场竞争,发达国家开始限缩政府对经济产业的规制。这就是"规制缓和"的基本原理。特别是在经济全球化浪潮以及世界贸易组织的推动下,该理念更是直接被欧美国家理解成"规制撤销",只不过日本在引进该术语时,考虑到本国政府尚且主导性较强的现状,将其翻译成"规制缓和"。[②] 因此,所谓规制缓和就是不断控制和减少政府对市场经济的干预力度,撤销束缚市场经济发展冗余的行政规章审批许可制度,发挥市场决定性、主导性、基础性地位。

可见,规制缓和程度同市场经济的开放程度以及市场在资源配置中的地位息息相关。二者之间的关系是,规制缓和程度越大,表明政府干预力度越小,市场开放程度越大,市场在资源配置中的决定性地位越明显。规制缓和的程度代表经济自由程度。

(二)规制缓和与经济刑法边界范围的历史考察

自 1993 年把社会主义市场经济写入宪法,明确"国家实行社会主义市场经济",并把社会主义市场经济确立为国家基本经济制度以来,我国逐步向规制缓和方向迈进。从规制缓和深入推进对我国经济刑法的立法影响来看,我国鲜有因规制缓和而废除某个罪名的情况,因而在我国伴随规制缓和的非犯罪化现象并不突出,但犯罪化趋向却较为明显。具体言之:

第一,增加新罪名。如果以 1997 年为时间节点,经济刑法新罪名的增加可分为两个不同阶段,一是 1997 年《刑法》(以下简称 97 刑法)颁行时,经济刑法罪名的增加。1979 年《刑法》(以下简称 79 刑法)第 3 章"破坏社会主义经济秩序"章节中,只有 15 个条文,涉及 13 个罪名,而在 1997 年确立的《刑法》分则第 3 章"破坏社会主义市场经济秩序"中,经济刑法的条文数增至 92 条,罪名大幅度增加。二是 97 刑法颁行之后历经多次修正案继续增加新罪名。经过 20 年历次刑法修正案,增

① See F. A. Hayek, *The Road to Serfdom*, Taylor&Francis Classics, 2012, p. 88.

② 张小宁:《"规制缓和"与自洽型金融刑法的构建》,载《法学评论》2015 年第 4 期。

加了骗购外汇罪、持有伪造的发票罪等共计14个之多。

第二,修改构成要件,扩大规制范畴。无论是通过全面修订刑法还是通过刑法修正案的方式调整经济犯罪构成要件要素,都旨在扩大经济犯罪的涵摄范围,其主要方式包括扩大主体范围(比如扩大违规披露、不披露重要信息罪犯罪主体)、增加具体行为方式(比如扩大非法经营罪规制行为范畴)、扩展具体对象范围(比如扩容操纵证券、期货市场罪的规制对象)、修改主观要件(比如删除吸收客户资金不入账罪中的以牟利为目的的主观要素)、修正既遂形态(比如删除生产、销售假药罪中的足以危害人体健康要素)。

通过梳理规制缓和与经济刑法边界变化史,不难发现,随着规制缓和的深入发展,我国经济刑法的边界基本呈现单一扩张化趋势。在市场监管机制不健全的年代,借助严厉的刑罚打击扰乱市场经济秩序的行为具有一定合理性和妥当性。众所周知,建立在市场原理之上的经济自由,行政制度从事前规制向事后监督型转换,是我国经济社会构造改革的目标。需要反思的是,我国经济刑法面对新的经济发展态势该如何做出有效调整?我国现行经济刑法边界与制裁的理想出路是什么?对目前扩张刑罚边界的趋向是应当继续保持还是“改弦更张”?如果是后者,该如何改变,改变的机理和客观条件又是什么,仅仅着眼于刑法内在发展逻辑得出的结论是否可行?这一系列的问题关涉经济刑法变革方向,需要刑法理论界和实务界认真思考。事实上,晚近以来有不少学者也积极关切经济刑法边界范围发展问题,并就如何构建蓝图提出了不同意见。下文在评析主流观点的同时,试图从法社会学角度找寻答案。

二、澄清与回应:现行经济刑法应然边界范围辨析

由上文可知,目前经济刑法的发展态势是扩大处罚边界,由此导致了一些批驳言论。经济刑法制裁范围问题事关经济违法行为刑罚适用的合理性与正当性,关乎经济发展与经济稳定、安全,必须进行妥当界定。因此,有必要明确经济刑法的边界范围以及确定机理。

(一)经济刑法制裁范围的理论争议

尽管客观上经济刑法边界扩大化是不争的事实,但在价值判断以

及未来应然走向上，对于经济刑法的制裁范围问题，不同学者站在不同的理论视角或研究背景下得出的结论并不一致，但总体归纳来看主要观点有三种：

1. 经济刑法应限缩构罪范围

有不少学者对经济刑法犯罪化的进程展开了批评和质疑，认为经济刑法存在明显的过度犯罪化现象。① 在立法层面，97 刑法以及其后的刑法修正案对经济犯罪不断增加新罪名，频繁修改犯罪构成要件；在司法层面，通过司法解释扩大经济犯罪行为类型、扩张构成要件，经济刑法的处罚范围也呈现扩大化趋势。我国经济刑法患上了“肥大症”。② 基于此，有学者从立法论角度发出呼唤，“我们应停止犯罪化的刑事立法，拒绝进一步的犯罪化”。③ 主要理由如下：

第一，经济刑法处罚扩大化主要是基于为内容不明确的经济秩序法益观。代表性的观点主要有：(1)“经济自由说”。经济秩序并非是经济刑法的保护法益，秩序是个抽象、不确定概念，以保护经济秩序这种超个人法益为名动用刑法，易使刑法处罚范围模糊，导致刑罚泛化问题。在现代市场自由经济体系下，经济犯罪的法益应理解为经济自由。经济刑法的根本目的在保护经济自由。④ 各种经济矛盾、纠纷应通过市场机制自身解决，严厉的刑罚与市场经济发展的内在逻辑相悖。⑤ (2)“国家、社会与市场主体经济利益说”。该说认为经济秩序本质上是社会经济利益直接或间接表现，经济利益的任何变动、调整都将导致经济秩序状态某种程度的变化。因此，破坏社会主义市场经济秩序罪侵犯的是国家、社会与市场主体的经济利益。⑥ (3)“资本配置利益说”。经济系统是资本流动的载体，资本的流动过程表现为在内部市场规律或外部干预下的资本配置过程，通过合理的资本配置，国家、社会、市场

① 参见何荣功：《经济自由与刑法理性：经济刑法的范围界定》，载《法律科学（西北政法大学学报）》2014 年第 3 期。

② 参见何荣功：《经济自由与经济刑法正当性的体系思考》，载《法学评论》2014 年第 6 期。

③ 刘艳红：《我国应该停止犯罪化的刑事立法》，载《法学》2011 年第 11 期。

④ 参见何荣功：《经济自由与经济刑法正当性的体系思考》，载《法学评论》2014 年第 6 期。

⑤ 参见陈兴良：《走向哲学的刑法学》，法律出版社 1999 年版，第 468 页。

⑥ 参见张明楷：《刑法学》（第 5 版），法律出版社 2016 年版，第 734 页。

主体及市场参与者均能享受到由此带来的财产性利益或利益机会。[①] (4)“经济利益说”。经济刑法保护的法益应界定为国家和社会经济活动中的经济利益。[②] (5)“经济秩序超个人法益解构说”。根据超个人法益与个人法益在经济犯罪中存在的主次要地位进行犯罪类型划分，可将我国经济犯罪划分为侵犯个人法益为主的犯罪、侵犯社会秩序为主同时可能侵犯个人法益的犯罪以及单纯侵犯经济秩序的犯罪三种具体类型。[③]

第二，经济刑法处罚范围的扩张违背了刑法谦抑性原则。刑法作为辅助法，其最后手段性决定了其对经济活动的干预必须矜持、慎重，不能在经济自由与经济管制调和过程中，趁机扩大自己的处罚范围。[④] 一些经济违法行为可以通过民事、行政等手段调整，动用刑法违背谦抑性原则。因此，有学者主张，将非法经营罪、擅自设立金融机构罪、非法吸收公众存款罪、吸收客户资金不入账罪等从宽或无罪化处理。[⑤]

第三，经济刑法干预范围的扩大化与经济自由发展策略相悖。比如，有学者认为，经济犯罪中，就是要重视市场经济所赋予的市场主体经济自由权利和不被定罪的权利。对于市场主体行使经济自由权利的行为，不能犯罪化。[⑥]

2. 经济刑法犯罪化的正面评价

也有部分学者认为经济刑法扩张处罚范围是正当、合理的，且仍待进一步强化。经济生活中的许多问题可以运用刑法解决，对经济生活中的不良现象，可以大幅度进行犯罪化处理。[⑦] 经济刑法犯罪化顺应转型时期特殊背景，符合经济刑法发展特点和当代积极预防主义刑法观，

---

① 参见魏昌东：《中国经济刑法法益追问与立法选择》，载《政法论坛》2016 年第 6 期。

② 参见王良顺：《保护法益视角下经济刑法的规制范围》，载《政治与法律》2017 年第 6 期。

③ 参见时方：《我国经济犯罪超个人法益属性辨析、类型划分及评述》，载《当代法学》2018 年第 2 期。

④ 参见何荣功：《经济自由与经济刑法正当性的体系思考》，载《法学评论》2014 年第 6 期。

⑤ 参见张洪成：《非法集资行为违法性的本质及其诠释意义的展开》，载《法治研究》2013 年第 8 期。

⑥ 参见何荣功：《经济自由与刑法理性：经济刑法的范围界定》，载《法律科学》(西北政法大学学报)2014 年第 3 期。

⑦ 参见王牧：《我国刑法立法的发展方向》，载《中国刑事法杂志》2010 年第 1 期。

且经济制度的变革客观上对经济犯罪的变量造成影响，因此立法上的谦抑主义必将遭遇一定程度的消减，表现为立法的继续犯罪化趋势。①

3. 经济刑法除罪化与犯罪化应并行不悖

持该观点的学者基本理由大致如下：第一，一方面，以风险社会为价值导向，经济刑法应通过严密刑事法网、前移犯罪评价节点等方式严厉打击危害经济安全的犯罪；另一方面，要保障市场自由，最大限度地压缩刑法对市场干预，主张刑法立法的必要限缩，建立有效出罪机制。②第二，经济犯罪既存在过度犯罪化问题，也存在进一步犯罪化需要。过度犯罪化的原因在于部分罪名没有侵害国家和社会经济利益或侵害的严重程度达不到刑罚规制的必要，如高利转贷罪、非法经营同类营业罪等。而考虑到政府对市场自由经济干预减少，对严重经济违法行为采取民事或行政手段不足以保护经济利益安全；市场经济自由发展模式下，会产生一系列新的经济行为方式，因此，一些严重的经济违法行为有待刑法介入。

4. 本文的观点

上述学者从不同角度解释了经济刑法应然边界的某些面向，具有一定合理性。但笔者以为经济刑法边界应当按照经济刑法内部各组成要素、经济刑法与外部环境或其他系统之间的互动、协调做出适当判断。经济刑法承担的社会职责取决于社会经济系统环境、社会发展阶段，经济刑法借助于经济学意义上的比较优势原理（类似于刑法中的法益衡量原理），根据经济发展的态势与特点确定规制的重点和边界，力图增加经济刑法运行的有效性。因而，作为"治病之法"的经济刑法边界应当是开放的，需要根据社会事实不断调整自身功能定位和范围边界，在运行过程中要做到与其他部门法良好衔接，弥补其他部门法的不足，而非对其他部门法的超越和替代，因而，某些情况下扩张和某些情

① 参见孙国祥：《20年来经济刑法犯罪化趋势回眸及思考》，载《华南师范大学学报》（社会科学版）2018年第1期。

② 参见钱小平：《中国经济犯罪刑事立法政策之审视与重构——以风险社会为背景的考察》，载《政治与法律》2011年第1期。

况下隐退是经济刑法的应然面向,具有不言自明的合理性。

(二)反对经济刑法边界扩张的两个理论误区

1. 误认为经济刑法边界扩张与刑法谦抑性相悖

正确理解刑法谦抑性与经济刑法扩张化关系,刑法谦抑性与经济刑法扩张化没有必然联系,经济刑法的扩张不一定违背刑法谦抑性原则。刑法谦抑性的核心意义在于应坚守刑事立法、司法的二道防线属性,反对动辄利用刑法制裁违法行为,只有在充分用尽民事、行政规范等其他制裁手段,无法有效制止和预防违法行为时,刑法方有用武之地。而经济刑法的目标在于规制严重危害市场经济发展的行为,保护每个市场主体的利益。晚近以来,经济刑法边界不断扩张的事实只能说明有关经济刑事立法范围在扩大,不能因此得出这种扩张化的趋势违背刑法谦抑性原则的结论。经济刑法的立法数量不是越少越好,犯罪圈的划定也不是越小越好,而是越恰当越好。若实现经济刑法目标的手段在于严密刑事立法、司法,那么,扩张化立法亦值得被提倡和坚守。反而如果一味地强调市场自由和私法自治,是无法有效处理好公法与私法之间关系的。正如意大利比较法研究学者 Sigh 认为的:"虽然私法理念与规则会让资本更有效率,却对普遍利益无益。"①可见,如果完全放弃公法对公共利益的维护,不仅不能使私法自治有序开展,而且易使个人利益、公共利益遭受私法自治的侵害。公法需要从公共利益角度确保私法自治。

2. 误认为经济刑法保护的法益是"经济秩序""自由经济"等

在论及经济刑法边界时,几乎所有学者都对经济刑法保护的法益做出了界定,并认为经济犯罪保护的法益是经济刑法规制范围的基石。笔者不否认法益在确定经济刑法边界的关键性作用,但无论是传统"经济秩序"法益观还是新近主张的"自由经济""经济利益"抑或"资本配置利益"观皆未完整反映出具有中国特色的破坏社会主义市场经济秩序罪保护的完整法益,这些法益观无法全面涵盖、映射经济刑法规制

---

① Singh, Prabhakar, Macbeth's Three Witches, "Capitalism, Common Good & International Law", *Oregon Review of International Law*, Vol. 14, No. 1, 2012, p. 65.

范畴。

在认识经济刑法保护的利益时，必须注意到这样一个问题，经济刑法保护的利益虽然发生在经济领域，但经济刑法法益并不一定具有经济性。也许正因为经济刑法与经济的紧密关联，一般人容易将经济刑法的法益限定在经济利益，或者一味强调经济刑法保护利益的经济性特征。比如，有观点就认为经济刑法的保护法益应当被界定为国家和社会在经济活动中的"经济利益"。[①] "中国经济刑法立法体系改造，应当确立'资本配置利益'法益基本内涵。"[②]之所以会普遍认为经济刑法的法益具有经济性，是因为经济刑法是利用国家公权力干预、保护经济关系，主要目的在于保持经济正常运行，克服市场失灵，因而肯定经济刑法与经济利益的关系。但若据此就认为经济刑法保护的利益必须具有经济性，就掩盖了许多由经济刑法保护的非经济性利益，从而降低经济刑法的自身价值和品格。经济刑法调整的利益发生在经济领域，但该领域发生的社会关系不全是经济利益之争，有可能是不同性质利益之间的冲突。比如，生产销售有毒、有害食品罪造成的利益冲突并不是经济利益之间的冲突，生产或销售者是个体经营性利益，属于经济活动范畴，而普通消费者因食用有毒、有害食品被侵害的是身体健康，甚至生命安全利益。那些将经济刑法法益归结为经济利益的学者，是把产生经济冲突的原因等同了冲突本身。事实上，发生在经济领域的利益冲突，不一定具有经济性特征，只有认识到这点，才不会一味强调经济刑法只维护整体经济秩序，对人的生命、健康、自由等非经济性利益视而不见。因此，基于这种前提性错误论断继而否定我国经济刑法边界扩张化面向的说法，自有不妥之处。

综上所述，有关我国经济刑法保护的法益，本文认为，从内容上来看，经济刑法法益可分为经济性利益和非经济性利益，法益内涵复杂多样，笼统地将经济刑法法益概括为"经济秩序""经济自由""经济利益"于司法实践而言，本身对案件判决没有任何的价值意义；于理论探讨，

① 参见王良顺：《保护法益视角下经济刑法的规制范围》，载《政治与法律》2017年第6期。

② 魏昌东：《中国经济刑法法益追问与立法选择》，载《政法论坛》2016年第6期。

这些论断犯了以偏概全之错，这不过是经济刑法保护的诸多法益中的"冰山一角"。另外，经济刑法侵害的法益涉及个体、社会与国家层面，并且同一犯罪行为可能会同时侵害到多重主体利益。这决定了我们在论及经济刑法保护法益时，只能根据具体犯罪情形判断侵害的法益类型。因此，基于这种错误的经济刑法法益论主张经济刑法应限缩构罪范围是存在疑问的。

三、经济刑法边界确立的内在机理：以法社会学为分析进路

法社会的逻辑进路提倡法律是解决现实问题的工具，工具属性是法律不容置疑的品格之一。相应地，刑法学研究不是纯粹的概念构造、逻辑推演，以及对刑法犯罪构成、机理的分析，从功能角度揭示刑法制定、运行、实效等问题，同样也是刑法学研究的重点。"法律制度不是不与伦理道德、政治、历史以及其他东西掺和在一起的'纯净'科学。"[①]社会是一个各种要素构成的有机整体并非是孤立存在，社会力量、社会事实决定着法的产生、运行和实效的基本观念，经济刑法应当根据基本社会事实的变化来动态调整自身功能定位和边界。经济刑法是经济法的保障法，二者的根本目的具有一致性，均是为了维护经济秩序，保护经济正常运行。那么，既有的市场机制、科技、习俗等因素不仅是影响经济法行为边界的重要变量，也是确定经济刑法范围边界的决定性因素，因为经济刑法规范的运行必须以了解对其产生作用机制运作的情形为前提。虽然经济刑法手段使用的前提是经济犯罪侵害了经济刑法保护的法益，但判断有无法益侵害以及法益侵害的大小则取决于市场机制、科技以及市场习俗的变化。由于它们本身具有逻辑上的优先性，如果这些前提性的社会事实因素变更，影响经济刑法的法益内涵，相应地，经济刑法边界也会发生伸缩变化。具体而言，经济刑法边界范围应围绕如下法社会学机理确立。

---

① ［德］米歇尔·施托莱斯：《德国公法史》，雷勇译，法律出版社2007年版，第485页。转引自潘红祥：《论宪法社会学的学科价值、思维方式与研究内容》，载《法律科学》（西北政法大学学报）2009年第1期。

（一）遵循市场机制变更机理

1. 伴随市场机制的除罪化

从过去“政府主导”经济发展到现在“市场经济体制”的经济发展模式，由于各种事前规制被撤销或废除，相应地，为保障这种规制效力而设定的刑罚规定也应随之被废止，从而形成非犯罪化的效果。我国许多经济领域中都设有行业准入规制或者营业许可制度，随着开放、包容的市场建立，市场准入性规制的缓和或废除，一些建立在计划经济或政府主导经济发展模式下的犯罪行为，在自由经济时代已然缺乏法益侵害，应予以及时除罪化。

有学者提出，骗取贷款罪的设立旨在保护金融机构利益，在计划经济体制下，金融机构属于国家所有，在该背景下强化国家利益的保护具有妥当性。而在市场经济体制下，对此行为依然作为犯罪打击，存在过度保护之嫌。[①] 换言之，一些建立在鲜明时代背景上的罪名，应当被时代所抛弃。同样存在上述过度保护问题的罪行包括：“伪造、变造、转让金融机构经营许可证、批准文件罪”“伪造、变造股票、公司、企业债券罪”“利用未公开信息交易罪”，上述 3 种犯罪行为没有直接对应的一般违法行为，这三类行为本来是可以通过行政处罚先行处理，由于行政处罚的缺失，进而直接诉诸刑罚，存在过度保护之嫌。刑法这种超越和替代其他部门法的行径有待检讨和完善。

2. 伴随市场机制的犯罪化

市场经济体制下需要对法益进行重新审视。当保护法益的重要性有关的评价发生改变时，有可能提高制裁的程度。人们生活在社会中，不知不觉会受到某种价值取向的影响，或者会选择向某种价值靠拢而远离其他价值，认为某种状态的出现符合自己的利益，而认为其他现象对自己是不利益的。而立法者在立法的过程当中，有时也无可避免地会被当时的某种价值观所左右，所以颁布施行的实行法背后一定蕴含着某种价值选择和利益判断。随着社会进步，人们意识形态内容的不

① 参见何荣功：《社会治理“过度刑法化”的法哲学批判》，载《中外法学》2015 年第 2 期。

断丰富，在某一个时期，某种价值可能会居于主流，某种利益更需得到保护，“法益的取择决定于各时代的国家理念”。[①]

由于规制缓和更加重视市场自身调节而非事前的行政控制，因此，确保市场的公正性、透明性、健全性相比过去变得更加重要，由此也会引发新的犯罪化。市场机制下，每个市场主体都追求利益最大化，没有任何一个主体在主观上为市场宏观效率负责。换言之，市场是一个缺乏大脑和心脏的机体，运行过程中方向的迷失在所难免。[②] 市场经济下无序竞争，没有法律包括刑法对市场秩序的监督和维护，问题与矛盾会不断扩大，竞争被竞争的结果所摧残，从而威胁一国的经济稳定和安全。美国市场自发运行导致风险积聚爆发的教训，告诫我们要不断健全经济刑法内容，强化市场监管，预防和惩治各种经济犯罪。比如，由于《反垄断法》排除适用制度的部分废止、限缩可能会导致刑事处罚范围的扩张，甚至有创设新刑罚的必要。我国《反垄断法》仅在第 52 条规定了反垄断执法人员应承担的刑事责任，对于涉及垄断行为的实施者并未上升到刑事制裁范畴。目前韩国的《独占规制及公正交易法》第 67 条、第 69 条内容规定了垄断行为实施者、滥用职权的公正交易委员会公务人员的刑事责任。[③] 俄罗斯也专门设置了垄断与限制竞争罪规制垄断市场、限制竞争的行为。[④] 可见，韩国、俄罗斯有关垄断行为刑事责任的规定范围大于中国《反垄断法》的范围。一方面，考虑到市场经济体制下垄断行为不断增加的客观现实和由此对竞争秩序的损害，需要刑法介入强化对各种垄断行为的事后监管力度；另一方面，基于作为规制缓和背景的经济全球化，市场所要求的规则需要与国际标准接轨，而以保障这些规则为目的的犯罪化范围，也需要通过立法形成合意与国际标准接轨。因此，刑法立法应细化承担刑事责任的垄断行为种类，扩张对垄断行为的打击范围。

---

① 钟宏彬：《法益理论的宪法基础》，台北，元照出版有限公司 2012 年版，第 227 页。

② 参见李昌麒：《寻求经济法真谛之路》，法律出版社 2003 年版，第 160 ~ 161 页。

③ 参见金河禄、蔡永浩：《中韩两国竞争法比较研究》，中国政法大学出版社 2012 年版，第 189 页。

④ 参见王玉辉等：《串通投标法律控制机制研究》，科学出版社 2017 年版，第 162 页。

(二)遵循科学技术进步原则

1. 科学技术发展导致某些受经济刑法规制的行为隐退

科学技术的发展必然会带来技术装备的发展和更新,当这种新出现或更新了的科学技术以更为经济便捷的方式为人们使用的时候,经济刑法应做到适时隐退。这是因为规制缓和促使行政制度从事前规制向事后监督转变,自然经济刑法规制范式也当向事后监督转换。比如,当某种技术产品使某一类产品的质量鉴定或对某行为监督变得便利且成本低廉时,刑法对该产品的质量监管或行为监督已经没有必要或对该行为的监管已失去了刑法规制意义。经济刑法的目的在于预防和打击经济领域犯罪行为,若无须动用刑罚而仅仅依据科学技术进行一种程式化操作即可完成时,此时的法律问题以转化为技术问题,经济刑法自然也就没有存在的理由。但是依据目前我国科学技术现状,尚不足以对此现象进行除罪化处理。

2. 科学技术发展需要经济刑法的扩张予以应对

以网络"炒信"为例,随着电子商务的流行,炒信成为一条巨大的灰色产业链,这块经济的灰色地带由于缺乏必要的监管,使得网店经营者随心所欲地根据自己需求发布虚假交易信息,提高相关商品的成交量和店铺信誉度,达到提高人气、增加商品购买概率目的。电子商务以及"炒信"的出现,显然是科学技术发展的产物。科学技术的发展必然会引起人们行为的变化,事实上,诸如非法利用信息网络罪、帮助信息网络犯罪活动罪等罪名都是刑法为了应对科技发展过程中出现的各种弊病而增设的。

笔者认为,鉴于这种"炒"起来的信誉不仅欺骗了消费者,损害了他们的利益,而且破坏了电子商务经营秩序,对社会诚信体系造成了严重冲击,除了应当网络物品的严格监管外,对情节严重的炒信行为也应当纳入刑法打击范畴。炒信行为实质是违法国家规定,扰乱市场秩序的行为,按照现行《刑法》规定,符合非法经营罪构成要件,以非法经营罪定罪处刑较为合适。事实上,刷单炒信行为入刑第一案于 2017 年 6 月 21 日被浙江省杭州市余杭区人民法院判处的罪名就是非法经营罪。再如，认定产品质量瑕疵、经济活动与人身、财产损害的因果关系会受人类认识能力、水平限制，如果新的科学技术出现并证明了权益侵害与产品质量、经济活动有因果关系，且基于现有机制无法自动纠错时，经济刑法便需要扩张边界予以担当。

（三）遵循市场习俗原则

1. 习俗可以导致经济刑法边界收缩

囿于经济刑法立法的时代背景、现实无奈以及经济政策变更，对于同一市场经济行为，从时间序列上，市场习俗难免会存在已然受刑法保护的市场习俗与正在形成实然违法但符合市场发展习俗的困扰。此种情形下，经济刑法正确的应对方式是通过立法非罪化或司法限缩解释将正在形成的习俗下实施的行为予以除罪化。以高利转贷罪为例，目前学界有许多学者赞成对其予以除罪化，主张除罪化的理由多样，有的认为对高利转贷罪的除罪化在于立法目的、社会危害、具体法益变更等逻辑前提；[①]有的认为，“高利转贷营利的行为，既没有侵犯相关金融机构的经济利益，也没有侵犯社会的经济利益”。因而，高利转贷犯罪化缺乏正当性。[②]

笔者认为，当前高利转贷罪确有除罪化必要，但不认同高利转贷罪没有侵害法益的看法。应当承认，高利转贷行为是具有侵害法益威胁的，但基于目前形成的市场习俗，这种侵害法益的风险是被允许的，因而除罪化具有正当性。从立法目的来看，刑法规制高利转贷行为的目的是保障社会主义市场经济安全，维护国家金融垄断地位。而高利转贷行为使国家金融机构脱离对贷款资金的监管，一旦转贷方资金链出现问题，大大增加了金融机构坏账概率，因而，从这个角度讲，高利转贷罪确有侵害金融机构经济利益威胁。并非所有具有侵害法益的风险的行为都能够被评价为犯罪。高利转贷市场习俗产生于我国严苛的信贷条件。金融市场严苛的信贷资质条件，使许多中小企业难以获得所需贷款。据统计，我国存在的中小企业有6000多家，但得到政府或银行

---

① 参见姚万勤：《高利转贷除罪化实证研究》，载《政治与法律》2018年第3期。

② 参见王良顺：《保护法益视角下经济刑法的规制范围》，载《政治与法律》2017年第6期。

信贷支持的不到10%。[①] 于是出现这种情况，有贷款资格的主体不缺乏资金，而需要资金支持的企业和个人又无法从金融机构获得资金，这种现状促使高利转贷融资渠道的出现。

尽管这种市场习俗具有侵害金融经济利益的风险，也能从立法背景及其现状中找到立法的妥当性，与市场经济建立之初强调金融安全的时代要求不同，市场经济法律应体现当事人自由意志，因而对该市场习俗做无罪化处理更契合国家开放的经济政策和宽严相济刑事政策。首先，国家允许市场主体自愿缔结合同，自担风险。无论是金融机构、转贷方还是被转贷方，金融机构与转贷方以及转贷方与被转贷方之间贷款协议都是各主体自愿协商的结果。刑法规制高利转贷行为意味着当事人的意志自由不被法律所认可。其次，从高利转贷市场习俗带来的经济效益来看，允许高利转贷市场习俗的存在有裨于提升经济效益。据统计，我国60%的GDP和一半的税收源自中小企业的贡献，[②]鉴于中小企业难以获得资金支持的现状，高利转贷市场习俗存在不仅有助于部分企业获得相应资金，帮助他们渡过难关，也有助于扭转信贷资金配置不合理现状。最后，高利转贷罪的存在是预防性刑法的产物，意在规避可能发生的金融风险。但科学技术、习俗、市场机制等运行状态决定了经济刑法的干预与否，以及干预的范围。一个合乎逻辑的结论是，经济刑法干预市场的时机应该看这些社会事实的“眼色行事”，介入时机不宜超前。如果有充分信息并预见到社会可能出现的问题，预先介入预防市场弊病当然是最理想的选择，而囿于高利转贷罪立法之初未完全掌握这种行为利弊，未考虑社会的效率收益，对该行为的超前性立法就有失合理性。

2. 经济刑法通过扩张边界保护良好市场习俗

习俗是一种本能、长期、连贯、不自觉的心理行动，它是在特定环境

---

① 参见陈诚忠：《中小企业得到银行信贷支持的不到10%》，载新浪网：http://finance.sina.com.cn/hy/20131106/144817240924.shtml，最后访问日期：2018年5月20日。

② 同上。

刺激下做出的行为复制。[1]“之所以要重视习俗问题,是因为它是市场行为主体考虑问题的方法论前提。市场交易乃是社会关系的交换,而习俗和习惯假设是构成一切人类关系的基础原则,任何市场行为者总是从作为个人随意的习惯开始,然后到了顾客和竞争者使个人不得不遵从这些习惯的时候,就成为习俗;然后在判决争执时成为判例;然后再由行政或立法当局正式公布成为法规;后来当法规在特殊案件被解释时又成为习俗。”[2]

由于不同法律条文的表述不一致,导致实践中判断某一行为是否构成犯罪存在争议,遵循良好交易习俗原则有助于解决违法行为与犯罪行为之间的认定模糊的问题。比如,《刑法》第 179 条规定了擅自发行股票、公司、企业债券罪,因此,“擅自”发行股票、公司、企业证券的构成犯罪;而《证券法》第 188 条规定,擅自公开或变相公开发行证券皆属于违法行为,其行为类型包括“擅自”和“变相”两种,那么,对于变相公开发行证券,且符合数额巨大、情节严重情节的应否构成第 179 条犯罪呢?从有助于保护良好市场交易习俗的角度讲,我国以法定的形式确定了公开发行证券要经过有关国家部门批准的习俗,无论是擅自发行,还是变相发行,二者本质上都未获得国家有关部门批准同意,均违反了证券入市需要国家有关部门批准的市场交易习俗,因此,对变相发行证券行为以犯罪论处更为合理。

综上所述,从法社会学角度讲,对经济刑法边界起决定作用的社会事实是不断变化的,再加上市场本身的缺陷出现的阶段性、特定时空性特征,企图获得一个确定不移的经济刑法边界是不可能的,经济刑法必须动态回应社会、经济情势变迁。我国现行经济刑法边界范围基本合理,但也有对某些罪行的除罪化和对某些行为的犯罪化的必要,并且伴随社会事实的变更扩张边界应是主要发展面向。

---

① 参见张雄:《习俗与市场——从康芒斯等人对市场习俗的分析谈起》,载《中国社会科学》1996 年第 5 期。

② [美]康芒斯:《制度经济学》(下),于树生译,商务印书馆 1962 年版,第 376 页。转引自张雄:《习俗与市场——从康芒斯等人对市场习俗的分析谈起》,载《中国社会科学》1996 年第 5 期。

The Criminal Punishment Boundary of Economic Criminal Law from the Perspective of Legal Sociology

Zang Jinlei

Abstract: Based on the economic freedom, criminal law and the legal protection of economic criminal law, it is considered that China's economic criminal law is excessively criminalized, and refuses to expand the punishment boundary. It deviates from the internal social mechanism established by criminal punishment. The study of criminal law is not a purely conceptual structure, logical deduction, but also analysis of the composition and mechanism of criminal law crimes. It is also the focus of criminal law research to reveal the formulation, operation and effectiveness of criminal law from a functional perspective. From the perspective of sociology of law, boundary of China's economic criminal law is basically reasonable, regulation is moderate, and market economy is free to call for the criminal policy of economic criminal law. It requires partial decriminalization, and it is also accompanied by the necessity of partial criminalization. Changes in social facts have determined that criminalization is the main direction of developement. Economic criminal law should re-examine the existence and size of legal infringement according to the changes of basic social facts such as market mechanism, science and technology, market customs, and thus dynamically adjust its functional positioning and boundaries.

Keywords: economic criminal law; boundary; market mechanism; science and technology; market customs

【民诉理论研究】

互联网电子数据举证、认证问题研究
——以广州市南沙区人民法院《互联网电子数据证据*举证、认证规程(试行)》为研究对象

杨美峰**

摘　要:2018年5月21日广州市南沙区人民法院出台的《互联网电子数据举证、认证规程(试行)》,系广东省首个电子数据规程,但是存在一些不足。互联网电子数据举证涉及证据失权、举证内容以及证明妨碍等内容。认证依赖于对互联网电子数据的真实性、完整性、关联性等审查作出事实认定。完整性依赖于互联网电子数据内容的完整性,数据载体的完整性和数据系统环境的完整性。关联性要构建虚拟世界和现实世界的联系,实名制是互联网电子数据关联性的重要识别方式。认证过程可能还需要借助专家的帮助。

关键词:互联网电子数据;举证;认证

一、问题的提出

随着经济科技的发展与进步,电子通信交流、电子支付越来越多,互联网在民商事活动中扮演着越来越重要的角色。继杭州互联网法院

---

* 需要说明的是《互联网电子数据规程》的术语为"电子数据证据",但是其正文又多处使用电子证据,用法较为混乱。此前关于应当使用电子证据、电子数据还是电子数据证据在学界讨论较多,笔者认为在人大立法和最高法司法解释等上位法已经统一为"电子数据"的情况下,应采用"电子数据"。因此除《互联网电子数据规程》原文引用需要外,本文统称为"电子数据",本文讨论的是"互联网电子数据",传统电子数据不再专门论述。

** 中山大学法律硕士专业2015级硕士研究生。

成立后，2018年9月、10月北京、广州相继成立互联网法院，为审理涉网案件进行探索。遗憾的是，我国只出台了《关于办理刑事案件收集提取和审查判断电子数据若干问题的规定》（以下简称《刑事案件电子数据规定》），民商事案件电子数据的举证、认证等缺乏细致规定或相应司法解释。2018年9月最高人民法院《关于互联网法院审理案件若干问题的规定》第11条专门规定了电子数据的审查方法，但是其和《刑事案件电子数据规定》思路基本一致，缺乏对新情况新问题的回应，且相关规定只有一条。2018年5月，广州市南沙区人民法院出台的《互联网电子数据举证、认证规程（试行）》（以下简称《互联网电子数据证据规程》）作为广东地方法院的尝试，弥补了民事案件电子数据方面的空白，然而其仍存在规定不明晰、不合理等问题，本文以此为研究对象进而探讨民事诉讼中互联网电子数据存在的问题。

在举证方面，《互联网电子数据证据规程》对于互联网电子数据的内涵、是否要出示原始载体等规定比较笼统，对于证明妨碍、证据失权等问题未予涉及。[①] 在认证方面，对电子数据的真实性、完整性、关联性等方面的审查，未作系统性规定，更多侧重于对当事人诉讼指引的角度，缺乏创新性，同时对互联网电子数据引导公证的规定具有一定落后性。专家在帮助法官认证中的角色、作用未予涉及也是一遗憾。

二、互联网电子数据的举证时限、举证内容和举证不能[②]

作为信息时代的产物，电子数据从最初的软盘、电子邮件、手机短信等发展到如今的QQ、微博、微信、支付宝、抖音等各种APP软件所产生的互联网电子数据以及云存储数据等，其从单一生成传播转变为多方互动、数据共享。互联网电子数据的多样化正是随着智能手机、平板电脑、手环可穿戴设备等新兴载体的发展而产生的。上述新兴媒介的出现导致互联网电子数据呈现数据庞大、可复制性强、可变造性强、生成传输接受环节涉及多方等特点。在涉及海量变幻莫测的互联网电子

---

① 需要说明的是地方法院的权限有限，有些未作规定亦有合理之处，但是不妨碍本文予以统一论述，以为立法提供借鉴。

② 本部分所要讨论的举证不能仅指证明妨碍，即非举证方导致的举证方举证不能的法律后果。

数据时,如何快捷有效地举证,以方便当事人质证和法院的认证成为当下司法实务一大难题。

(一)互联网电子数据的举证时限——证据失权制度的完善

因互联网电子数据具有脆弱性,易被删除毁灭,若不及时提交将导致审理延迟而增加诉讼难度,较之于其他证据类型当事人应负有更多及时提交证据的义务。正所谓"任一当事人在言辞辩论中都应当及时主张他们的攻击手段和防御手段"。[①] 证据失权制度对举证尤为重要,这也是当事人促进诉讼的义务的体现,但是《互联网电子数据规程》对此未予涉及,我国目前民事诉讼法证据失权制度也有待完善。

"证据失权会导致对揭露案件真实具有重要意义的证据被排除在外,从而存在阻碍法官发现案件实体真实的危险。这无疑是证据失权制度遭遇的最大正当性危机。"[②]可能基于此,2015 年最高人民法院出台的《关于适用〈中华人民共和国民事诉讼法〉的解释》(以下简称《民事诉讼法司法解释》)修正了 2001 年出台的最高人民法院《关于民事诉讼证据的若干规定》(以下简称《民事诉讼证据规定》)第 43 条证据失权之规定。[③] 修改为,当事人因故意或者重大过失逾期提供的证据,人民法院不予采纳。但书又规定与案件事实有关的应予采纳,但要对当事人训诫、处罚。这导致证据失权制度名存实亡。2018 年最高人民法院出台的《关于适用〈中华人民共和国行政诉讼法〉的解释》(以下简称《行政诉讼法司法解释》)第 35 条修正了《民事诉讼法司法解释》的立场,其规定为有正当理由逾期提供证据的予以采纳,拒不说明理由或者理由不成立的,视为放弃举证权利。同时将是否属正当理由的判断交给法官,以在实体真实和程序正当之间寻求平衡,从而避免证据失权制度的不当适用。笔者认为《行政诉讼法司法解释》的立场无疑是正确的,没有正当理由逾期举证的互联网电子数据,应产生证据失权的法律

---

① [德]汉斯－约阿希姆·穆泽拉克:《德国民事诉讼法基础教程》,周翠译,中国政法大学出版社 2005 年版,第 225 页。

② 沈冠伶:《诉讼权保障与裁判外纷争处理》,北京大学出版社 2008 年版,第 10 页。

③ 该条规定"当事人举证期限届满后提供的证据不是新的证据的,人民法院不予采纳"。

后果以促使当事人及时提交互联网电子数据。法官在裁量当事人是否有正当理由时应考虑到当事人诉讼能力等情况,同时考虑数据的存储位置、获取难度等裁量是否构成正当理由,从而就是否构成证据失权作出认定。

(二)互联网电子数据的举证内容——数据内容与原始载体

互联网电子数据的内涵应如何界定?通说认为,电子数据除应包括记载信息内容的内容数据外,还应包含形成、处理、存储、传输等信息的附属数据。[①] 欧洲理事会等单位 2000 年签署的《网络犯罪公约》(Cyber-Crime Convention)认为,附属数据(Traffic Data)是指记录了信息的源头、终点、路径、时间、日期、规模、久期及基础服务类型等内容的数据。其中源头是指 IP 地址等信息,终点是信息传输到的终点位置,基础服务类型是指互联网服务中所采用的传输方式。[②] 英国制定的《电子数据取证适用指引》就附属数据也提出了"电子证据的所有形成痕迹都应保留,同时第三方可以对电子证据的形成过程进行检验,并且第三方提取电子证据时可得到相同的结果"。[③]《互联网电子数据证据规程》对其定义采用概念加列举的方式,未明确点明附属数据。[④] 笔者认为,附属数据是电子数据鉴定或者本身证明力的重要信息,数据本身可以被复制更改甚至伪造,生成传输过程中的附属信息是数据生成、修改记录的明证,无法更改,因此应是举证的内容。但是对方当事人认可基础数据或者不需要举证附属数据即可查明事实时可不予作为举证内容。

载体是互联网电子数据呈现的重要依靠,离开载体数据也就不复

---

① 参见皮勇:《刑事诉讼中的电子证据规则研究》,中国人民公安大学出版社 2005 年版,第 13 页。

② See"Explanatory Report of Convention on Cybercrime",Documented on http://ishare. iask. sina. com. cn/f/35363569. html,Browse Date:7,20th,2018.

③ 该指引系英国高级警察协会(The Association of Chief Police Officers,ACPO)制定,旨在为英国执法部门如何取证电子数据提供法律上的指引。See "Good Practice Guide for DigitalEvidence", Documented on http://www. digital-detective. net/digital-forensics-documents/ACPO_Good_Practice_Guide_for_Digital_Evidence_v5. pdf,Browse Date:7,20th,2018.

④ 该条规定,当事人在民商事诉讼中想法院提交的,在互联网环境中使用短信、电子邮件、QQ、微信、支付宝或者其他具备通信、支付功能的软件所产生的,能够有形地表现所记载内容,并可以随时调取查用的数据信息是电子数据。

存在。原始载体体现的是原件规则,即最初生成的电子数据及其最初固定在的各种存储介质。[①] 根据是否要出示原始载体,可将其简要分为直接出示、转化出示和公证出示。《互联网电子数据证据规定》第 4 条、第 5 条、第 8 条分别作了相应规定。第 8 条对微信、支付宝等产生数据的应作原始载体的出示作了指引性规定。笔者认为,互联网电子数据表现比数据共享、数据庞大、多方可以验证的特点,一些情况下出示原始数据载体既无必要也无可能。手机、iPad 等体积小的原始载体出示是可行的,但是对于体积较大的原始载体以及不为当事人持有的互联网云数据的原始载体而言,出示缺乏可行性。数据信息载体直接出示的另一困难是,数据信息与载体通常紧密联系,多数法庭却没有配备配合当事人直接出示电子证据的设备,其无法出示在法庭之上,更难以保存于案卷之中。[②] 例如,有些互联网电子数据是需要借助内网等渠道或者专门客户端、数字锁等设备才能登录,甚至需要专业的技术人员操作才能予以显现,此时即便出示原始载体也无法验证,只能通过转换出示的方式予以展现。

转化出示有利于证据的提交和法院的案卷存档,特别是大数据只能转化出示或者公证出示。美国就规定了通过清单的方式予以转化出示。[③] 但是转化过程存在真实性、完整性问题。转化出示的电子数据在原始证据仍然存在可以验证的情况下并不影响证明力,但是若原始数据已经被毁灭,转化出示的真实性面临考验。

既然直接出示可能面临技术障碍,转化出示面临真实性问题,公证出示似乎成了绝佳选择,其不仅为电子数据增强了证明力,而且降低了法院审查难度。因此《互联网电子数据证据规程》规定,法官引导当事人进行公证并向其释明未公证不被采用的风险。然而正所谓"法官释

---

① 参见刘品新:《论电子证据的原件理论》,载《法律科学》(西北政法大学学报)2009 年第 5 期。

② 参见刘文魁、刁胜先:《电子证据出示的法庭保障义务研究》,载《重庆邮电大学学报》(社会科学版)2016 年第 5 期。

③ 根据美国《联邦证据规则》第 1006 条,当因证据数量庞大,法庭不方便质证时,举证方可以使用清单、图表或者公式等以方便质证。举证方须确保对方当事人在合理的时间地点,检查复制原件或复印件。法庭也可以要求举证方将上述证据在法庭出示。See "Federal Rules Of Evidence", Documented onhttp://federalevidence.com/rules-of-evidence, Browse Date:7, 10th, 2018.

明在一定程度内是义务,在该程度以上为权限,再过一定限度时则为违法”。[①] 该条有强制公证之嫌,属于释明权的不当行使。在更为复杂的域外证据强制公证要求已被废止的情况下,电子数据更不宜强制公证。[②] 我国民事诉讼法只是赋予了公证证据的较高证明力,但是未经公证的电子数据仍然具备证据能力和证明力。当事人若通过微信、邮件等展示原始记录可以达到证明标准的,若仍要求公证则徒增当事人诉累。另外由于公证机关仅对数据提取时的客观状况公证,不能证明数据之前的客观状况,搜集过程的真实性并不能等同于电子数据本身的真实完整性。法院对于公证的互联网电子数据仍然应予以审查。

原始载体是为确保出示的数据和客观存在于原始载体的数据具备同一性。因此根据不同类型互联网电子数据的特点,对同一性进行识别尤为重要。我国早在 2004 年出台的《电子签名法》第 5 条即从原始载体的稳定性、可验证性等方面作了数据电文等同原件的规定。[③]《互联网电子数据证据规程》第 3 条与之内容基本一致。美国《联邦证据规则》第 1001 ~ 1003 条也有类似规定,对于存储在电脑或者其他设备中的数据,任何打印件或者其他可以视觉阅读的设备如果能正确地反映这些资料,那么它也是原件。除非是有证据表明打印件和原始电子数据存在误差,或者认为打印机产生某种形式的不公平。[④] 综上可知,若便于携带则可以要求当事人出示原始载体,在不可能也无必要携带原始载体时,应借鉴《电子签名法》视同原件的规定。无论是转化出示、直接出示还是公证出示,都可以采用视同原始数据的方法。

---

① 此种情形在司法实践中并未个例,例如汤某某与广州实嘉鞋行买卖合同纠纷一案中[案号:(2016)粤 01 民终 4522 号民事判决书]一审法院对电子数据不予采纳,当事人二审提交公证书对上述证据予以补强,二审法院对公证的邮件及短信予以采信。

② 最高人民法院《关于设立国际商事法庭若干问题的规定》第 9 条规定,当事人向国际商事法庭提交的证据材料系在中华人民共和国领域外形成的,不论是否已办理公证、认证或者其他证明手续,均应当在法庭上质证。此前《民事证据若干问题规定》规定域外证据应公证。

③ 第 5 条内容为:“能够有效地表现所载内容并可供随时调取查用;能够可靠地保证自最终形成时起,内容保持完整、未被更改。但是,在数据电文上增加背书以及数据交换、储存和显示过程中发生的形式变化不影响数据电文的完整性。”

④ See “Federal Rules Of Evidence”, Documented on http://federalevidence.com/rules-of-evidence, Browse Date:2018,7,10.

(三)互联网电子数据的举证不能——证明妨碍制度的完善

通常而言,负有举证责任的一方要承担举证不能的法律后果。“证明妨碍即对方当事人的故意或者过失导致妨碍了使得负有证明责任的当事人无法提供证据。”①此种情形若仍要求举证方承担不利法律后果有违公平之嫌。互联网时代电子数据记录可能不为举证方所持有,原本不负有证明责任的持有方拒绝提交数据或者拒绝提交相应数据进行司法鉴定,或者损毁对自身不利的数据均属于可能构成证明妨碍的情形。遗憾的是《互联网电子数据规程》对此亦未专门规定。

首先,依现有法律电子数据是否成为证明妨碍的证据种类?2001年出台的《民事诉讼证据规定》第75条将证明妨碍设定为所有证据,《民事诉讼法司法解释》第112~113条规定了文书提出义务,即将证明妨碍的情形仅限定为书证。2018年发布的《行政诉讼法司法解释》证明妨碍的证据种类回归到所有证据。② 由此可见我国关于证明妨碍的规定目前尚未统一。若依《民事诉讼证据规定》《行政诉讼法司法解释》互联网电子数据则可以适用证明妨碍制度,若依《民事诉讼法司法解释》则证明妨碍制度不能适用于电子数据。笔者认为,民事案件中互联网电子数据应当遵循最新出台的《行政诉讼法司法解释》的立场,即可以适用证明妨碍制度。

其次,构成证明妨碍须具备证明妨碍的客观行为以及主观上的过错等必备要件。那么当事人是否应提供证据证明对方有证明妨碍的客观行为?《民事诉讼法司法解释》对此均未予以明确。《行政诉讼法司法解释》吸收了学界的观点,规定当事人应当提供确切证据证明持有方拥有相应证据以供法院认定。笔者认为,民事案件中应采用《行政诉讼法司法解释》的立场,即当事人应当证明持有方存在妨碍互联网电子数据使用的情形。然而,若要求当事人提供确切证据,无疑加大了其证明

---

① [德]汉斯·普维庭:《现代证明责任问题》,吴越译,法律出版社2006年版,第272页。

② 该解释第46条第3款规定:“持有证据的当事人以妨碍对方当事人使用为目的,毁灭有关证据或者实施其他致使证据不能使用行为的,人民法院可以推定对方当事人基于该证据主张的事实成立,并可依照行政诉讼法第五十九条规定处理。”

难度，不利于该制度的适用。

再次，我国《民事诉讼法》和《行政诉讼法司法解释》均将证明妨碍的主观心态规定为“以妨碍对方当事人使用为目的”。依文义解释，其意应为故意，若出于过失显然不是为了妨碍使用为目的。然而，一方面证明故意要比证明过失难度大；另一方面，在很多情况下现代经济活动中民商事行为主体具有妥善保管互联网电子数据的义务。故而证明妨碍的心态宜采用故意或者重大过失。主观心态的判断应根据互联网电子数据本身特点、存储空间的安全性、稳定性、数据被毁灭的时间、被毁灭的盖然性以及数据保管人是否尽到了一般人的义务等综合考虑。

最后，互联网电子数据证明妨碍构成时的法律后果。依《民事诉讼法司法解释》，当事人拒不提交的文书推定为真，对于当事人故意毁灭文书采取罚款、拘留的措施。这一规定一度为学界所诟病，2018 年最新出台的《行政诉讼法司法解释》第 46 条第 3 款对于当事人毁灭证据的行为站在了和拒绝提交证据法律后果相同的立场。[①] 显然拘留属于司法处罚措施，不能产生证据法适用的后果，应按照《行政诉讼法司法解释》对拒不提交和损害互联网电子数据的，均推定为对方当事人基于该证据主张的事实成立。

三、互联网电子数据认证中的“三性”审查与专家制度

认证是对法官对互联网电子数据的证据能力和证明力大小进行审查的过程。通说认为电子数据应当具备合法性、关联性、真实性以及完整性。互联网电子数据的合法性和其他证据在识别判断标准上并无重大区别，主要基于证据内容的合法性、取证手段的合法性、[②]取证主体的合法性进行判断。基本可以以《民事诉讼法司法解释》合法性的判断标

① 该条规定，持有证据的当事人以妨碍对方当事人使用为目的，毁灭有关证据或者实施其他致使证据不能使用行为的，人民法院可以推定对方当事人基于该证据主张的事实成立，并可依照《行政诉讼法》第 59 条规定处理。

② 电子数据的取证有 Telnet 手段取证、电子软件取证、植入病毒取证等方式。取证方式的合法性诸如 Telnet 提供的远程登录功能，使得用户在本地主机上运行 Telnet 客户端，就可登录到远端服务器，此时，本地主机如同远端服务器的仿真终端，本地主机将用户输入的字符传递给远程服务器，再将远程服务器输出的信息回显在本地屏幕。由于此种方式涉嫌入侵他人计算机，是否合法，虽然也有所争议，但是根据笔者检索的裁判文书，其合法性已被司法机关确认。

准予以识别，亦属于法官心证的内容，故本文不再专门论述。

(一) 互联网电子数据真实性、完整性的审查

部分真实并不能代表整体真实，形式真实不代表实质真实。互联网电子数据往往具有很强的迷惑性，有时从形式来看是真实的但实质是伪造或者删改的。真实性、完整性要求互联网电子数据生成之初是真实的、传输过程是完整的，以防止当事人伪造互联网电子数据或者删减部分数据，以致法庭作出错误的裁判。《互联网电子数据规程》虽然强调了数据应当是真实的、完整的，但未对内涵予以明确。

关于完整性的要求各国多有立法。《加拿大统一电子证据法》认为，电子数据的完整性应当满足：计算机存储系统或者其他存储设备在案件审理期间正常操作运转。在没有相反证据的情况下，满足下列条件时电子数据的完整性得以成立：电子数据是当事人正常工作生活记录保存的，或者是在当事人以外的人员机构等正常生活工作中所保存的。[①] 2000 年国际计算机证据组织(IOCE)颁布的《电子证据处理规则》亦规定，计算机系统应能够完整地记录数据的获取、访问、存储或传输的过程，以供随时查阅。[②] 江苏省律协制定的《江苏省律师电子证据的固定采集与展示业务操作指引》第 85 条亦认为，电子证据应包含能证明案件事实的数据本身、附属信息以及支持电子证据的硬件软件产生的环境数据。

综上所述，互联网电子数据的完整性依赖于数据内容本身的完整性和数据存储设备或者依赖系统的完整性。完整性的宗旨在于确保举证的互联网电子数据和原始数据是等同的。数据的真实性、完整性离不开对数据取证中传输过程的规制。美国、英国等就此建立了证据链制度，要求每一个环节都有特定的人员对证据进行保管。美国司法部在发布的《法庭中的数据证据：执法部门及检察官操作守则》规定，电子

① See "Uniform Electronic Evidence Act", Documented on http://cryptome.org/jya/eueea.htm, Browse Date:7,10th,2018.

② 参见麦永浩：《电子数据司法鉴定实务》，法律出版社 2011 年版，第 48 页。

数据涉及两条证据保管链:物理介质的证据保管链,数据的保管。[①] 我国司法部发布的《电子数据证据现场获取通用规范》《手机电子数据提取操作规范》等规范以及中国公证协会发布的《办理保全互联网电子证据公证的指导意见》,中华全国律师协会发布的《律师办理电子数据证据业务操作指引》、江苏省律师协会发布的《江苏省律师电子证据的固定采集与展示业务操作指引》等对电子数据的取证等环节均作了规定。需要说明的是,规范的取证方式、[②]专业的取证主体在一定程度上保证了电子数据的原始性,增强了证明力,但是并不能免除法院对互联网电子数据的审查职责。综合前述,笔者认为,法院应就取证前是否进行环境的清洁检查、取证人员是否遵循专业取证流程保证原始数据未被破坏、封存固定的电子数据存储环境是否安全可靠(目前各地公证机关已经推出云存储、云区块链接等业务,此种取证后封存的方式难以修改,确保取证的互联网电子数据的真实性完整性)从而对互联网电子数据是否是完整的作出审查判断。最高人民法院《关于互联网法院审理案件的若干规定》亦就电子数据的取证对真实性完整性的审查作了规定,其认为"通过电子签名、可信时间戳、哈希值校验、区块链等证据收集、固定和防篡改的技术手段或者通过电子取证存证平台认证,能够证明其真实性的,互联网法院应当确认"。

"对于电子数据真实性的庭审调查,正如其他证据那样,包括电子数据在形式上的真实性和实质上的真实性的庭审调查。"[③]取证的规范性审查以及前文所述的原件规则只是为了防止互联网电子数据在传输过程中失真,取证过程的真实性并不能等同于实质真实。实质真实需要结合电子数据的生成特点、存储位置、存储现状等因素审查认证。《互联网电子数据证据规程》第 8 条采取了登录验证的方式从而完成证据的质证、认证。然而,如果涉及因设备、网络技术等问题不便登录验

① 参见陈永生:《电子数据搜查、扣押的法律规制》,载《现代法学》2014 年第 5 期。

② 近年来随着互联网知识产权侵权案件的增多,出现了较多的专业电子取证固定系统以及相应的公司、机构等,如在一定程度上减轻了法院的审查负担。

③ 毕玉谦等:《民事诉讼电子数据证据规则研究》,中国政法大学出版社 2016 年版,第 338 页。

证，云存储数据较大，或者原始数据已经毁灭时，此举则在操作上不具有可行性。在审查时应考虑互联网电子数据存储机构的稳定性，例如大型网站的电子邮件等数据难以伪造修改，比较稳定可靠。最高人民法院《关于互联网法院审理案件的若干规定》也规定了审查判断电子数据生成、收集、存储、传输过程的真实性，应着重审查数据所依赖的计算机系统等硬件、软件环境是否安全、可靠。而在真实性不明的情况下，需要司法鉴定予以完成认定，旨在帮助法官甄辨互联网电子数据的真实性，也是后文所涉及的专家辅助的问题。

认证过程离不开证明责任的判断。举证方提交的电子数据遭到真实性、完整性质疑时，证明责任是否转移？根据《民事诉讼法司法解释》，举证应达到证明事实的程度才能发生证明责任的转移。然而是否达到证明待证事实的标准，一方面是心证的内容，另一方面也需要法律规范。《互联网电子数据规程》第 14 条认为，在举证方提交了原始数据后达到了证明标准。[①] 笔者认为该规定有合理之处，也有不足之处。当下互联网科技高速发展，新兴电子数据种类层出不穷，一方面不必拘泥于将原始数据作为证明标准构建的前提，另一方面提交原始数据方未必就完成了证明责任，若有明显不合逻辑等情形可以推断其提交的原始数据是删减的、伪造的，应继续由其举证。

（二）虚拟身份与现实身份的关联性审查

“所有的证据，只有具有能够在诉讼上有某种意义的证明力时，才能作为关联证据纳入诉讼的范围。”[②]证据的关联性首要的是应具有证明性。电子数据的关联性不仅应当满足数据内容上的关联性还应当满足数据载体的关联性。前者是证据所记载的数据信息同欲证明的案件事实之间的内容上的关联性，后者是信息操作记录所涉及的主体同当

① 第 14 条规定，当事人出示了电子数据原件，对方认可用户身份，但认为所展示的内容不真实或者存在删减、篡改的，应当提供本方持有的电子数据原件作为相反证据，否则可以对原电子数据证据予以采信。

② ［日］松尾浩也：《日本刑事诉讼法》（下册），丁相顺译，中国人民大学出版社 2005 年版，第 9 页。

事人或其他诉讼参与人之间的关联性。[①]《电子签名法》第 13 条前两款[②]在我国法律上第一次就网络虚拟身份主体和现实世界真实身份主体关联性作了规定。

虚拟身份和现实身份如何构建起来，确实存在证明难度。然而我国互联网实名制为诉讼法关联性的构建提供了契机。2017 年出台的《网络安全法》第 24 条规定互联网的用户应当提供真实身份信息。此后国家网信办相继出台《移动互联网应用程序信息服务管理规定》《互联网跟帖评论服务管理规定》《互联网群组信息服务管理规定》等法规确立了“后台实名、前台自愿”的互联网使用原则。此举为关联性审查奠定了基础，原则上只要确立相应互联网用户的实名认证信息就可以成立互联网电子数据关联性的盖然性。《互联网电子数据证据规程》第 10～13 条均是关于关联性的规定，但是未深入涉及实名制的问题。[③] 笔者认为，对于已经通过绑定手机号等方式完成实名认证的数据应推定为实名认证的当事人持有产生，除非有证据证明产生相应数据的设备、注册信息等不是由其持有。由于实名信息系后台实名而非前台，相应信息存储于运营商或者政府有关部门备案，因此实名情况，系当事人及其诉讼代理人因客观原因而不能自行收集的证据，也是涉及个人隐私的证据，法院应当根据当事人申请调取相应证据。

目前个人信息被泄露、出卖、盗用等问题日趋严重，因此可能存在实名制的用户实际使用者另有其人的情况，即虚拟身份信息和实际身份信息不一致。如果说实名制可以构成关联性第一层次的盖然性，那么在非实名制时，或者有证据证明实名制人信息被盗用时，则可以通过数据信息具体内容及数据附属信息和其他证据相互佐证来构建第二层

---

① 参见刘品新：《电子证据的关联性》，载《法学研究》2016 年第 6 期。电子数据的证明内容上的关联性和其他证据种类并无二致，在此不再讨论。

② 《电子签名法》该款规定，电子签名同时符合下列条件的，视为可靠的电子签名：(1)电子签名制作数据用于电子签名时，属于电子签名人专有；(2)签署时电子签名制作数据仅由电子签名人控制。

③ 其仅在第 12 条规定，“支付宝用户个人信息中显示已经实名认证的真实姓名，并且与当事人主张的用户个人信息一致的，应当对主张的支付宝用户身份予以采信”。其中第 10 条规定，“对当事人主张的通讯双方身份，对方不予认可且现有不足以证明的，当事人应当提供能证明身份的其他证据予以佐证，否则对主张的用户身份不予采信”。但是未就实名制的用户身份信息作出规定。

次的盖然性。《刑事案件电子数据规定》认为可通过IP地址、网络活动记录、上网终端归属等电子数据本身的附属数据以及证人的言词证据等予以佐证。但是由于民事案件不能像刑事案件由侦查机关取证,若当事人通过窃取等方式获得证据则可能造成证据的非法性。因此民事案件电子数据第二层次关联性的构建变得困难,只能由举证方承担举证责任,由法官结合其他证据予以认定。

这里也涉及证明责任问题,即应当达到何种程度才能构建关联性。在苹果和IP申请发展公司诉深圳唯冠公司商标权权属纠纷案中,[①]关于关联性法院认为:没有证据证明网络邮件的署名"huiyuan"对应于哪个自然人,不排除原告我国香港特别行政区的唯冠公司或者我国台湾地区唯冠公司的工作人员,在被告公司使用了相应电子邮箱。笔者认为,法院可以通过来往电子邮件等其他证据来审查是否存在关联性,至于原告盗用被告邮箱的可能性虽然存在,但是这种盖然性是低于被告使用的盖然性的,民事案件应原则上采用盖然性证明标准,[②]而非拔高到刑事案件的证明标准。毕竟刑事案件"超越合理怀疑证明有罪的标准,是对当事人收集与提出证据资源的不平等的部分补偿"。[③] 虽然法律上明确规定了高度盖然性标准,但是这种标准事实上是由法官心证的内容。特别是在涉及复杂的互联网技术等问题时,则可能借助专家的帮助以辅助法官完成认证。

(三)互联网电子数据认证[④]过程中的专家制度

互联网电子数据涉及计算机、互联网等专业知识,因此认证过程可能需要专家帮助,《互联网电子数据证据规程》对此未予以涉及。这面临两个方面的问题:一是外行的法官如何审查专家就互联网电子数据

① 参见案号:2010深中法民三初字第208、233号民事判决书。

② 根据《民事诉讼法司法解释》第109条规定:当事人对欺诈、胁迫、恶意串通事实的证明,以及对口头遗嘱或者赠与事实的证明,人民法院确信该待证事实存在的可能性能够排除合理怀疑的,应当认定该事实存在。

③ [美]理查德·A. 波斯纳:《证据法的经济分析》,徐昕、徐昀译,中国法制出版社2001年版,第83页。

④ 虽然当事人也可以聘请专家辅助人,从该种角度而言又属于举证的内容,但是其最终目的仍然是为了辅助法官认证。其在举证方面并未特殊之处,故而放在认证予以论证。

提出的计算机、互联网等方面的意见；二是专家参与模式如何构建，是专家辅助人、陪审人员还是其他？专家辅助人一般是由当事人聘请，其意见缺乏客观性，专家陪审员相对客观但是仍然面临法官如何审查认证的问题。

首先，专家的参与模式。2018 年 4 月最高人民检察院出台了《关于指派、聘请有专门知识的人参与办案若干问题的规定（试行）》由检察机关聘请专家辅助人就相关技术问题进行说明。虽也有法院尝试聘请专家辅助人，以形成多方交锋，维护专家意见的客观性，但若由法院聘请有违依当事人申请启动专家辅助人制度之规定，且有较强烈的职权主义色彩。因此一个折中的方案“人民法院在审理案件时候聘请具有中立地位的专家陪审员，通过专家陪审员、专家辅助人和鉴定人三位的庭审质证模式来认定电子数据”。[①] 专家陪审员虽然较之于当事人的专家辅助人中立客观，但同样也面临专家意见的中立客观性等问题。有学者认为，专家陪审应当采用大合议制，并完善专家陪审员的信息公开与监督机制，[②]从而避免专家偏见的影响。多元化的构建模式也是解决出路。例如，我国三个知识产权法院已建立技术调查官制度，形成技术调查与专家辅助、司法鉴定、专家咨询等多元化查明机制。[③] 笔者认为，互联网法院可以根据不同案件类型从专家学者、互联网领域技术人才等途径聘请技术调查官、专家陪审员就互联网电子数据等问题进行调查，让两者互为补充，以构建专家辅助人、专家陪审团、技术调查官等多元一体的模式。

其次，专家在互联网电子数据认证中的作用。专家辅助人只能在庭审中发表意见，专家陪审员则可以事后参加合议，帮助法官完成认证工作，技术调查官虽然不能参加合议，但是由于其由法院聘请，也为法官在认证中咨询提供了便利。互联网电子数据举证认证规则不应仅是

---

① 最高人民法院环境监测审判及编著：《最高人民法院关于环境民事公益诉讼司法解释理解与适用》，人民法院出版社 2015 年版，第 204 页。

② 参见翟李鹏：《专家陪审制度的研究》，载《证据科学》2017 年第 6 期。

③ 参见周强：《最高人民法院关于知识产权法院工作情况的报告》，载中国政府网：http://www.court.gov.cn/zixun-xiangqing－58142.html 最后访问日期：2018 年 6 月 30 日。

对当事人诉讼的指引,亦应是对法官审查电子数据的指引和规制,而多方参与的质证和认证可以帮助法官做出更接近科学的判断。然而无论专家辅助人、专家陪审员还是技术调查官制度都需要法官掌握审查主动权,否则“无异于将对案件事实的审查认定权让渡于专家”。[①] 以美国为例,其对待专家意见的发展经历了弗赖伊规则所确立的“普遍接受标准”[②]到多伯特规则的“全面观察标准”等标准。[③] 其发展历程也体现了强调法官对专家意见的审查。因而法官主动权的掌握除运用司法审判技艺外,也需要学习掌握一定的互联网技术知识。

《互联网电子数据证据规程》作为地方法院出台的规程指引,更多地侧重于对诉讼当事人进行指引,因此呈现创新性不足的特点。随着互联网媒介的发展,互联网电子数据的新类型也将呈现增多变化的趋势。法院的取证、举证、认证标准,也将指引当事人如何进行取证、举证。民事案件电子数据取证规范,目前主要集中于行业协会的指引等规定,《互联网电子数据证据规程》并未涉及,由于其更侧重于技术问题,本文在文中未专门论述。互联网电子数据的举证包括举证时限、举证内容和因证明妨碍导致举证方的举证不能。互联网电子数据的认证是对电子数据“三性”审查后作出的证明力有无及大小强弱的判断,真实性是指形式真实和本质真实,形式真实强调原件规则和取证的规范性专业性,本质真实强调生成真实。完整性依赖于互联网电子数据内容的完整性,数据载体的完整性和电子数据系统环境的完整性。互联网电子数据的关联性具有双重性,需要借助实名制等完成虚拟身份主体和现实诉讼主体的关联性构建。随着互联网法院的成立相信对于互

---

① 在圆谷制作株式会社等与辛波特·桑登猜等侵害著作权纠纷申请案中[参见案号:最高人民法院(2011)民申字第259号民事裁定书]关于泰国警察总署出具的鉴定报告能否予以采信的问题,最高人民法院认为,具体案件中对案件事实的实质性审查判断仍是法官是否采信鉴定结论的前提,否则无异于将对案件事实的审查权让渡于鉴定机构。然而法官的知识构建则涉及法学教育的系统改革等问题,在此不作讨论。

② 该案判决确立了专家意见须达到被同行普遍接受的标准,但是该标准不利于新的科学技术问题的认定。Frye V. United State,293 F. 1013(D. C. Cir. 1923).

③ 该要求法官充当“守门人”的角色,从而赋予了法官对科学证据更多的自由裁量权。Daubea V. Merrell Dowpharmaceuticals, Inc. ,509 U. S. 579(1993). 不过《联邦证据规则》并未涉及“全面观察标准”提出了“辅助事实裁判者”的标准。其本质上仍是强调法官对专家意见的审查。

联网电子数据举证,认证问题会有新的有益探索。

Research on the Burden of Proof and Its Attestation of Internet Electronic Data

—Taking Guangzhou Nansha Court's Internet Electronic Data Proof and Attestation Regulations(Trial) as a Research Object

Yang Meifeng

Abstract: Nansha Court of Guangzhou issued *the Internet Electronic Data Proof and Attestation Regulations*(*Trial*) On May 21,2018,which is the first electronic data regulations in Guangdong Province, but there are some shortcomings. Internet electronic data proof involves evidence disqualification,proof content,proof obstruction and so on. The process of attestation depends on the factual determination of the authenticity, integrity, relevance of Internet electronic data. The evaluation of authenticity and integrity depend on the integrity of the electronic data,data carriers and the data system environment. The connection between the virtual and the real world should be established in order to satisfy its relevance. The real-name registration stipulation serves an important way to identify the relevance of Internet electronic data. Those processes above may also requires the help of experts,which requires the judges get hold of the initiative to evaluate the evidence.

Keywords: electronic data; burden of proof; attestation evaluation

民事执行中司法拘留之滥用及规制

郭鹏鲁*

摘　要:在全国法院努力解决“执行难”的背景下,民事执行中的司法拘留起到了举足轻重的作用。但由于司法拘留性质之混淆、目的之异化、社会舆论之偏执等原因,司法拘留在适用上出现了“以拘代执”“逢拘必满”“扩张性拘留”等现象。虽然司法拘留在适用上存在诸多问题,但也不能因噎废食。修补我国司法拘留制度,应明确司法拘留之性质,强化其慎用理念,并可以参考域外经验探索罚款前置程序,同时借鉴我国行政拘留制度以规范司法拘留适用条件,最后完善其他间接强制执行措施来健全我国强制措施体系。

关键词:民事执行;执行难;司法拘留;人权保障;间接强制执行措施

一、引言

西方法谚有云:“执行乃法律之终局及果实。”以强制性公权为后盾的民事执行,是私权救济最后保障性环节,是法律获得生命必不可少的形式和途径,[①]民事执行的重要性不言而喻。然而,很长时间以来,“执行难”问题却始终是阻碍社会实现公平正义的一大顽疾。“执行难”问题得不到解决,不仅会损害申请执行人的利益,也将严重影响法律的权

* 山东财经大学法学院 2018 级硕士研究生,济南市章丘区人民法院执行局法官助理。

① 参见马登科:《民事强制执行与人权保障》,载《时代法学》2007 年第 1 期。

威。为此,2016年3月,最高人民法院院长周强提出,“用两到三年时间,基本解决执行难问题”。[①] 为了实现这庄严的承诺,全国法院如火如荼地展开了执行攻坚活动。此类活动在取得良好社会效果的同时,也一定程度上造成司法拘留被滥用的现象。司法拘留是限制人身自由的强制措施,如人民法院滥用该措施,将侵犯被执行人的基本人权,这与现代法治理念相悖,所以对于该现象必须予以规制。本文将分析当前人民法院滥用司法拘留措施的现状及原因,并给出相应对策,以期司法拘留制度更加完善。

二、民事执行中司法拘留滥用之现状

(一)“以拘代执”[②]现象严重

为了如期实现“基本解决执行难”的目标,各地法院纷纷加强了执行力度,类似于“百日攻坚”[③]“凌晨行动”[④]等对被执行人实施司法拘留的信息常见于各大媒体。“执行难”主要难在执行效率低,司法拘留由于效率高,成本低,效果明显等特点,导致部分法院在民事执行中以其取代了直接强制执行措施,错误地将司法拘留当作解决“执行难”的撒手锏,大范围地将其适用于执行案件中。在案件进入执行程序后,部分法院在没有对被执行人采取查询、冻结、扣划等直接强制执行措施之前,就对被执行人实施司法拘留。甚至有个别法院将司法拘留作为一项考核业绩,错误地认为司法拘留实施的次数越多,执行力度就越大,工作就越突出。

在司法实践中,也存在部分法院基于申请执行人的申请,而对被执行人采取司法拘留措施的现象。这样的做法在法国民事诉讼程序立法

① 2016年3月13日在第十二届全国人大第四次会议上,最高人民法院院长周强向参会代表做了最高人民法院工作报告,他在报告中提出,“用两到三年时间,基本解决执行难问题”。

② “以拘代执”是指人民法院在民事执行中,将司法拘留措施取代其他直接强制执行措施,并将该措施广泛地应用于各类案件中。

③ 依兰县人民法院:《“执行百日攻坚”一场追逐正义的赛跑》,载哈尔滨市中级人民法院网:http://hebzy.hljcourt.gov.cn/public/detail.php? id=13845,最后访问日期:2019年3月12日。

④ 泉州市泉港区人民法院:《【攻坚执行难】夏季风暴之一:不开门?摆摊中?凌晨行动让被执行人睡不着!》,载泉州市泉港区人民法院主办微信公众号“泉港法院”:https://mp.weixin.qq.com/s/UgKzuDjSe7RdPg106SOEHQ,最后访问日期:2019年3月12日。

中有所规定，申请执行人在民事执行中对执行措施有选择权和申请权，[①]但在我国目前的法律体系下并不适用。

不可否认，在采取了司法拘留措施后，一部分被执行人履行了义务，但这其中必定会有一部分被执行人，即使没有履行能力，在被采取了司法拘留措施之后，出于对强制措施的恐惧，也会向亲人、朋友举债来履行义务，结果导致其债台高筑，经济状况雪上加霜。从表面来看司法拘留起到了积极的效果，但从深层次来看，潜在的风险极有可能导致无限的恶性循环。

（二）"逢拘必满"[②]现象普遍

以S省J市Z区人民法院执行局在2018年度共实际实施司法拘留269人次，所有拘留决定书的拘留期限均为单次拘留最长期限15日。这其中有部分被拘留人主动承认并改正错误，或者主动履行法律文书确定的义务，被提前解除拘留措施，除此之外，剩余被拘留人均被单次实际拘留15日。在全国法院系统这样的现象普遍存在，如浙江省台州市黄岩区人民法院在2006年至2011年间，在执行案件中，每年有95%以上的司法拘留决定适用期限为15日。[③]

《民事诉讼法》规定，对于符合拘留条件的被执行人，人民法院可以根据情节轻重予以拘留，并且规定拘留的期限为15日以下。[④] 由此可知，人民法院对被拘留人实施司法拘留的最长期限是15日，而不是必须拘留15日。在司法实践中，有的人民法院不考虑被执行人违法情节的轻重和履行态度的好坏，统一顶格处罚，这样的做法很显然没有体现公平正义的法律原则。

同时，在拘留期限的计算问题上有的人民法院存在混乱的现象。何时为司法拘留的起始时间？从限制被拘留人的人身自由时开始计

① 参见廖中洪：《民事间接强制执行适用原则研究》，载《现代法学》2010年第2期。

② "逢拘必满"是指人民法院在对被执行人适用司法拘留措施时，一律适用最长拘留期限15日。

③ 参见浙江省台州市黄岩区人民法院课题组：《关于司法拘留在执行案件中适用情况的调研——基于浙江黄岩法院近六年执行案件的分析》，载《贵州警官职业学院学报》2012年第5期。

④ 《民事诉讼法》第115条第2款规定："拘留的期限，为15日以下。"

算,还是从拘留所收拘被拘留人时开始计算？对此我国法律法规没有明确规定,多数法院从拘留所收拘被拘留人时开始计算,笔者认为这是不合理的,这样的做法容易引发有的法院故意拖延送拘时间,变相侵犯被拘留人人身自由权。

（三）“扩张性拘留”①现象盛行

从我国《民事诉讼法》的规定来看,在民事执行中对被执行人适用司法拘留的条件可分为三种:被执行人拒绝报告财产、虚假报告财产、无正当理由逾期报告财产（以下简称“拒不报告财产”）;被执行人有履行能力而拒不履行已生效的法律文书（以下简称“拒不履行”）;其他妨害民事执行的行为。在司法实践中,大部分被执行人是因为“拒不报告财产”而被司法拘留,其次是因为“拒不履行”而被司法拘留,很少一部分是因为其他妨害民事执行的行为而被司法拘留。对于被执行人适用司法拘留的条件,《民事诉讼法》及最高人民法院《关于适用〈中华人民共和国民事诉讼法〉的解释》（以下简称《解释》）虽然作出了规定,但不详细具体,以至于在司法实践中,部分人民法院放宽了适用条件,甚至达到了滥用的地步。

1.对“拒不报告财产”条件的扩张

首先,我国《民事诉讼法》第241条对被执行人因“拒不报告财产”而实施司法拘留的情况作出了规定。该条规定被执行人未履行生效法律文书确定的义务,拒绝报告或者虚假报告财产的可以予以拘留。最高人民法院《关于民事执行中财产调查若干问题的规定》第9条对此作出了扩张性解释,将无正当理由逾期报告财产的情况也纳入到司法拘留的适用范围。笔者认为,拒绝报告和无正当理由逾期报告在性质上有很大区别,将后者纳入司法拘留的适用范围,这种做法值得商榷。

其次,在司法实践中有的人民法院为了对被执行人实施司法拘留,存在“钓鱼执法”的现象。在案件办理中,人民法院应当首先向被执行人送达执行通知书和报告财产令,在此过程中,人民法院同时应当向被

① “扩张性拘留”是指人民法院在实施司法拘留时,放宽了拘留条件,扩大了司法拘留的适用范围。

执行人告知拒不报告财产的法律后果，如被执行人仍不配合的，才符合法律规定的“拒不报告财产”的情形。而部分法院为了下一步对被执行人采取司法拘留措施，往往不会对被执行人强调不报告财产的法律后果，大部分被执行人由于法律意识淡薄，也很难会意识到这一点。一旦被执行人没有在规定期限内报告财产，法院就会对被执行人实施司法拘留。笔者认为这样的做法是对法律的扩张性适用。

2. 对“拒不履行”条件的扩张

人民法院以“拒不履行”条件对被执行人采取司法拘留时，必须以查明被执行人“有履行能力”为前提。然而何为“有履行能力”，法律并没有明确的规定，以至于在司法实践中，很多法院在对被执行人实施司法拘留时，放宽了“拒不履行”的条件。例如，在案件执行中，人民法院通过网络查控和传统查控等手段对被执行人的财产情况进行了查询，未查询到被执行人有房产、车辆、银行存款、证券等可供执行的财产线索，但查询到被执行人有劳动能力，有工资性收入。部分人民法院就会认为该被执行人具备分期履行的能力，从而以“拒不履行”对被执行人实施司法拘留。笔者认为，虽然被执行人有劳动能力，有工资性收入，但同时也要查明被执行人的赡养费或抚养费等生活或生产必要性支出，只有综合地考虑被执行人的收入与支出情况，才能认定被执行人是否“有履行能力”。

三、民事执行中司法拘留滥用之原因

(一)司法拘留性质之混淆与目的之异化

在司法实践中，司法拘留措施被滥用，首先是因为对其性质认识不清。对于民事执行中的司法拘留的性质问题，不仅实务界没有清楚的认识，理论界也没有统一的意见。在最高人民法院执行局 2017 年出版的《人民法院办理执行案件规范》中，将司法拘留规定在第 14 章“强制措施和间接执行措施”中，而对于司法拘留的性质，并未给予明确规定。笔者认为，首先，我国《民事诉讼法》第 10 章规定了对妨害民事诉讼的强制措施，包括拘传、训诫、责令退出法庭、罚款、拘留甚至追究刑事责任，由此看来，立法者将司法拘留视为一种对妨害民事诉讼的强制措施。在执行程序中，司法拘留就是一种对妨害民事执行的强制措施。其次，《解释》第505条规定，在民事执行程序中，对于以不可替代的行为为执行标的的案件，当被执行人不履行生效法律文书确定的义务时，人民法院可以对被执行人采取罚款、拘留等措施，这表明立法者也将司法拘留视为一种间接强制执行措施。

直接强制执行措施是指人民法院直接对执行标的物所采取的执行行为。[①] 司法拘留不直接适用于执行标的物，而是适用于行为人的人身，由此看来，司法拘留不属于直接强制执行措施。直接强制执行措施、间接强制执行措施、对妨害民事执行的强制措施在适用目的、适用对象、适用顺序等方面存在明显区别。如混淆司法拘留的性质，很容易出现司法拘留被滥用的现象。

异化司法拘留的目的，同样是其被滥用的原因。首先，人民法院将司法拘留作为安慰申请执行人的一种手段。众所周知，民事执行是权利人实现其权利的最后一条途径，申请执行人从诉讼到执行耗费了大量的时间和精力。权利长时间得不到实现，有的申请执行人可能会对法院产生质疑。其中情绪克制者可能会在不同场合贬低法院的声誉，情绪激动者甚至会不断上访、辱骂执行法官等。为了安慰申请执行人的情绪，有的法院往往会对被执行人实施司法拘留。其次，人民法院通过实施司法拘留来检测被执行人是否有履行能力。在民事执行中，人民法院有时很难查清被执行人的财产状况，不能准确判断其是否有履行能力。迫于申请执行人的督促以及结案的压力，有的人民法院会对被执行人采取司法拘留措施，以此来检测被执行人是否有履行能力。如果人民法院采取了司法拘留，被执行人依然没有履行，这样才算无履行能力。

（二）社会舆论之偏执与人权之忽视

在“用两到三年时间，基本解决执行难”的社会大背景下，法院、媒体等广泛地宣传打击“老赖”的新闻，引起了社会的广泛关注，类似于

① 参见马登科主编：《民事执行的现代转型与制度创新——以威慑机制和人权保障的冲突与融合为背景》，厦门大学出版社2014年版，第144页。

"老赖人人喊打""一人失信,牵连全家""让老赖寸步难行"等宣传口号深入人心,形成了一种强大的社会舆论。同时,在传统观念中,"欠钱不还就得坐牢"的观念已根深蒂固。在这种强大的社会舆论及传统观念下,人民法院为了体现司法为民的宗旨,自然而然地放宽了司法拘留的审批条件,扩大了司法拘留的适用范围。

人权保障是现代法治追求的核心价值之一,是民事强制执行的中心目标,其中实现申请执行人的债权是民事执行程序设置的首要目的,而对被执行人强制执行仅仅是实现申请人债权的手段。[①] 实现目的要以不侵犯被执行人的基本人权为前提,但在司法实践中,有的人民法院往往过于追求目的,而忽视了手段的合法性与合理性。例如,人民法院在采取司法拘留措施前,没有对被执行人进行风险提示;在实施司法拘留措施中,没有对被执行人进行说服教育;在采取司法拘留措施后,没有及时通知家属,以及告知其申诉、会见的权利。以上现象都是不尊重被执行人人权的表现。在努力解决执行难的背景下,实现申请执行人的权利固然重要,但也不能忽视对被执行人人权的保障。

(三)规则供给之不足与其他强制措施之缺陷

在我国目前的法律体系内,没有一部法律对民事执行中的司法拘留措施作出统一、细致的规定,[②]相关的法律法规欠缺,规则供给严重不足。我国法律关于民事执行中司法拘留的规定,在质与量方面存在模糊性,既未明确区分司法拘留的性质,又未明确规定司法拘留的适用条件及期限。例如,《民事诉讼法》规定可以根据情节轻重对被执行人予以罚款、拘留,[③]但对于"情节轻重"的标准并没有明确。同时对于司法拘留的期限,法律也只规定了最长期限,而没有相应地划分梯度,留给执行人员过多的自由裁量权,容易造成司法拘留被扩张性适用,从而导致其被滥用的现象。[④]

① 参见马登科:《民事强制执行与人权保障》,载《时代法学》2007 年第 1 期。

② 参见唐海琴:《民事执行程序中司法拘留措施的适用和规范》,湘潭大学法学院 2018 年硕士学位论文,第 25 ~ 27 页。

③ 《民事诉讼法》第 111 条第 1 款规定:"人民法院可以根据情节轻重予以罚款、拘留……"

④ 钟斌、孙晋琪:《民事拘留的有关问题及立法完善》,载《法学》1997 年第 6 期。

司法拘留被滥用的现象与司法拘留的最长期限较短之间有必然的联系。随着经济社会的发展,财产性案件的标的额越来越大,但司法拘留的最长期限一直未改变,这导致司法拘留的威慑力受到越来越大的挑战。对于标的额较小的案件,司法拘留能够起到较好效果,但对于标的额较大的案件,司法拘留的作用不再明显。人民法院在适用司法拘留措施时,为了最大限度地发挥司法拘留的威慑力,往往对被执行人顶格处罚,这就导致了司法实践中"逢拘必满"的现象多发。

在司法实践中,与拘留同为强制措施的罚款没有被广泛实施,这与司法拘留被滥用的现象形成鲜明的对比。以S省J市Z区人民法院为例,2018年年度罚款总额共计25万元,与司法拘留269人次相比,罚款的实施程度严重不足。

目前,我国民事执行制度未形成完整的强制措施体系,罚款、拘传、训诫等未能充分适用。同时,拒不执行判决、裁定罪的定罪标准不明确,在司法实践中,被执行人很少被追究刑事责任。以笔者所在的单位为例,自2013年9月至2019年3月,尚未有被执行人因拒不执行判决、裁定而被追究刑事责任,这与设置该罪的初衷不相符。拒不执行判决、裁定罪及其他强制措施的集体失灵,必然导致了司法拘留措施的滥用。同时,对于司法拘留措施的监督、救济制度,我国法律规定不完善,这也是司法拘留措施被滥用的原因之一。

四、民事执行中司法拘留制度之修补

(一)强化司法拘留慎用理念

在传统观念里,人们往往把被执行人与"老赖"的概念相混淆,将两者视为同一概念,实际上两者有本质的区别。被执行人是指在民事执行程序中负有民事义务的当事人,而"老赖"是指负有民事义务的当事人具备履行能力,但具有恶意转移财产等逃避执行行为的人。被执行人的外延大于"老赖"的外延,两者是包含与被包含的关系。对"老赖"适用司法拘留措施是恰当的,但对于其他被执行人实施司法拘留措施则是错误的,所以对于司法拘留的适用对象,人民法院必须慎重选择。

在我国法律体系中,民事执行中的行为人除被追究刑事责任外,司法拘留是最严厉的一种制裁方式。它是限制被执行人人身权的强制措施，基于"人身权高于财产权"的原则，人民法院在强制执行被执行人的财产时，不得随意限制被执行人的人身自由，必须慎重适用司法拘留措施。[①] 在国际人权法中，禁止任意拘留原则是保障人身自由权的重要措施，也是评价各国拘留制度的重要标准，所以慎用司法拘留措施也是保障人身自由权的关键。[②]

强化司法拘留慎用理念，最重要的是正确认识司法拘留的性质。首先，司法拘留属于一种妨害民事执行的强制措施，只有当行为人有妨害民事执行的行为时才可以适用。其次，司法拘留作为一种间接强制执行措施，是对被执行人的人身自由予以限制，从心理上进行强制，以迫使被执行人自动履行义务，显然具有严重干预债权人自由意志的性质和特征。在间接强制执行措施适用时，我们可以借鉴德国的经验，严格遵循间接强制执行特定原则和间接强制执行有限原则，从而有效避免执行实践中长期存在的"乱执行"等现象，实现申请执行人的债权的同时，最大限度地保障被执行人的基本权益。[③]

强化司法拘留慎用理念，可以通过运用"司法拘留预告制度"[④]来实现。在司法实践中，运用司法拘留的威慑力效果要远远好于实际采取司法拘留措施。同时运用"司法拘留预告制度"不仅能节省司法资源，还能充分保障被执行人的基本人权。

我国的民事执行制度一直贯彻债权人中心主义。虽然在执行程序中申请执行人与被执行人的地位是不平等的，双方的权利义务有差异，但两者在人格上是平等的，人民法院在维护申请执行人债权的同时，也应当兼顾被执行人的合法权益。[⑤]

---

① 参见赵英伟：《民事执行中错误司法拘留的国家赔偿责任》，载《人民法院报》2014 年 11 月 20 日，第 6 版。

② 参见官印：《论禁止任意拘留原则及其启示》，载《西部法学评论》2017 年第 1 期。

③ 参见廖中洪：《民事间接强制执行适用原则研究》，载《现代法学》2010 年第 2 期。

④ "司法拘留预告制度"是指在民事执行中，当行为人的行为符合司法拘留的适用条件时，人民法院先向其预告该事实，限期改正，否则再采取司法拘留措施的制度。

⑤ 参见童兆洪、林翔荣、方永新：《改革：执行发展与创新的时代呼唤——执行改革实证分析与理论建构研讨会综述》，载《法律适用》2002 年第 7 期。

人权是指人之所以为人所应当享有的权利,任何人都应当享有人权,即使是应当被拘留的被执行人也不例外。笔者认为,在适用司法拘留措施时,可以通过以下方式完善对被执行人的人权保障。首先,人民法院在民事执行中应当提前向被执行人告知妨害执行活动和拒不履行已生效法律文书的风险。其次,应当借鉴拘传措施的做法,[①]在决定对被执行人实施司法拘留措施前,先进行说服教育,如仍不改正,再对其实施司法拘留。再次,在司法拘留 24 小时以内,人民法院应当及时通知被执行人家属,并告知其复议和会见的权利。最后,完善司法拘留监督和救济制度,保障被拘留人基本权利。同时,对于因司法拘留适用错误导致的国家赔偿问题,法律也应当进一步完善,建立相应的国家赔偿制度。

(二)探索罚款前置程序

从比较法角度来看,各国在适用间接强制执行措施时,原则上优先适用罚款等有关金钱上不利益的间接强制措施,只有该措施达不到执行效果时,才选用司法拘留等人身性的间接强制措施。[②] 例如《德国民事诉讼法》规定,只有在罚款措施不足以使当事人屈服时,才可以适用拘留措施。[③] 我国也有类似的规定,《民事诉讼法》第 114 条第 2 款规定,对于不协助执行的单位,可以对其主要负责人或者直接责任人员予以罚款,在罚款后仍然不履行义务的,可以予以拘留。笔者认为这样的做法应当适用于全部的司法拘留措施中,即罚款应当成为司法拘留的前置程序。这样的做法有其合理性。首先,司法拘留是限制人身自由的措施,而罚款是财产性的措施,单从性质上看,罚款的惩罚性或强制性相对较轻。在措施适用上,由轻至重,符合现代法治理念。其次,罚款的成本相对于司法拘留来说要低很多,将罚款措施前置,能够解决一部分案件,对于未解决的案件,不妨碍对被执行人实施更加严厉的司法

① 最高人民法院《关于适用〈中华人民共和国民事诉讼法〉的解释》第 175 条规定,“在拘传前,应当向被拘传人说明拒不到庭的后果,经批评教育仍拒不到庭的,可以拘传其到庭”。

② 参见廖中洪:《民事间接强制执行适用原则研究》,载《现代法学》2010 年第 2 期。

③ 参见孔令章:《德国民事间接执行制度研究——兼论民事间接执行补充性理论》,载《河北法学》2010 年第 1 期。

拘留措施。最后，司法解释规定司法拘留和罚款可以单处或并处，[①]所以将罚款作为司法拘留的前置程序并不违反法律规定。

同时，笔者建议适当提高司法拘留的最长期限，增强司法拘留的威慑力，这与民事执行中司法拘留被滥用的情况并不矛盾。司法拘留措施具备更强的威慑力，并不意味着人民法院就可以滥用，这是两个完全不同的概念。许多国家和地区对民事执行中的司法拘留都规定了较长的期限，例如德国规定的最长期限为6个月。我国适当提高司法拘留的最长期限，可以使人民法院在决定司法拘留的期限时，针对不同的违法程度和态度，有更大的选择空间。同时，立法机关需进一步明确拒不执行判决、裁定罪的定罪标准，使司法拘留措施与拒不执行判决、裁定罪能够有效衔接。

（三）借鉴我国行政拘留制度

在对被拘留人的人权保障方面，我国现行的《民事诉讼法》及相关司法解释作出了相关规定。例如规定了严格的审批程序，拘留必须经院长审批，规定了家属的知情权和被拘留人的复议权，同时还规定对于同一妨害民事诉讼的行为不得连续适用拘留等内容。但在具体适用条件、适用幅度以及适用程序等方面还存在比较笼统的现象，这不利于司法拘留的规范化适用。在这些方面我国的行政拘留制度规定明确，宽严相济，值得借鉴。

行政拘留是指公安机关对于违反了行政法律规范，尚不构成犯罪的公民，所做出的在短期内限制其人身自由的一种处罚措施。在性质、处罚程度等方面，行政拘留和司法拘留有相似之处，所以司法拘留制度借鉴行政拘留制度的做法有其合理性。

首先，对于特殊被执行人免于司法拘留。借鉴我国《治安管理处罚法》第21条之规定，对于特殊的被执行人，例如70周岁以上、怀孕或者哺乳自己不满1周岁婴儿的，不执行行政拘留。同时，在德国民事执行立法中，也有类似的规定。其次，实行阶梯式的司法拘留制度，遏制“逢

① 最高人民法院《关于适用〈中华人民共和国民事诉讼法〉的解释》第183条规定，“民事诉讼法第一百一十条至第一百一十三条规定的罚款、拘留可以单独适用，也可以合并适用”。

拘必满”现象。我国《民事诉讼法》只规定了拘留的上限，对具体惩罚幅度没有规定，而在我国《治安管理处罚法》中，对于行政拘留规定了三个幅度，区分不同情形，分别规定为“5 日以下”“5 日以上，10 日以下”“10 日以上，15 日以下”。我国民事执行中的司法拘留制度也应当借鉴行政拘留中阶梯式的惩罚幅度。人民法院在采取司法拘留措施时，可以根据被执行人的违法程度和态度，在法律规定范围内，决定相应的拘留期限。同时法律应当明确司法拘留的起止时间，统一适用标准，体现公平正义。最后，对司法拘留的适用条件做出明确、具体的规定。我国《治安管理处罚法》在“违反治安管理的行为和处罚”一章中，用 50 个条文详细地规定了适用行政拘留的各种情形，而我国《民事诉讼法》相形见绌，仅有 6 个条文涉及民事执行中司法拘留的适用条件。借鉴《治安管理处罚法》的规定，明确民事执行中司法拘留的适用条件，将极大促进司法拘留适用的规范化，改善司法拘留被滥用现象。

(四)完善我国其他间接强制执行措施

民事执行中的司法拘留属于间接强制执行措施的一种，在司法实践中司法拘留措施之所以会被滥用，与人民法院过度依赖该措施不无关系。完善其他可以替代司法拘留的间接强制执行措施，可以有效避免其被滥用现象的发生。

自中华人民共和国成立以来，我国法律一直未规定间接强制执行措施，随着“执行难”问题的日益严峻，最高人民法院开始尝试建立“民事执行威慑机制”。1982 年执行的试行《民事诉讼法》中，规定了拘留、罚款措施。1991 年制定的《民事诉讼法》中，规定了“加倍支付迟延履行期间的债务利息”“支付迟延履行金”措施。2007 年修订的《民事诉讼法》中，规定了“限制出境”“在征信系统记录”“通过媒体公布不履行信息”措施。在周强院长做出“用两到三年时间，基本解决执行难”的庄严承诺之后，“失信人名单”“限制高消费”等间接强制执行措施又相继出台。

从司法实践来看，“失信人名单”“限制高消费”等间接强制执行措施取得了很好的社会效果。从国家发改委获悉，截至 2019 年 3 月底，全国法院累计将1349万人次纳入失信被执行人名单，累计限制2047万人次购买飞机票，累计限制571万人次购买动车高铁票，慑于信用惩戒，390万人次履行了法律义务。①

相对于司法拘留而言，“失信人名单”“限制高消费”等间接强制执行措施操作简单，能够节省大量司法资源，而且这些措施对被执行人的损害小，更利于人权保障。在对债务人损害最小的范围内，最大限度地满足债权人的权利是最适切的执行状态。② 用其他间接强制执行措施来取代司法拘留，符合这样的适切原则。

规制司法拘留被滥用的现象，加快执行信息化建设同样至关重要。自2014年12月最高人民法院建成覆盖全国法院的执行指挥系统以来，执行信息化建设不仅带来了高效便捷、覆盖全面的网络查控系统，还对彰显执行权威、强化执行规范，以及促进执行公开，完善社会信用体系发挥了重要作用。③ 其中网络执行查控系统改变了“登门临柜”查人找物的传统执行模式，促使执行工作驶入“高速路”；执行案件流程管理系统规范了执行权的运行，避免了消极执行、选择性执行、乱执行的乱象；联合信用惩戒机制使“老赖”“一处失信，处处受限”，形成了标本兼治，综合治理的工作格局。④

五、结语

“执行难”的解决，首先取决于我国执行制度及相关法律制度的完善程度，⑤但我国《民事诉讼法》仅有35个条文对执行程序有所规定，立法供给严重不足。特别是在最高人民法院周强院长提出“用两到三年时间基本解决执行难问题”以后，这种矛盾愈加严重。为了满足司法实践的需求，最高人民法院明显加快了司法解释和具有司法解释性质的

① 参见明航：《联合惩戒让失信人寸步难行》，载《经济参考报》2019年4月22日，第2版。

② 参见孔令章：《德国民事间接执行制度研究——兼论民事间接执行补充性理论》，载《河北法学》2010年第1期。

③ 参见肖建国：《执行信息化建设助推执行模式新变革》，载《人民法院报》2016年6月16日，第5版。

④ 参见王小梅：《法院执行信息化建设的成效、问题与展望——以人民法院“基本解决执行难”为背景》，载《中国应用法学》2018年第1期。

⑤ 参见江伟、肖建国：《民事执行制度若干问题的探讨》，载《中国法学》1995年第1期。

其他规范性文件的出台速度，三年来先后出台了20余部。但针对这样的情况，一方面，最高人民法院有“造法”嫌疑；另一方面，类似于司法拘留等涉及当事人人身自由的强制性措施由司法解释来规定，有违“法律保留原则”。[①] 为此，笔者呼吁立法机关尽快制定强制执行法，规范司法拘留措施，满足司法实践需求。

The Abuse and Regulation of Judicial Detention in Civil Execution

Guo Penglu

Abstract: Judicial detention plays an important role in civil execution when the national courts make great efforts to solve the "difficulties of execution". However, due to confusion of the nature of judicial detention, the alienation of purpose and the paranoia of public opinion, etc, there are some phenomena in the application of judicial detention, such as "taking judicial detention for execution", "full judicial detention" and "expansionary judicial detention". Although there are many problems in the application of judicial detention, it can not be abandoned. To mend our judicial detention system, it should first clarify the nature of judicial detention and strengthen the concept of prudent use; secondly, it should refer to foreign countries' experience to explore the pre-procedure of fines; thirdly, it should learn from our administrative detention system to standardize the applicable conditions of judicial detention; finally, it should improve other indirect enforcement measures and improve our compulsory measures system.

Keywords: civil execution; difficulties of execution; judicial detention; human rights protection; indirect enforcement measures

---

① 参见黄忠顺：《中国民事执行制度变迁四十年》，载《河北法学》2019年第1期。

【经济法论衡】

金融危机后南非金融监管改革的新进展及对中国的启示

黄昊明*

摘　要：美国次贷危机过后，为了应对在金融危机中出现的问题，南非金融监管进行了双峰金融监管改革。南非金融监管模式向双峰金融监管模式转变，建立多层次的金融监管合作与协调机制，并设立督查委员会和金融服务法庭保障权利。南非金融监管改革的经验对中国金融监管改革有一定的借鉴意义和启示。中国金融监管改革可以渐进式地整合微观审慎权；建立多层次的金融消费者保护机制，包括整合并建立统一的金融行为监管局、建立金融督查机构和建立金融服务法庭；完善多层次的金融监管机构间合作与协调机制，包括增加合作与协调机制的主体、建立次级委员会和建立合作与协调效果评估机制。

关键词：金融监管；双峰监管；金融消费者

一、引言

继英国金融改革后，南非的金融监管改革是实现双峰金融监管改革的最新案例。南非金融监管改革，在吸取澳大利亚、荷兰和英国等其他采取双峰金融监管体制的国家的改革经验的基础上，针对南非国内的突出现实问题进行了金融监管体制改革。了解和研究南非金融监管改革的经验，可为中国处理同样的问题时提供可借鉴的方案，也可为日

* 广西大学法学院 2016 级法律硕士（法学）研究生，广西政大律师事务所律师。

后中国的金融监管改革提供一定的经验。

二、南非金融监管改革的背景和借鉴意义

金融业发展的过程中，对金融业的监管尤为重要。[①] 金融监管的改革无疑是为了促进金融业的发展。了解南非金融监管改革的背景和借鉴意义，有利于明晰中南两国之间金融监管制度可借鉴的土壤基因。

（一）南非金融监管改革的背景

美国次贷危机过后，南非金融监管当局发现，原有的金融监管框架难以对现有的金融机构进行监管。原有的金融监管框架，导致南非国内存在以下问题：第一，多头监管型的体制难以解决混业经营和影子银行的问题。原有金融监管框架中，南非储备银行负责宏观审慎监管，金融服务监管局负责微观审慎监管和行为监管。南非金融业多为混业经营，即由金融控股公司控制银行、保险和证券等几个金融企业，同时也产生许多交叉性金融产品。金融服务监管局内部设立 13 个金融监管机构，不同的金融监管机构根据不同的法律、标准和要求，对不同的金融机构进行监管，极易产生监管套利和监管真空，也难以对影子银行进行监管。第二，原金融监管框架难以解决金融消费者合法权益的保护问题。南非金融企业过于庞大，金融消费者与其地位并不平等，普惠金融的程度较低。[②] 金融服务监管局负责审慎监管与行为监管，难以同时兼顾两种目标，从而难以保护金融消费者利益。第三，南非金融监管立法繁杂，缺乏协调性和统一性。南非金融监管部门众多，其立法内容繁杂。南非金融监管局内部，监管依据有 13 种不同的法律，不同法律之间还存在一定冲突。为了提高金融监管的有效性，南非金融监管从体制改革入手，将金融监管模式向双峰金融监管模式转变。

（二）南非金融监管改革的借鉴意义

如前文所述，南非金融监管改革是最新的双峰金融监管改革案例，

---

① 参见徐孟洲等：《金融监管法研究》，中国法制出版社 2008 年版，第 3 页。

② See National Treasury, Twin Peaks in South Africa: Response and Explanatory Document, Accompanying the Second Draft of the Financial Sector Regulation Bill, Accessed August 8, 2008. http://www.treasury.gov.za/twinpeaks.

也是总结他国经验的集大成者。南非金融监管改革可以为处理中国金融监管问题提供经验,也可以为中国金融监管改革提供双峰金融改革的最新制度样本。

1. 为处理中国金融监管问题提供经验

中国金融监管存在监管空白、协调不足和金融消费者合法权益保护力度不足的问题。例如,商业银行为规避监管,将大量资产从表内转移至表外,导致影子银行游离于监管之外。2015 年,宝能通过保险机构、银行的资产管理计划不断地增加杠杆,最终成为万科第二大股东。这次事件充分地说明了商业银行有能力逃脱现有监管,金融监管机构之间缺乏协调,也拉响了中国影子银行体系风险警报。随着互联网金融等新兴金融的出现,许多金融机构的市场行为需要进行规范,以保护金融消费者的利益。根据上述南非金融监管改革的背景,南非此次改革也是针对同样的金融监管问题,采取从金融监管体制入手,整合金融监管立法的方式,进而解决金融监管中存在的问题。因此,南非金融监管改革的经验可以为中国金融监管问题的处理提供经验。

2. 提供双峰金融改革的最新制度样本

作为最新的双峰金融监管改革案例,此次改革针对南非国内的金融现状,采取先进的监管模式,以改变监管体制改革的方式去解决国内的金融监管问题。南非与英国均采取同样的方式去解决金融监管问题,动因在于:金融监管模式会对金融监管机构的能力产生影响。虽然金融监管机构的能力受到专业人员素质、监管能力和监管科技的影响,金融监管模式不是唯一评判金融监管有效性的标准,但是金融监管模式的设置毫无疑问会对金融监管效果产生一定的影响。根据新“三足定理”,金融监管应强调金融安全、金融效率和金融公平三大价值目标的协调统一和良性互动,以实现金融增长促进社会发展的效果。[①] 从新“三足定理”的角度看,双峰金融监管体制具有一定的先进性,即设立审慎监管机构和行为监管机构分别负责金融安全和金融公平,金融效率

① 参见冯果:《金融法的“三足定理”及中国金融法制的变革》,载《法学》2011 年第 9 期。

则由上述两机构把握和执行。

当然,金融监管模式的建立需要参考国情等诸多要素,并没有放之四海皆准的标准。中国金融改革未来是否会采用双峰金融改革还是未知数。但是,南非金融监管改革,可为中国金融监管改革提供双峰金融改革的最新经验,提供双峰金融改革的最新制度样本。

三、南非金融监管体制

南非金融监管体制主要分为监管机制、纠纷解决机制和合作与协调机制三个部分:

(一)监管机制

根据《金融部门监管法案》(以下简称《法案》),南非实行"双峰"金融监管模式(如图1所示)。南非储备银行和审慎监管局分别负责宏观审慎监管和微观审慎监管;金融部门行为监管局负责行为监管。

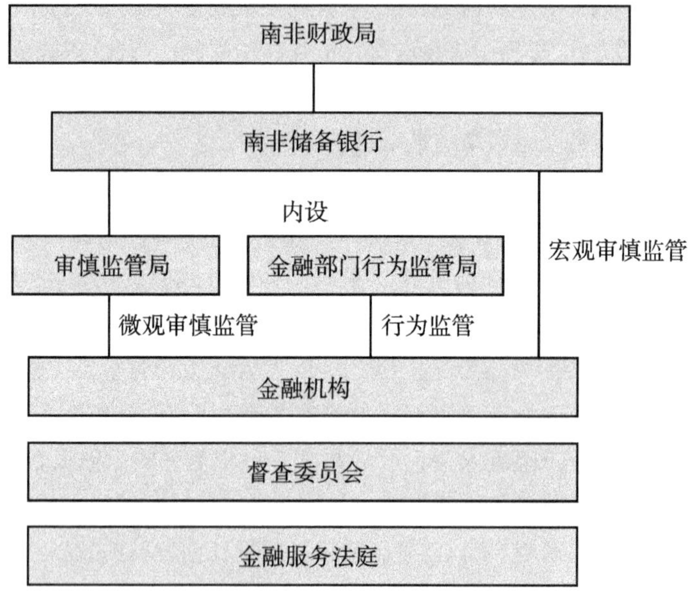

图1 南非金融监管机构设置

资料来源:南非财政局官方网站(www. treasury. gov. za)

1. 建立审慎监管局

审慎监管局设立于南非储备银行内部，其主要职责是实施微观审慎监管。审慎监管局应依法进行监管，为金融机构创造安全、合理的金融环境。为了实现监管目标，审慎监管局应与其他金融监管机构展开监管合作。

2. 建立金融部门行为监管局

金融部门行为监管局是新设立的独立的金融监管机构，其主要职责是实施行为监管。金融部门行为监管局依法规范金融机构行为，贯彻普惠金融的理念，并保护金融消费者的利益。金融部门行为监管局有制定监管政策的权力。

3. 更新南非储备银行的职能

南非储备银行是已有的金融监管部门，《法案》更新了南非储备银行的职能。南非储备银行主要职责是宏观审慎监管。南非储备银行负责保护并增强金融稳定性的工作。南非储备银行有权力确认何为系统性风险事件和决定何为系统性重要的金融机构。针对系统性风险事件和系统性重要的金融机构，南非储备银行有权力在法律和政策范围内，采取一切手段去消除系统性风险。

（二）纠纷解决机制

《法案》还建立了纠纷解决机构，具体由督查委员会和金融服务法庭组成：

1. 建立督查委员会

督查委员会的主要职责是为金融消费者提供可承受的、有效的、独立的和公平的替代性纠纷解决机制。督查委员会针对法定和非法定的督查计划内的金融机构，其具有获取信息、现场检查和行政处罚的权力。金融消费者可以投诉金融机构，通过督查委员会来解决纠纷争议。

2. 建立金融服务法庭

金融服务法庭主要职责是为申请人提供申请复议的途径。申请人可以针对金融监管部门对其做出的行政行为申请复议。金融服务法庭至少由两名退休法官和两名金融领域的专家组成，任期为三年。财政部长任命上述名单中的一人为法庭主席。金融服务法庭做出的裁决具有执行效力。

(三)合作与协调机制

《法案》最大的亮点是合作与协调机制。通过加强合作与协调,金融监管能增强其协同效用,降低系统性风险,保持金融稳定性。如图2所示,具体存在以下合作与协调机制:

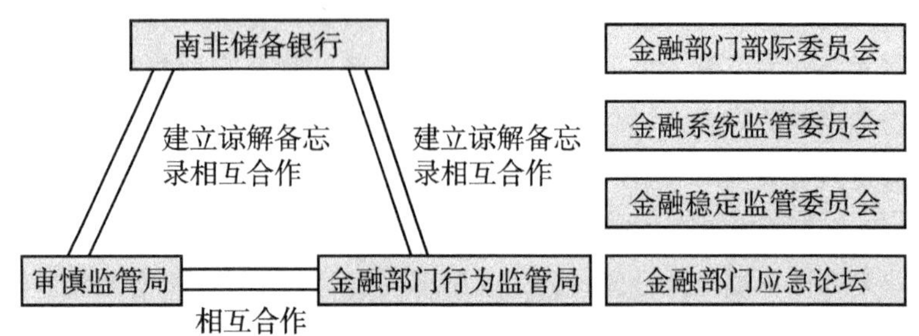

图2　南非金融监管合作与协调机制

资料来源:南非财政局官方网站(www. treasury. gov. za)

1. 金融监管部门之间建立谅解备忘录

在《法案》生效六个月后,南非储备银行与金融监管机构之间应达成一个或者多个谅解备忘录。南非储备银行与金融监管机构,应至少每隔三年审查谅解备忘录的有效性,并采取合适的方法进行修正。在南非储备银行和金融监管机构的要求下,其他金融监管部门必须提供相关的信息。

2. 建立金融稳定监管委员会

金融稳定监管委员会主要职责是促进金融监管机构之间的相互合作,并支持南非储备银行的金融稳定工作。具体而言,金融稳定监管委员会的主要工作是:(1)举办为金融监管机构的代表交换关于金融稳定性行动的观点的论坛;(2)为南非储备银行确定系统性重要的金融机构提供建议;(3)提供维护金融稳定性的建议。金融稳定监管委员会的成员包括:南非储备银行行长、分管金融稳定性的副行长、审慎监管局执行总裁、金融部门行为监管局委员长、国家信贷监管局执行总裁、财政部理事长、金融情报中心主任等。会议至少每两年召开一次,可下设工作小组和次级委员会。

3. 建立金融部门应急论坛

金融部门应急论坛主要职责是协助金融稳定监管委员会,确认潜在的系统性风险,并采取相应的计划去减少这些风险。金融部门应急论坛由至少八名委员构成,由南非储备银行的副行长任主席。主席具有决定参会人员的权力。论坛至少每两年召开一次,召开程序由南非储备银行行长决定。

4. 建立金融系统监管委员会

金融系统监管委员会主要职责是促使各机构高级代表之间对相关金融监管事项达成一致。金融系统监管委员会的人员组成有:财政部理事长、贸工部部长、国家信贷机构首席执行官、金融信息中心主任、国家消费者委员会专员、竞争委员会专员等。金融系统监管委员会每年举办两次会议,由理事长提议召开。金融系统监管委员会应根据工作事项成立工作小组和次级委员会,具体的工作事项有:打击金融犯罪、维护金融稳定性、制定政策和法律、设立监管标准等其他由理事长决定的工作事项。

5. 建立金融部门部际委员会

金融部门部际委员会主要职责是为管理金融监管部门立法的内阁成员之间的讨论提供论坛。金融部门部际委员会的成员包括:财政部长、负责消费者保护和消费信贷事务的内阁成员、负责健康事务的内阁成员和负责经济发展的内阁成员。会议召开的时间和地点,由财政部长决定。一经其他成员请求,财政部部长必须召开会议。财政部部长可以邀请其他非委员会成员的内阁成员参加会议。金融部门部际委员会还应独立、客观地评价金融监管部门之间的合作与协调的有效性,评估的内容包含谅解备忘录的内容。金融部门部际委员会作出的评估必须及时提交给议会,并附属评估意见和评估内容。

四、南非金融监管改革亮点评析

在此次监管改革中,南非金融监管当局广泛地听取社会公众意见,并与澳大利亚和荷兰等实施双峰监管模式的国家进行深入交流。南非金融监管改革是结合本国情况,并在此前的双峰金融监管改革之上进行的金融监管改革。总体来说,南非金融监管改革有以下亮点:

(一)金融监管模式向双峰金融监管模式转变

如前文所述,南非金融监管模式向双峰金融监管模式转变。南非的双峰金融监管模式与英国的双峰金融监管模式类似,均在储备银行(英国为中央银行)设立审慎监管局负责微观审慎监管,审慎监管局不具有完全的独立性。原因在于:由于中央银行具有全局视野的优势,货币政策和金融稳定具有天然的联系,因此,要将宏观审慎监管的职能当然赋予中央银行。① 宏观审慎管理与微观审慎监管相分离会导致决策信息不足。② 因此,《法案》将原来金融服务局的微观审慎职能归入南非储备银行,是具有一定道理的。从某种程度来说,南非双峰金融监管模式是荷兰双峰监管模式的延续。南非的金融监管模式实现了综合监管向双峰监管模式的转变。双峰监管模式既可以祛除行业监管和功能监管的弊病,防止出现监管交叉和空白,又能进一步祛除综合监管的弊病,防止目标冲突,使得政府可以更加专业地实现两个目标。③

(二)建立多层次的金融监管合作与协调机制

《法案》最大的亮点在于:建立多层次的金融监管合作与协调机制。南非金融监管的合作与协调机制,是立体、多维和全面的,并且附有相关评估机制。多层次的金融监管合作与协调机制,是南非金融监管在英国、澳大利亚和荷兰等国家金融监管改革经验上的进步。通过多层次的金融监管合作与协调机制,南非金融监管可以采取有效、一致性的行动。金融监管机构之间的相互协调,可以有效地减少监管真空和监管套利,抑制影子银行的出现。

---

① 参见吴云、张涛:《危机后的金融监管改革:二元结构的"双峰监管"模式》,载《华东政法大学学报》2016 年第 3 期。

② 参见蓝虹、穆争社:《英国金融监管改革:新理念、新方法、新趋势》,载《南方金融》2016 年第 9 期。

③ 参见吴云、张涛:《危机后的金融监管改革:二元结构的"双峰监管"模式》,载《华东政法大学学报》2016 年第 3 期。

（三）设立督查委员会和金融服务法庭保障纠纷解决

为贯彻普惠金融的理念，保护金融消费者，南非金融监管改革将督查委员会和金融服务法庭纳入《法案》之中。在《法案》出台之前，督查委员会作为内部纠纷解决机构，已经根据《金融服务督查计划》设立。《金融服务督查计划》将督查计划分为自愿的督查计划和法定的督查计划。将督查委员会纳入《法案》之中，可以形成统一的标准和一致的纠纷争议解决方法，保证对金融消费者的公平对待。金融服务法庭的建立，有利于保护金融机构和金融消费者的权利。金融服务法庭是独立的，做出的裁定具有法律效力。金融机构和金融消费者可以通过金融服务法庭进行司法复议审查，保障自身的权利。

五、对于完善中国金融监管的启示

各国国情不同，导致在金融监管模式和体制方面缺乏放之四海而皆准的可借鉴的经验。[①] 中国金融监管的完善，必须要结合中国国情，在整合国外金融监管改革经验基础上，选择适合中国金融改革的道路。南非金融监管改革，是在金融危机过后继英国金融监管改革后，转型为双峰金融监管模式的成功案例。南非金融监管改革的新进展，在一定程度上可以给中国金融监管的完善带来启示。

（一）渐进式地整合微观审慎权

中国金融监管的审慎监管模式，主要是由国务院金融稳定发展委员会、中国人民银行把握宏观审慎管理；银保监会和证监会进行微观审慎监管。中国金融监管模式可能会存在分业监管带来的弊端、监管目标冲突和决策信息不足等问题。目前，中国金融监管机构虽名义上为分业经营，但是实际上出现混业经营的状态。类分业监管模式和分业经营的限制，难以有效地解决中国实际上混业经营的问题，导致大量的影子银行存在，危及金融稳定性。此外，中国金融监管目前存在与南非同样的情况，即法律标准不一和监管机构内部的监管目标冲突。如前文所述，改革之前，南非金融部门行为监管局负责微观审慎监管和行为

① 参见蓝虹、穆争社：《英国金融监管改革：新理念、新方法、新趋势》，载《南方金融》2016 年第 9 期。

监管。在行为监管上，南非金融部门行为监管局分别依据十三部法律对十三个不同的金融机构进行监管，每部法律的法律标准都不相同，极易产生监管套利。南非金融部门行为监管局内部之间，可能会存在微观审慎监管和行为监管之间的监管目标冲突，进而导致进行微观审慎监管的决策信息不足。结合中国的实际情况和南非金融监管改革的经验，笔者认为，渐进式地整合微观审慎权，并在适时建立审慎监管局有利于解决中国的局面。

建立审慎监管局有如下收益：首先，审慎监管局的设立有利于祛除分业监管的弊端，审慎监管局专门实施微观审慎监管，可以采取一致、有效地行动，减少监管真空和监管空白，不受分业监管的限制。其次，微观审慎监管权集中于审慎监管局，可以减少原本金融监管机构内可能会产生的监管目标冲突。银保监会和证监会不必既负责微观审慎监管，又负责行为监管。将微观审慎的职能剥离，由审慎监管局进行监管，有利于银保监会和证监会专于实施行为监管。最后，因为审慎监管局有微观审慎监管权，可以在更广阔的视野上看待问题，并且在进行决策时会具有更加充分的信息，所以审慎监管局做出的决策会更加准确。但是，任何改革都需要过程，整合微观审慎权也是个渐进式的过程，需要平衡不断出现的新的矛盾和利益。综上所述，中国金融监管机构改革应渐进式地整合微观审慎权。具体的改革进路为：集中微观审慎权并赋予一个专门的监管机构。该机构最好内设于中国人民银行内部，有利于宏观审慎监管和微观审慎监管的相结合，保证决策时有更充分的信息。同时，整合微观审慎权意味着银保监会和证监会将只负责行为监管。渐进式地整合微观审慎权，有利于解决中国金融机构存在的问题，更有利于实施“穿透性”监管。

（二）建立多层次的金融消费者保护机制

我国的金融消费者保护机制未能充分发挥效能。首先，中国人民银行、银保监会和证监会都内设了金融消费者保护局，承担保护金融消费者权益的职能。但是，由于金融消费者保护机构内设于各个金融监管机构内，各机构难以针对部分跨市场、跨行业、跨机构的金融业务进行监管。因此,其保护金融消费者的能力有限。其次,中国金融监管框架未建立金融督查机制,不能为金融消费者提供替代性争议解决制度。金融消费者大多通过金融机构内部的投诉渠道进行维权,但是该渠道缺乏独立性,不能有效地解决金融消费者的纠纷。最后,中国金融监管框架未建立独立的司法审查机制。针对部分金融监管机构做出的行政行为,金融消费者难以有效地维护自身权益。综上所述,笔者认为,在借鉴南非金融监管改革的经验上,中国金融监管可以建立多层次的金融消费者保护机制。具体进路如下:

1. 整合并建立统一的金融行为监管局

如前文所述,笔者认为,渐进式地整合微观审慎权后,可以将金融机构的行为监管权整合,建立统一的金融行为监管局。根据南非金融监管改革的经验,建立统一的金融行为监管局,利于对金融机构进行行为监管,进而有利于保护金融消费者的权益。建立统一的金融行为监管局,不但利于消除监管目标的冲突,还利于针对部分跨市场、跨行业、跨机构的金融业务进行监管,在更高的层次上保护金融消费者的利益,解决我国分业监管中存在的问题。

2. 建立金融督查机构

为进一步有效地保护金融消费者的利益,建立金融督查机构具有重要的意义。金融督查计划具有独立性,具有快捷、方便和低成本的优势,可以弥补诉讼解决机制的不足。除了南非外,建立有金融服务督查机构的国家有英国、澳大利亚、爱尔兰等。[①] 中国金融监管体系可以参考上述国家的经验,建立金融督查机构。金融督查机构可以实行金融督查计划,主要分为法定督查计划和自愿督查计划。参与金融督查计划的金融机构,具有每年向金融督查机构汇报的义务。金融督查机构也具有现场检查和调查的权力。金融督查机构应是独立的,要接受金融监管部门的指导和监督,并定期向其报告工作,但金融监管部门不得

① 参见邢会强:《澳大利亚金融服务督察机制及其对消费者的保护》,载《金融论坛》2009 年第 7 期。

干涉其具体业务。[①] 金融督查机构的独立,是为了防止当微观审慎监管与保护金融消费者的目标相冲突时,不牺牲保护金融消费者这个监管目标。建立金融督查机构是顺应后危机时代加强对金融消费者保护的国际趋势需要。

3. 建立金融服务法庭

根据南非金融监管改革的经验,建立金融服务法庭的目的在于,为金融机构或金融消费者提供复议审查的途径。金融服务法庭是独立的,不受任何金融监管机构的干涉,有利于保证复议审查权的专业性和公正性。金融服务法庭区别于金融审判法庭,金融审判法庭主要是进行金融类案件的审判;金融服务法庭主要是对金融监管部门所做的决定进行司法审查。金融服务法庭进行司法审查的对象主要为具体行政行为。针对具体的行政行为,金融机构和金融消费者可以向金融服务法庭申请司法审查。金融服务法庭所做出的判决是具有司法效力的,金融监管部门应当予以执行。金融服务法庭的建立除了可以保护金融机构的权益外,还在一定程度上可以保护金融消费者的权益。

(三)完善多层次的合作与协调机制

中国金融监管机构间的合作与协调机制,并非一片空白。在银保监会成立之前,主要的合作与协调机制有:金融监管协调部际联席会议制度、《中国银行业监督管理委员会、中国证券监督管理委员会、中国保险监督管理委员会在金融监管方面分工合作的备忘录》(以下简称《备忘录》)、三方监管联席会议制度等其他合作与协调机制。此外,国务院还成立了国务院金融稳定发展委员会,主要负责部分金融监管机构间合作与协调事宜。虽然建立了多层次的合作与协调机制,但是对比南非金融监管体系,我们发现,中国金融监管机构的合作与协调机制仍存在一定的问题:

首先,中国金融监管合作与协调机制的主体主要为“一行两会”,他方工作机构工作人员可邀请。但在现有的情况下,财政部和发改委作

---

① 参见袁达松、丁孝文:《论金融消费者保护视角下金融 ADR 机制的完善》,载《北京师范大学学报》(社会科学版)2013 年第 1 期。

为财政管理和宏观经济主管部门,在金融业发展和改革等方面的作用也不容忽视。[①] 参与合作与协调机制的主体范围有限,可能会导致进行决策时信息不充分,视野受到一定的局限,降低决策的有效性与一致性。其次,中国金融监管机构之间达成的合作事项,需要一定的机构保障执行,执行支持机制的缺乏,将不利于合作与协调工作的进行,降低工作的效率。如前文所述,合作与协调机制本质上为"论坛"的形式,各种合作形式的会议由各个金融监管部门出席参加,但金融监管部门之间达成的合作事项,缺乏相应的执行支持机制,如缺少前期和后续的调研工作、为共识提供支持性工作和后续的执行监督工作等。最后,缺乏有效的评估机制,可能会导致合作与协调的效果不理想。合作与协调机制应该进行不断的完善,才能确保适用于金融监管机构之间。根据南非金融监管改革的经验,笔者认为可以从以下几方面进行完善:

1. 增加合作与协调机制的主体

通过借鉴南非金融监管改革经验,我们可知,南非金融合作与协调的主体除了金融监管机构外,还包括财政部、贸工部、竞争委员会和金融信息中心等国家机构。金融的稳定发展,需要各个国家机构之间进行合作与协调,才能在信息充分的前提下做出最有利的决策,发挥经济法的正外部性。因此,笔者认为,可在国务院金融稳定发展委员会中,增加合作与协调的主体。具体包括财政部、商务部、农业部和审计署等国家机构。通过增加主体,金融监管机构和其他国家机构之间能协调好宏观政策和金融监管之间的关系,防止政策之间发生冲突;能够效益最大化地引导金融发展的走向,调整产业结构和促进产业的发展;能够充分地交换观点,促进各个机构之间的合作。总之,增加合作与协调机制的主体,有利于正向激励深化国家机构间合作,发挥正外部性。

2. 建立次级委员会

通过借鉴南非金融监管改革的经验,笔者认为,可以在国务院金融稳定发展委员会或金融监管部际联席会议内部,设立次级委员会作为

① 参见朱崇实、刘志云等:《混业经营趋势下的中国金融监管法:挑战与革新》,厦门大学出版社2013年版,第77页。

执行支持机构。次级委员会可根据金融监管目标的不同而设立，具体可以包括打击金融犯罪委员会、政策和法律委员会和普惠金融委员会等。次级委员会可以在会议进行前，针对会议的事项做相应的数据调研和行业分析，为金融监管部门间的合作与协调提供支持，增强合作与协调的效率；在会议进行后，针对金融监管部门间达成的事项，次级委员会可进行执行监督和记录，保证合作事项的完成。

3. 建立合作与协调效果评估机制

为了保证合作与协调的效果，建立合作与协调效果评估机制具有重要的意义。通过评估机制，金融监管部门之间的合作与协调机制可以进一步改善，提高合作与协调的效率。笔者认为，可以借鉴南非金融监管改革的经验，建立评估机制。具体而言，评估机制可以在《备忘录》中建立，并且金融监管部门必须每隔一定的期限检查《备忘录》是否合适。此外，国务院金融稳定发展委员会还可评估合作与协调机制。上级机构进行评估，具有一定的客观性。评估机制的建立，具有十分积极的意义。

六、结语

小国的改革总是容易获得成功，南非金融监管改革，在短短几年间成功地实现向双峰监管模式的转变。南非金融监管改革是在总结荷兰、澳大利亚和英国等国家的金融监管经验之上，并结合南非本国的实际情况而进行的监管改革，是又一个成功向双峰金融监管模式转型的案例。在后金融危机时代，中国混业经营在事实上已经存在，各种交叉性金融产品不断出现，导致影子银行大量存在于监管真空之中。为适应当下的金融环境，中国金融监管模式和结构应进行积极地转变。在同一时代下，南非金融监管改革的成功案例，给我国未来金融监管的发展一定的启示。中国的金融监管改革，可以在吸取域外金融监管改革的经验下，结合自身的国情，选择合适自身的道路。

New Progress of Financial Regulation Reform in South Africa after Financial Crisis and Its Enlightenment to China

Huang Haoming

Abstract: After the subprime mortgage crisis in the United States, in response to problems arising in the financial crisis, South Africa's financial regulation has achieved Twin-peaks financial regulatory reform. South Africa's financial supervision model has been transformed into a Two-peaks financial supervision model. A multi-level financial supervision cooperation and coordination mechanism has been established, and supervisory committees and financial services courts have been set up to safeguard rights. The experience of South Africa's financial regulatory reform has certain reference significance and Enlightenment for China. China's financial regulatory reform can gradually integrate micro-prudential power by establishing a multi-level financial consumer protection mechanism, including the integration and establishment of a unified financial behavior supervision authority, the establishment of financial supervision institutions and the establishment of financial services tribunals. China's financial regulatory reform can also achieved by improving the cooperation and coordination mechanism among multi-level financial regulatory bodies, including increasing the main boby of cooperation and coordination mechanisms, establishing sub-committees, and establishing cooperation and coordination effectiveness evaluation mechanisms.

Keywords: financial supervision; twin-peaks supervision; financial consumers

比较法视野下中国反垄断执法机构的改革

——以东亚公平交易委员会为例

郭镇源*

摘　要:2018年机构改革后反垄断执法权限统一交由新成立的国家市场监督管理总局行使,标志着中国反垄断法执法体系由饱受争议的"三家并行"正式进入"一元制"。通过对同属东亚地区的"一元制"反垄断执法机构——日韩公平交易委员会的分析可以看出此次"一元制"改革将在独立性,权威性与执法机构配合上改善我国反垄断执法体系。同时此次改革未涉及的国务院反垄断委员会在保持《反垄断法》第9条规定的职责的基础上,在委员设置的专业化程度与制定竞争政策的积极性上也尚有改进的空间。

关键词:反垄断执法机构;国家市场监督管理总局;国务院反垄断委员会;公平交易委员会;一元制

一、引言

《反垄断法》被视为市场经济国家的"经济宪法",而反垄断执法机构的权威性、独立性与专业性则是保障《反垄断法》实施的关键所在。① 2018年十三届全国人民代表大会决定将原有商务部,工商行政管理总局(以下简称工商总局),国家发展改革委员会(以下简称国家发改委)

* 墨尔本大学2018级法学硕士。

① 参见王晓晔:《社会主义市场经济条件下的反垄断法》,载《中国社会科学》1996年第1期。

的反垄断执法权限统一交由新成立的国家市场监督管理总局(以下简称国家市场监督总局)行使,结束了《反垄断法》实施10年来饱受争议的"三家并行"的反垄断执法体系。探究新的"一元制"执法体系是否改善了原有体制的弊端就成为十分具有现实性的问题。

二、先前中国"多轨制"反垄断执法体系的弊端

《反垄断法》实施10年来,尽管取得了不俗的成就,但是基于当时的历史背景所限,由商务部、工商总局与国家发改委三家共同享有反垄断执法权限的"多轨制"反垄断执法体系其实是在多个部门争夺反垄断执法权的情况下,为了推进《反垄断法》在我国落地实施的妥协之举。[①]10年间,这种分散的反垄断执法体系暴露除出许多问题。

(一)缺乏合作

首先,三家执法机构之间缺乏横向的配合,[②]根据我国《反垄断法》,在国务院反垄断委员会的协调之下三家执法机构分别负责管理经营者集中、价格相关垄断和其他垄断行为。[③] 但是考虑到反垄断案件本身的综合性和复杂性,当多种垄断行为出现在同一案件中时就有可能发生执法权争夺或是推诿的情况。[④] 此外,反垄断法实施的规则也缺乏一致性,例如国家发改委和工商总局都拥有授权委托省级及地方相关机构办理案件的权力,但是国家发改委采取的是统一授权而工商总局采取个案授权。[⑤] 除了执法机构之间缺乏横向的配合问题,国务院反垄断委员会与三家反垄断执法机构之间也缺少纵向的配合。虽然《反垄断法》赋予了国务院反垄断委员会协调三家执法机构的权力,但是其实际上发挥的作用极其有限,并未与三家实际执法机构形成良性互动,并且在

---

① 参见王先林:《理想与现实中的中国反垄断法——写在〈反垄断法〉实施五年之际》,载《交大法学》2013年第2期。

② See Xiaoye Wang, *The Evolution of China's Anti-Monopoly Law*, London, Edward Elgar Publishing, 2014, p. 48.

③ See Xiaoye Wang and Adrian Emch, "Chinese Antitrust—a Snapshot", *Journal of Antitrust Enforcement* 3, 2015, pp. i12 – i13.

④ 参见许光耀:《〈反垄断法〉执法机构的管辖权划分与协调》,载《价格理论与实践》2013年第2期。

⑤ See Xiaoye Wang and Adrian Emch, "Chinese Antitrust—a Snapshot", *Journal of Antitrust Enforcement* 3, 2015, p. i19.

制定竞争政策与方针,协调反垄断执法机构的管辖权争夺等方面存在感薄弱。[①]

(二)缺乏独立性

先前中国“多轨制”的反垄断执法机构也存在缺乏独立性的问题,主要体现在职责上不独立于其他行政事务;难以保证自身面对商业利益的独立。[②] 缺乏职责独立的原因可以归结于每家反垄断机构并不是专注于《反垄断法》的实施,而是对一系列不同的法律和政策负责。例如,在反垄断法之外,商务部需要负责产业政策,宏观经济计划等;国家发改委还需要负责《价格法》的执行工作;工商总局的权限也涉及市场管理的方方面面。缺乏面对商业利益独立的原因则与我国国有企业的特殊地位有关,如商务部在面对诸如由国务院国有资产监督管理委员会或国家发改委主导的国有企业经营者集中案件时就有选择性忽视的倾向,难以在其他部门利益前保持独立。[③]

(三)缺乏权威性

先前的三家反垄断法执法机构在行政级别上的不够强力一定程度影响了执法机构的权威性。尽管国务院反垄断委员会直属国务院,但是仅仅是一个协调议事机构,没有实际上的执法权力。并且尽管商务部、国家发改委与工商总局均是部级机构,但是实际负责反垄断执法工作的是其下属的司局级部门,级别不足以赋以足够的权威,[④]并且在包括人员配备和资金预算在内的执法资源方面也相对缺乏。[⑤] 通常来说,涉及垄断行为的往往是大型企业,跨国公司或者具有一定政治影响力的大型国有企业,这就很容易导致先前的三家反垄断执法机构的行政

---

① 参见王炳:《论反垄断委员会制度的回应性、超越与改良》,载《南京社会科学》2018 年第 10 期。

② See Wendy Ng, “The Independence of Chinese Competition Agencies and the Impact on Competition Enforcement in China”, *Journal of Antitrust Enforcement* 4, 2016, pp. 191, 193, 196.

③ 参见王晓晔:《我国反垄断法中的经营者集中控制:成就与挑战》,载《法学评论》2017 年第 2 期。

④ 同上。

⑤ 参见李剑:《中国反垄断执法机构间的竞争——行为模式、执法效果与刚性权威的克服》,载《法学家》2018 年第 1 期。

级别和权力不足以完全排除其他行政机关的干预。①

三、东亚其他国家和地区在反垄断执法上的经验

虽然许多西方国家拥有丰富的反垄断法的历史与经验,但是鉴于在历史、文化、各方面制度上的巨大差异,中国和西方国家在反垄断执法方面实际上并不适合进行比较和借鉴。而日本、韩国文化同源,经济发展的进程亦有类似之处,在社会意识上普遍认同政府的力量主导反垄断工作,②所以考察日本、韩国将更符合中国的实际。日韩均实行"一元制"的反垄断执法体制,且均称作"公平交易委员会",对该两家反垄断执法机制的对比分析有助于判断"一元制"是否能解决先前中国"多轨制"反垄断执法机制的问题。

(一)日本反垄断执法机构

1. 日本反垄断执法机构的设置

日本基于《禁止私人垄断及确保公平交易法》(以下简称《禁止垄断法》)设立公平交易委员会作为日本唯一的反垄断执法机构,直属首相办公室,直接对首相负责。③ 日本公平交易委员会设置有 1 名委员长与 4 名委员,在委员长与委员之下的常务机构是事务总局,包括办公厅、经济交易局与审查局。办公厅负责预算,人事管理与国际交流;经济交易局负责经营者集中审查、制定竞争政策;审查局是日本公交委的执行机构,拥有最大的人员编制规模,涉嫌犯罪的行为由审查局下属的犯罪调查科进行调查处理。④ 日本公平交易委员会在北海道、东北、中部等五个地区设置了地方级别的分所。⑤ 较为特殊的是,日本公平交易委员会被赋予了一定的司法权限,事务总局还单独设置了 4 名审判员负责审判程序,⑥为保障其独立办案,该 4 名审判员直属事务总局,与其他各部

① See Xiaoye Wang, *The Evolution of China' s Anti-Monopoly Law*, London, Edward Elgar Publishing, 2014, p. 50.

② 参见刘宁元主编:《中外反垄断法实施体制研究》,北京大学出版社 2005 年版。

③ Harry First, "Antitrust Enforcement in Japan", *Antitrust Law Journal* 64, 1995, p. 146.

④ See Japan Fair Trade Commission. About the JFTC . (2019 - 01 - 19) https://www. jftc. go. jp/en/about_jftc/index. html.

⑤ Ibid.

⑥ Ibid.

门均无关联。[①]

2. 日本公平交易委员会的职能

首先，日本公平交易委员会毫无疑问拥有行政执法权，基于《禁止垄断法》的授权，日本公平交易委员会在反垄断执法上拥有广泛的管辖权，包括经营者集中、滥用市场支配地位、不正当竞争、私人垄断等；也拥有多种执法的方式，包括向国会的建议权、采取强制措施权、委托调查权等。[②] 日本公平交易委员会还有一定程度上的准立法权，主要是关于其内部事项与程序的法规的制定权，[③]除此之外公平交易委员会还出台了若干反垄断指南，补充了许多特定行业的反垄断法执法细节，极大补充和完善了日本反垄断法律体系。[④] 日本公平交易委员会还拥有较为特殊的准司法权，如前文所述，日本公平交易委员会设置了 4 名审判员，在当事人不服从常规程序作出的决定时，将由该 4 名审判员进行审理裁决，该审判程序的各项制度大多直接适用日本民事诉讼法律制度。[⑤]

3. 日本公平交易委员会的独立性保障

日本公平交易委员会直接隶属首相办公室，与其他行政部门盖无牵涉，这首先就一定程度上保障了公平交易委员会在行政体系中的独立性。机构的独立性也体现在人事的独立上，作为君主立宪国家，日本内阁因其特殊的政治环境导致政党更替以及随之的内阁改组较为频繁。为了保障日本公平交易委员会不受政党更替带来的政治因素所干扰，《禁止垄断法》在法律上赋予了公平交易委员会核心成员更加稳定的任职环境。如《禁止垄断法》第 29 条规定了委员长及委员须经参众两院的同意后由总理大臣任命，从制度上确保了公平交易委员会领导

---

① 参见高远：《中日反垄断法行政执法体制比较研究》，华东政法大学 2013 年硕士学位论文，第 4 页。

② 参见日本《禁止私人垄断及确保公平交易法》第 40 条至第 67 条。

③ 参见李国海：《反垄断法实施机制研究》，中国方正出版社 2006 年版，第 91 页。

④ Japan Fair Trade Commission. legislation & Guidelines.（2019 - 01 - 19）https://www.jftc.go.jp/en/legislation_gls/index.html.

⑤ 参见高远：《中日反垄断法行政执法体制比较研究》，华东政法大学 2013 年硕士学位论文，第 7 页。

人员的任命具有极高的规格;《禁止垄断法》第30条第1款规定了委员长与委员的任期为5年可连选连任,相较于日本参众两院议员三至四年的任期与首相4年的任期,日本公平交易委员会的委员长与委员甚至拥有更长的任期;《禁止垄断法》第31条进一步规定了除去六种法定情形,不能违背委员其本意而将其罢免。这也说明虽然日本公平交易委员会对首相负责,但是作为日本公平交易委员会代表的委员长与委员即使在政党更替中也能保持高度的稳定,在处理案件时也可以不受到首相意志的过度干扰。

(二)韩国反垄断法执法机构

1.韩国反垄断执法机构的设置

与日本类似,根据韩国《关于独占规制及公正交易法律》(以下称《独占规制法》),直属韩国国务总理的公平交易委员会也是韩国唯一的反垄断执法机构。[①] 公平交易委员会在领导级别人员设置上略多于日本公平交易委员会,设有1名委员长,1名副委员长,7名委员。[②] 韩国公平交易委员会主要由三个部门组成,分别是事务处、监管与改革执行局和法务处。[③] 事务处是韩国公交委负责日常工作的常务机构,其下设九个处室,分别是行政司、规划和协调司、竞争政策局、市场结构政策司、企业集团局、消费者政策局、反垄断局、卡特尔调查和企业贸易政策局,并设有分配政策总干事办公室,[④]还在首尔、釜山、光州、大雄、大古五个地区设置了地方分支机构。[⑤] 此外,为保障运行,韩国公平交易委员会另单独设置数名法律顾问和审计与检视署长监督内部纪律。[⑥]

① 参见韩国《独占规制及公正交易法》第35条。

② Fair Trade Commission. Chairperson. [2019-2-20] http://www.ftc.go.kr/eng/contents.do?key=486.

③ Fair Trade Commission. Organization. [2019-2-20] http://www.ftc.go.kr/eng/contents.do?key=496.

④ Ibid.

⑤ Ibid.

⑥ Ibid.

2. 韩国公平交易委员会的独立性保障

韩国公平交易委员会同样也属于"部级"机构，直接对韩国国务总理负责，与日本类似，足够权威的行政级别首先就是对其独立开展反垄断执法工作的保障。为确保人员的独立性，韩国反垄断法同样规定了除几种法定情形之外不能违背其本人意愿免除委员长与委员的职务，此外还严格规定了委员长与委员在任职期间不得参与任何政党或参加任何政治活动，[①]从法律层面保障韩国公平交易委员会的主要领导人员面对政治因素的独立性。

3. 韩国公平交易委员会的职能

韩国《独占规制法》同样赋予韩国公平交易委员会广泛的反垄断执法权限，包括调查权、禁止滥用市场支配地位、经营者集中审查等。[②] 其中，韩国公平交易委员会基于其本国特殊的经济体系，即大型财团在国民经济体系中比重过高，相较于经营者集中更重视卡特尔企业的控制，[③]并且韩国公平交易委员会并不处理有关行政性垄断的案件。韩国公平交易委员会一个特别的职能是对韩国中小规模企业（small and medium sized firms）的保护，致力于创造"活力型经济"（creative economy）。[④] 除行政执法权以外，韩国公平交易委员会并没有像中国反垄断执法机构一样拥有制定部门规章的权力，更没有日本公平交易委员会类似的准立法权，不能独立决定竞争政策与制定竞争法规，该项权力被收归于青瓦台，韩国公平交易委员会只能在其基础上进行补充与调整，不能完全推翻和自行颁布。

四、基于东亚"一元制"的经验对此次反垄断执法机构改革的评价

《反垄断法》实施 10 年之后，2018 年第十三届全国人民代表大会决议决定进行国务院机构改革，将原先的三家反垄断执法机构合而为一，

---

① 韩国《独占规制及公正交易法》第 38 条至第 41 条。

② 韩国《独占规制及公正交易法》第 3 条至第 7 条。

③ Huwang Lee, "Overview of Current Antitrust Enforcement in Korea", Competition Policy International, 2014, p. 2 [2014 - 09 - 12] https://www.competitionpolicyinternational.com/overview-of-current-antitrust-enforcement-in-korea.

④ 参见韩国《独占规制及公正交易法》第 9 条第 3 款、第 19 条第 2 款、第 6 条。

成立新的国家市场监管总局统一行使原先商务部,国家发展改革委员会和工商总局的反垄断职能,意味着我国的反垄断执法体制由三家并行改革为“一元制”。通过以上分析,我们可以大致预估“一元制”改革会对我国反垄断法执法体系的改进效果与欠缺之处。

(一)对原执法机构的改进效果

1. 独立性与权威性的改进

首先,职责独立得到了提升。此次机构改革后,作为收归了全部原三家反垄断法执法机构权限的新隶属于国家市场监管总局的反垄断局,该内设机关将作为实际上的统一执法机构专注于统筹处理全国的反垄断法执法事务。也即曾经的三家实际负责反垄断法执法的内设机构并不专注于《反垄断法》的情况将不复存在。

其次,在执法工作独立问题上,通过前文分析可知,足够行政级别的统一的反垄断执法机构是排除其他政治因素的重要保障。作为统一行使反垄断执法权的部级机构,国家市场监管总局可以自行颁布部门规章对《反垄断法》进行补充,并且有申请国务院出台相关行政法规的权力,还接管了原由商务部负责的国务院反垄断委员会的工作,这也进一步防止了其他政治因素的干扰,使国家市场监管总局有足够的底气保障独立性并支持反垄断局的工作。

在国家市场监管总局能够有效支持反垄断局工作的基础上,先前反垄断执法机构行政层级与执法资源缺乏的情况也能期以得到缓解,这也能极大改善原执法机构权威性的缺乏。

2. 解决了配合缺乏的问题

先前的三家反垄断法执法机构各有分工,互相独立运行,所以面对复杂的可能包含多种反垄断行为的案件从管辖到办案都不易形成有效的合作。而此类问题在“一元制”反垄断执法体系中几乎不存在。例如,在日本公平交易委员会中,经营者集中审查由经济审查局统一负责,私人垄断和不正当竞争行为由审查局负责,甚至还设置有审判员,拥有准司法权。同样的,韩国的公平交易委员会也是由其不同的内设机构分工负责各种垄断行为和不正当竞争行为。此次我国“三合一”改革之后,所有的反垄断执法权限均由国家市场监督总局下属的反垄断局统一负责、统一调查、统一办案,即使出现了同一案件出现多种垄断行为,也不会出现之前的跨部委的管辖权冲突问题。

(二)此次改革的欠缺之处

1. 领导人员的人事保障

第一个尚未明了的可能会对反垄断执法的独立性和权威性造成影响的问题是反垄断执法机构领导人员独立行使职权的保障问题。我国反垄断执法机构无论是之前的三家还是新成立的国家市场监督总局都是单纯的行政部门,人员编制与其他行政部门并无区别,均为国家公务员序列,且相关法律法规也没有赋予其人员特殊的保障。鉴于公平交易委员会与我国反垄断执法机构之间在组织形式上的不同,不宜直接借鉴其在人事保障上的相关规定。但人事独立作为影响执法机构独立性的重要因素,国务院反垄断委员会与国家市场监督总局下一步会不会从修改相关法规或者职权调整层面加强对反垄断执法关键人员的特殊保护值得关注和期待。

2. 回避了对国务院反垄断委员会的改革

另一个更值得关注的问题是国务院反垄断委员会的改革。事实上不仅仅国务院反垄断委员会与执法机构之间的协调、合作的纵向配合问题饱受诟病,国务院反垄断委员会长久以来在其职能范围的方方面面都被认为缺乏建树。① 在此次改革中,除国家市场监管总局从商务部手中接管了国务院反垄断委员会的日常工作外,没有对其做出任何改动。

五、基于东亚"一元制"经验对国务院反垄断委员的改革建议

(一)保持当前的职能总体不变

相较于国家市场监管总局的纯行政机关性质,国务院反垄断委员会在组织形式上与东亚三家公平交易委员会具有更多相似性,事实上早在此次改革之前,就有学者探讨过设立"国务院公平交易委员会",即

① 参见王炳:《论反垄断委员会制度的回应性、超越与改良》,载《南京社会科学》2018 年第 10 期。

将反垄断执法权限统一交由反垄断委员会，借鉴公平交易委员会进行国务院反垄断委员会的改革。[①] 然而，基于我国反垄断法发展的特殊历史情形，此种改革方式难度较大不易实现，而此次的改革结果也只是将原三家执法机构权限合并，没有对反垄断委员会本身作进一步规定。虽然国务院反垄断委员会与东亚两家公平交易委员会同样都是直属国务院/国务总理/首相大臣的准"部级"委员议会，但是二者之间实际上的职责与工作方式大相径庭，不可相提并论。随着此次改革落下帷幕，建立一个类似公平交易委员会的具有统一反垄断执法权的"国家反垄断委员会"已经事实上不再具有可能性。所以首先必须明确的一点是，对于国务院反垄断委员会的改革设想还是应当基于《反垄断法》第 9 条所载的反垄断委员会负责组织协调；执法机构实际执行的基础之上。但是在组织形式和工作方式上可以适当参考公平交易委员会的经验进行一定改良，最终的期望目标还是使反垄断委员会能真正发挥出《反垄断法》所载的职能。

（二）人员结构向更专业化调整

此次改革中国务院反垄断委员会的组成人员进行了一定调整，主要是将原有的副主任名额由原商务部、国家发改委与工商总局的三名正职负责人与一名国务院副秘书长的四人，调整为仅有新的市场监管总局局长与一名国务院副秘书长的两人，委员会主任仍是一名国务委员，委员会成员也仍是由数十家相关部委的副职负责人担任。[②] 由此可见，此次的人员调整大体上仅仅是对反垄断法执法机构"三合一"的简单回应，并没有改变原有格局。当前的国务院反垄断委员会在国务委员与相关执法机构省部级官员坐镇的情况下实际上有着不低的权威

---

① 参见王先林：《竞争法学》，中国人民大学出版社 2009 年版，第 332 页；许鹭嘉：《我国反垄断执法机构革新探析》，载《学术探索》2013 年第 3 期；王健：《权力共享制抑或权力独享制——我国反垄断执法机关权力配置模式及解决方案》，载《政法论坛》2013 年第 3 期；朱宏文、王健：《从"两权合一"走向"三权合一"——我国反垄断执法机关导入准司法权的理论、路径和内容》，载《法学评论》2012 年第 5 期。

② 参见中华人民共和国国务院办公厅：《国务院办公厅关于调整国务院反垄断委员会组成人员的通知》，载 http://www.cpad.gov.cn/art/2018/7/19/art_1461_87142.html.，最后访问日期：2019 年 3 月 20 日。

性，但是在独立性与专业性上依然存在不足。①

我国反垄断委员会事实上是采取了以相关机构的负责人员直接领导，佐以专家人员辅助的工作方式。

鉴于我国的国情，在保持当前领导方式不变的情况下，反垄断委员会可以参考公交委在人员设置上适当加入专业人员。委员会主任和副主任可以继续由一名国务委员、执法机构正职负责人与一名国务院副秘书长分别担任以保持其权威性；在委员层级可以适当减少一些与反垄断事务不密切相关的部委负责人，同时纳入五名左右的专家人员作为专任委员，使委员会成员中专任委员与部委委员数量大致持平，由专任委员专职负责委员会日常工作，并与部委委员从委员会内部直接进行协商讨论，加强专业人士的话语权，通过加入反垄断法领域的专业力量加强委员会的专业性。

（三）更加积极制定反垄断指南

我国的《反垄断法》作为经济法领域的“基本法”，其自身是具有相当的概括性的，这极大影响了其可实施性，在实际应用中往往还需要具体领域的反垄断指南对实施细节加以补充，②颁布反垄断指南也是被规定在《反垄断法》第 9 条国务院反垄断委员会的重要职责之一，这一职能也与两家公平交易委员会相同。然而过去 10 年中反垄断委员会在反垄断指南的制定方面仅于 2009 年颁布了国务院反垄断委员会《关于相关市场界定的指南》与正在协同各方拟定的《关于滥用知识产权的反垄断指南》。我国反垄断委员会在制定反垄断指南这项工作上尚有很大的改善空间。此次改革后，国务院反垄断委员会由市场监管总局负责日常工作，相较于之前的三家执法机构分散的情况，国务院反垄断委员会应当更便于与市场监管总局沟通交流，共同商议草拟反垄断指南。但需要注意的是，此次机构改革之后，新出台的《经营者集中反垄断审

① 参见王炳：《论反垄断委员会制度的回应性、超越与改良》，载《南京社会科学》2018 年第 10 期。

② 参见王晓晔：《我国反垄断法中的经营者集中控制：成就与挑战》，载《法学评论》2017 年第 2 期。

查办事指南》与《公平竞争审查第三方评估实施指南》实际上均是以市场监管总局的名义发布。作为单纯的部委行政机关,由市场监管总局颁布指南可能带来的一种隐患是其效力会难以在一些管制行业实施。[①]所以今后由国务院反垄断委员会单独行使《反垄断法》中反垄断指南的制定权,在草拟过程中再加强与执法机构和其他有关部门的合作是比较稳妥的做法。加紧制定反垄断指南,完善反垄断法的实施细节也是较为紧迫的工作,在刚刚召开的国务院反垄断委员会全体会议上,着力完善竞争政策制度规则也被确定为2019年的主要工作之一。[②]

六、结语

此次反垄断执法机构"三合一"改革之后,中国反垄断执法也正式进入"一元制"时代。通过横向分析同属东亚的日本、韩国的"一元制"公平交易委员会,统一的反垄断执法机构一定程度上改善了过去10年原三家分散的反垄断执法机构受到争议的缺乏独立性与权威性,互相之间缺乏配合的问题;但同时也回避了在反垄断执法机构关键人员的人事保障与国务院反垄断委员会的改革两个重要问题。前者有待进一步研究观察,而后者可以得出反垄断委员会应当在保持《反垄断法》第9条规定的职责范围的前提下,适当从人员设置方面加强委员会的专业性,并更加积极地进行反垄断政策的制定工作。

① 参见王炳:《论反垄断委员会制度的回应性、超越与改良》,载《南京社会科学》2018年第10期。

② 参见甘霖主持召开新一届国务院反垄断委员会专家咨询组全体会议,载国家市场监督管理总局网站:http://www.saic.gov.cn/xw/zj/201903/t20190320_292218.html.,最后访问日期:2019年3月21日。

The Reform of China's Anti-monopoly Law Enforcement Agencies from a Comparative Law Perspective —Taking the East Asian Fair Trade Commissions as an Example

Guo Zhenyuan

Abstract: After the institutional reform in 2018, the China's anti-monopoly law enforcement authority was unified. The newly established State Administration for Market Regulation (SAMR) marked that the Chinese anti-monopoly law enforcement system officially entered the "monistic structure" from controversial "tripartite" anti-monopoly enforcement pattern. Through comparison of the three monistic anti-monopoly law enforcement agencies, which are the Fair Trade Commission in Japan, Sonth Korea, both in east Asia, it can be seen that this "monistic structure" reform will improve China's anti-monopoly law enforcement system in terms of independence, authority and cooperation with law enforcement agencies. At the same time, the Anti-monopoly Commission of the State Council, which was not covered in this reform, on the basis of the obligations stipulated in Article 9 of the Monopoly Law, there is still space for improvement in the degree of specialization of commissioners and the enthusiasm to formulate competition policies.

Keywords: anti-monopoly administrative enforcement; State Administration of Market Regulation; Anti-monopoly Commission; Fair Trade Commission; monistic structure

征稿启事

《西南法律评论》征稿启事

《西南法律评论》创办于1985年,前身为《法论(西南政法大学研究生学报)》,是由西南政法大学主办,在校硕士、博士研究生负责的法学学术出版物。本评论一年两卷,由法律出版社公开出版。自第30卷起,启用“西南法律评论”名。

一、专题设置与选题参考

本评论聚焦于法治发展中的经典理论命题和重大实践问题,提倡“小题大作”、见微知著、资料翔实、问题意识明确的精细化研究,亦欢迎视野开阔、论证圆融的宏大叙事。文章体裁不限,以学术论文、案例评析为主。设有“法理学新探”“民商法专论”“民诉理论研究”“经济法论衡”“国际法研究”等专题。

二、征稿对象

高校、科研院所师生和实务界人士。

三、投稿方式

1. 请将电子文档投至 fa_lun@ 126. com,邮件主题为“文章题目+姓名+手机号”。

2. 请务必在邮件中及文稿后注明稿件联系人的姓名、工作单位、通信地址、电话、邮编等详细联系方式;审稿期间请保持通信畅通,方便进行稿件修订。

四、征稿说明

1. 来稿文责自负,作者应确保其作品不侵犯他人或组织的著作权。本评论所载文章观点均属作者本人,不代表编辑委员会或主办单位意见。

2. 禁止"一稿多投"。来稿无论采用与否,编辑委员会将于收稿之日起 30 天内回复审稿意见。来稿请自留底稿,恕不退稿。

3. 文章字数 9000 字以上,重复率不超过 15%。

4. 所有来稿请附英文标题;论文类稿件需另附中英文摘要和关键词;翻译作品需附原文及原文作者或出版方的书面授权许可(包括 Email)。

5. 投稿格式规范详见"西南法律评论"公众号。

6. 为确保文稿质量和用稿公正,本评论实行双向匿名评审制度,由博士研究生编辑初审,学科老师复审,主编终审。

7. 本评论以文稿质量为唯一录用标准,不问作者职称职务、学历、专业、工作单位等。谢绝一切形式的关系稿。

8. 本评论已被"中国学术期刊网络出版总库"及 CNKI 系列数据库收录。作者如不同意文章被收录,请在来稿时声明,编辑委员会将适当处理。往期作者如有异议,请联系知网或者编辑委员会,否则默认为同意。

9. 本评论不收版面费;来稿一经登载,即敬奉样书。

《西南法律评论》编辑委员会

图书在版编目(CIP)数据

西南法律评论. 第3卷 : 总第32卷 / 吴钰鸿主编
. -- 北京 : 法律出版社, 2020
ISBN 978-7-5197-3876-1

Ⅰ. ①西… Ⅱ. ①吴… Ⅲ. ①法学-中国-文集
Ⅳ. ①D920.0-53

中国版本图书馆 CIP 数据核字(2019)第209723号

西南法律评论(第3卷 总第32卷)
XI'NAN FALÜ PINGLUN
(DI-3 JUAN ZONG DI-32 JUAN)

吴钰鸿 主编

策划编辑 陈 妮
责任编辑 陈 妮
装帧设计 贾丹丹

出版 法律出版社
总发行 中国法律图书有限公司
经销 新华书店
印刷 北京虎彩文化传播有限公司
责任校对 郭艳萍
责任印制 吕亚莉

编辑统筹 法治与经济出版分社
开本 A5
印张 8
字数 248千
版本 2020年3月第1版
印次 2020年3月第1次印刷

法律出版社/北京市丰台区莲花池西里7号(100073)
网址/www.lawpress.com.cn
投稿邮箱/info@lawpress.com.cn
举报维权邮箱/jbwq@lawpress.com.cn
销售热线/400-660-8393
咨询电话/010-63939796

中国法律图书有限公司/北京市丰台区莲花池西里7号(100073)
全国各地中法图分、子公司销售电话:
统一销售客服/400-660-8393/6393
第一法律书店/010-83938432/8433 西安分公司/029-85330678 重庆分公司/023-67453036
上海分公司/021-62071639/1636 深圳分公司/0755-83072995

书号:ISBN 978-7-5197-3876-1 **定价**:66.00元
(如有缺页或倒装,中国法律图书有限公司负责退换)